"十三五"江苏省高等学校重点教材
业财融合系列教材
总主编 王开田 蒋建华

业财融合架构

胡晓明 章之旺 主编

中国财经出版传媒集团
中国财政经济出版社

图书在版编目（CIP）数据

业财融合架构／胡晓明，章之旺主编．--北京：
中国财政经济出版社，2021.2
"十三五"江苏省高等学校重点教材．业财融合系列
教材／王开田，蒋建华总主编
ISBN 978 - 7 - 5095 - 2947 - 8

Ⅰ.①业… Ⅱ.①胡… ②章… Ⅲ.①财务管理－高等学校－教材 Ⅳ.①F275

中国版本图书馆 CIP 数据核字（2020）第 263020 号

责任编辑：孙　琛　　　　责任印制：党　辉
封面设计：王　颖　　　　责任校对：胡永立

"十三五"江苏省高等学校重点教材（2020－2－115）
业财融合架构
中国财政经济出版社　出版
URL：http://www.cfeph.cn
E - mail：cfeph@cfeph.cn
（版权所有　翻印必究）
社址：北京市海淀区阜成路甲 28 号　邮政编码：100142
营销中心电话：010 - 88191522
天猫网店：中国财政经济出版社旗舰店
网址：https://zgczjjcbs.tmall.com
北京中兴印刷有限公司印刷　各地新华书店经销
成品尺寸：185mm×260mm　16 开　18.5 印张　358 000 字
2021 年 2 月第 1 版　2021 年 2 月北京第 1 次印刷
定价：78.00 元
ISBN 978 - 7 - 5095 - 2947 - 8
（图书出现印装问题，本社负责调换，电话：010 - 88190548）
本社质量投诉电话：010 - 88190744
打击盗版举报热线：010 - 88191661　　QQ：2242791300

《业财融合系列教材》编写委员会

总主编：王开田　蒋建华

编　委：王开田　蒋建华　胡晓明
　　　　王　昊　章之旺　戴雪艳

《业财融合架构》

主　编：胡晓明　章之旺
副主编：戴雪艳　张　静　张小燕

总　序

科技是第一生产力，它不仅促进生产效率的提升、组织结构的变革，而且推动着学科专业不断演变，使其不断分化，产生许多新兴学科专业，使企业管理范式不断创新，以适应生产关系与生产力的不断发展。财务管理脱颖于会计，发展于组织结构的扩大和复杂化，成熟于信息技术发展的不断深化，其技术方法不断创新，其范式也不断创新并向精细化、网络化、综合化、国际化等不断演进。

当今时代，信息技术日新月异，企业管理范式、商业模式发生了深刻变革，财务管理已经从以融资、投资和分配等为重心，向以"大智移云"为技术支撑，以共享服务为平台的业财融合方向发展，开启了业财融合新范式。所谓业财融合，是指业务部门与财务部门通过信息化技术和手段，实现业务流、资金流、信息流等数据源的适时融合、共享，基于价值目标共同作出控制、评价、规划和决策等管理活动，以保证企业价值创造过程的实现。未来企业管理中，财务与业务的界限将变得日趋模糊、融为一体。新技术、新模式、新业态的出现使企业的财务管理范式进一步转型和优化，财务的触角逐渐向采购、销售、研发、人力资源等业务领域渗透，进而实现财务与业务数据的双向转换和互动。业务人员的操作将通过智能化系统直接触发财务数据的生成，财务人员可以从财务数据中挖掘出有价值的业务信息加以分析，形成对决策更加有价值的信息，增强企业决策的科学性和精准化，以提升企业的核心竞争力和促进企业可持续健康发展。

业财融合是未来企业发展中的核心，它不仅是业务经营与财务管理发展过程中的时代要求，更显示出社会经济组织对商业行为、企业管理的理解，既为业务发展、价值创造、协作共生而管理，也为打破职业、岗位、职能壁垒而管理。业财融合是一个具有长期性和复杂性系统工程，是一个不断优化的动态过程，支持企业实现可持续发展。因为在数字经济时代，经济行为均可量化，而量化的主要载体就是数字货币，与货币有关的业务均是财务追逐服务的对象。业务与财务的融合，在当代社会经济发展中则成为必然现象，是企业成功的一般规律和规则。因此，企业应强化业财融合意识，融合智能技术，搭建智能平台，打造智慧财务，营造良好的业财融合氛围，使专业人才职责互换、角色互变、智能扩展，以适应企业新业态、商业新模式。这种范式的形成，经历了一定的历史演进，包括前提条件的形成、功能定位和价值认可的过程。

一、业财融合的兴起

（一）业财融合理念根植于会计，成熟于财务管理

纵观会计发展史，会计自古以来就将业财融合贯穿其中。无论是会计初期，业务、会计、财务混为一体，还是后来财务会计和管理会计的分离，业财融合都是一种客观存在，只不过在缺乏相应的信息技术支撑的条件下，在具体业务处理过程中，形成了会计核算、业务核算和财务管理各自为营的状态。如20世纪50年代，管理会计提出财务应预测企业前端业务，催生了业务与财务融合的理念；20世纪90年代，由于信息技术的发展与应用，公司再造理念中强调业务流程应与财务流程相融合，企业应淡化财务与业务的专业分工，提倡业财融合，业财融合进入了操作阶段；进入21世纪，随着信息技术的巨变，企业内外环境骤然变化，会计更倾向于由财务会计向管理会计转型，而管理会计的核心和根本就是业财融合，强调业务与财务的合作和制衡。近年来，我国财政部发布了一系列指导意见和指引，全面推进管理会计体系建设，强调管理会计应嵌入企业各领域、各层次、各环节，并遵循融合性原则，即在业务流程的基础上，利用管理会计工具整合财务和业务，使其成为财务管理的新方式，并推广应用于财务管理之中，业财融合进入推广应用阶段，成为财务管理的新范式。业务是财务的表现形态，财务是业务的价值体现，对企业而言，所有的活动都是围绕业务而展开，其目的就是创造价值，实现企业价值最大化。

（二）业财融合实践源起于专业化分工

早期的工业生产通常将业务和财务作为两个独立的系统。传统财务工作侧重于融资、投资和收益分配等，与企业业务部门的职能关联性不强，很少关注企业目标及业务发展的实际需求，导致业与财分离状态。第三次工业革命后，专业化生产、协作化分工在全世界兴盛，这在一定程度上提升了企业的生产效率。然而，专业分工也造成业务链过长、环节过多，部门之间的隔阂较大、沟通交流不畅，企业被分割为条块各异的制度化"铁笼子"。从地位职能来看，财务部门是企业专门从事财务管理工作的行政或职能机构，业务部门是企业组织实施采购、生产、销售等业务的专业性机构；由于企业内部机构任务与职责不一致，信息不对称，导致业务部门与财务部门各自为政，出现横向协作的低效率。基于系统论的思维，业务部门需要与财务部门相互配合支持，实现财务职能与业务职能相互动态制衡。

(三) 业财融合方式体现了互通互融

以 IT 为核心技术的第四次工业革命，使人类社会进入信息化时代，社会已经成为一个有机整体，各行业互联互通，企业各部门构成整条信息链，避免信息孤岛，业务、财务同步进行，同频效应明显。

从经济管理本质上讲，业务与财务具有天然的一体性和交融性，财务管理总是与经营业务相伴而生，业务的发展带来了财务的兴盛，同时财务兴盛又促进了业务的繁荣。在企业运营中，财务信息与业务信息互通互融、有机结合，业务与财务浑然一体，业务流程离不开财务流程，二者互为表里。同时，商业模式离不开财务参与渗透，发展战略需要财务事前预测，进而提供有力的信息支撑，业务绩效需要财务评价反馈，财务不仅要监督业务，更要服务业务，为业务提供保障；业务活动的开展需要业务人员掌握并运用财务管理理念，成为懂财务的业务人，为高效优质开展财务管理提供支持。

二、业财融合的前提

业财融合虽然由来已久，但直到今日才得到推广应用，成为财务管理新范式。业财融合需要一定的前提条件，即信息技术的充分开发与广泛应用。具体来说，主要体现在以下三个方面。

(一) 科技进步奠定了业财融合的基础

科技的发展是永恒的，是社会进步经济发展的不竭动力，促进着生产效率的不断提高，管理效率的提升，利润的增加。所以，它是第一生产力，不断触发着业务的拓展。在空间上，管理环境决定着财务管理的定位，管理环境包括很多要素，如信息化技术、商业模式等，决定着财务管理职能的发挥和地位的轻重；在时间上，信息化技术的变化和业务的发展，使财务管理开阔了空间，突破了原有阵地，融入了业务行列。在简单电子化阶段，企业逐步将线下事务转移至线上，构建线上平台，一定程度上解决了信息交流的效率与成本问题；基于 ERP 的财务管理理念的引入，尤其是近年来新信息技术的广泛运用，促进了业财融合的深入发展。技术进步凸显了岗位角色的转换与对接，拓展了财务管理工作的边际。财务管理由传统理财主导型向经营管理主导型转变，由事后的财务分析向事前的财务预测与事中的财务控制转型，构建了时间、空间、流程等业财生态圈，实现了业务流程化、人员专业化、财务标准化与共享化。财务人员可以通过业务部门提供的数据，进行科学的分析，编制业财融合报告，为企业管理者提供及时、真实、完整、有效的财务信

业财融合架构

息。因此,科技进步尤其是现代信息技术的发展和应用,奠定了业财融合的基础。

(二) 科技进步架起了业财融合的桥梁

业财融合的中心思想是把企业的财务、业务和管理有机地融合在一起。但这三方面工作的有机融合需要信息技术、大数据以及信息共享中心的支持。智能时代,生产的自动化系统和管理的信息化系统将逐步贯通,由业务型财务向战略型财务转型。传统模式下业务部门实施粗放式目标管理,财务部门实行精细化成本管理,通过信息技术打通各个部门之间的信息屏障,形成统一的信息转化、可视和展示体系,实现信息共享与融合、实时流程管理、跟踪和反馈,使业务部门能更好地利用财务部门提供的信息进行高效决策。科技进步架起了业财融合的桥梁,使业务与财务实现了无缝对接。

(三) 科技进步支撑了业财互融数据化发展

在智能时代,强大的数据库和数据平台功能为业财融合提供了强大的数据支撑。人工智能可以使用云计算、大数据、数据挖掘等技术,将数据信息共享贯穿于企业经营的上下游,帮助企业更高效地运营;"云平台"的建设,大数据技术、云计算等信息技术的使用,数据和信息的实时共享,使企业内部各个部门均能够及时掌握财务、业务等多方面的信息,连接、融通内部数据和外部数据,实现从静态数据到动态数据质的飞跃,提高数据分析的综合性和全面性,为业财互融提供了完备的技术支撑。

三、业财融合的效用

信息技术的发展,打破了"业"和"财"的壁垒,使其贯通融合,实现了 1 + 1 > 2 的质的飞跃。

(一) 注重共享价值创造

业财融合与财务共享相辅相成,业财融合是财务共享的关键因素,财务共享是企业财务管理的有效方式,企业价值创造的逻辑由创造单一价值转变为创造共享价值。企业财务共享服务实质是追求共享价值的实现,是新时代企业的基本目标。新时代企业以共享价值为指导,协调价值链上各方的资源及利益,优化业财融合的应用环境。共享价值并不是"分享"企业已有的价值,而是做大整个经济和社会价值"蛋糕"。共享财务将业务系统与财务系统的数据对接,通过规范化、标准化的操作,由业务人员自动完成财务职能,大大减少了传统财务的工作量,使财务和非财务信息更及时、精细和精准。

（二）促进商业模式创新

业财融合理念逐渐应用于具体的经营管理实践，集中体现在采购、生产、仓储以及销售的监控和处理等业务环节。业财融合被视作战略地图中的首要目标，通过先进经营管理经验和现代企业财务理念的整合，推进内部财务管理效率和质量的提高以及流程的优化。在业财双向融合下，各行各业都已进入"管理驱动型"增长模式，财务角色也将经历从"管账"到"管家"再到"业务伙伴"的变化；业务人员的操作通过智能化系统直接触发财务数据的生成，财务人员从财务数据中挖掘有用的业务信息，呈现明显的经营者思维，经营者既懂业务、又懂财务，视角更为外向和开放，站在客户和市场方面谋划企业行为。企业通过战略规划、经营决策、管理控制和绩效评价，寻找满足社会需求的创新性商业模式，优化资源配置，促进企业高质量发展，创造更高的企业价值。

（三）提升精益管理高度

现代企业规模大、板块多、业务广、供应链长、客户差异化程度高，要求各业务流程优化，形成标准化的数据，再通过高度自动化的业务和财务处理系统以及综合性分析系统，更好地将企业的财务工作和业务活动对接，有利于实行精细化管理，提高经营效率。信息技术的迭代发展，使数据成为企业价值创造和社会财富增进的主要源泉，数据是价值、财富和决策的保障。科学技术可以为企业各项财务工作，如预算编制、财务决策等，提供充分的数据支撑，使财务工作能够与业务活动相结合，更具有针对性和指向性。业财融合深度发展，在一定程度上能够对企业经营管理提供较大帮助，在融资、税收筹划、成本管理等方面为企业创造更多的价值；利用信息技术进行动态监控与数据分析，为企业管理层进行精细化管理提供数据支持；通过参与企业战略规划、标准制定、管理革新、资本运作和风险管理，在企业内部形成集成化协同效应，发挥战略决策支持作用，推动业务结构转型升级和合作协同，成为企业价值最大化的引领者。

四、本系列教材基本内容与特点

业财融合这一财务管理创新范式虽然产生已久，并在不同国家进行不同程度的应用，也有不少学者进行了一定的理论研究和实践经验总结，但一直没有形成系统的理论方法体系，更少见理论专著和教科书。其主要原因是它一直处于发展变化中，没有形成固化的模式。这是因为科技尤其是信息科学技术的迅猛发展，新技术、新手段不断出现，而且企业的形态不同，采用的商业模式等方式方法多种多样；到目前为止，还没有找到统一的相关业财融合的标准和模式，仁者见仁，智者见智，各种观点、方法散见于论文和教科书的章节之中，理论和教育远远落后于业财融合的实践。鉴于此，在中国企业财务管理协会、江苏省教育厅和三江学院的大力帮助和支持下，我们聚集了南京财经大学、南京审计大学和三江学院等众多高校的学者专家，集思广益，进行深入系统的研讨，并到多家企业进行实地调研和观摩，最终形成了《业财融合概念结构》《业财融合架构》《业财融合规范》和《业财融合案例》系列教材。

《业财融合概念结构》，主要对业财融合概念、基本特点、意义、理论框架以及大数据发展与应用进行了论述，从不同视角对业财融合的特征进行了描述，如从治理结构的视角描述业财融合的文化，从内部控制的视角描述业务融合的制度，从内部审计的视角描述业财融合的业绩评价，并分析了业财融合对职业素养和职业道德的要求，同时对智能时代业财融合平台进行了描述。《业财融合架构》，主要分析业财融合的形成与发展，系统打造业财融合基本架构，包括业财融合组织系统、方法系统、决策系统、控制系统、评价和报告系统。该书阐述业财融合组织机构设置、业财融合师工作岗位和能力框架，介绍业财融合的战略管理、预算管理、成本管理、营运管理、风险管理等方法，以及经营预测、决策与长期投资决策，重点阐述了业财融合的生产系统与销售系统，构建KPI绩效考核（即关键指标法）、平衡计分卡、MBO目标管理法、360度绩效考核等业财融合评价系统，以及按照报告内容、报告功能、责任中心、责任主体、管理层级和报告对象等维度描述业财融合报告系统。《业财融合规范》，主要从精益化财务管理概念出发，以财务业务一体化概念为基础，描述了业财融合脉络；以财务管理规范和业务管理规范为基础，阐述了业财融合的一般规范；介绍了公司基础业务：研究与开发、采购与合同、生产与质量控制、销售与经营成果、投资活动等主要业务业财融合的流程和规范；最后以制造业、进出口、工程建设三个行业为例，详细叙述了这三个行业业财融合的流程与规范。《业财融合案例》基于实践视角，选取国网江苏公司、舜天股份等大型企业，对业财融合的流程、规范和技术实现路径进行了深入的案例解剖，为致力于推动业财融合和财务转型的企业提供了操作思路和参考范式。丛书致力于拓宽财务管理人员的知识结构，希望读者读完本丛书后，对智能时代的业财融合有一个清晰、完整、多维的了解。

本系列教材编撰委员会本着立足当代、面向未来、促进新商科发展的宗旨，根据我国业财融合人才的发展趋势、人才培养的目标、培养规格、课程设置、师资队伍建设等进行深入地分析、思考、研究，在全面探索相关行业岗位、专业和学科建设的基础上，构建了理论框架和规范模式，提供了实践范例。我们力求做到分工负责、科学精炼、简洁实用。

（一）科学精练、分工负责

本丛书是我国目前第一套"业财融合"系列教材，作者聚集了南京地区相关专家，编撰委员会对每本书要求以主编为主导，组建具有丰富教学经验的学习型、创新型编撰团队，编撰、推出首套适用于在校专业教师、相关学生以及在职人员使用的较系统的"业财融合系列教材"。本系列教材紧密结合实践，融合当代最新技术的发展，注重理论知识在业财融合实务工作中的具体应用。业财融合虽已在实务中推广应用，但其尚未形成系统的理论、方法和标准，这些都需要我们不断地探索和求证。为了进一步加强各参编者的责任心，力求完美，尽心尽责，穷尽可能的文献和有价值的案例，系列教材编委会决定，每本书的主编、副主编和参编者，各负其责，尤其是文责完全自负，最后由王开田、蒋建华两位教授统稿、润色和修正。

（二）定位准确、结构严谨

本系列教材定位于帮助业财融合人员学习和掌握业财融合工作基本范畴和技能，突出针对性、实用性和前瞻性；该系列教材遵循企业价值管理理念，依据经营业务运作规律，运用智能化工具和平台，协同业务与财务的功能与方法，实现整体数据信息从业务到财务、从内部到外部、从静态到动态的实时共享，在结构上进行了大胆的探索。本系列教材形成系列知识体系，各本又自成体系，每篇章按照一定的逻辑顺序逐章展开，力求结构严谨，内容充实。

（三）质量保障、简洁实用

尽管该系列教材的编写时间短，但我们力求保障质量，理论观点阐述深入浅出，精练实用，重点突出业财融合的基本知识、基本业务、基本技能，以期丰富业财融合人员的知识，提高其能力水平。该系列教材内容精心选材、反复推敲，确保理论、政策、业务上的严谨、精准，语言简练、通俗易懂，注意归纳提炼，选用最新数据资料。通过知识模块、结语等方式，梳理了知识脉络，为学习中加深理解、拓展阅读提供便利。

在本系列教材交于出版社付梓之际，回首近三年的编著过程，心中五味陈杂，如履薄冰。因为没有可供参考的蓝本，我们只能自行探索，从概念讨论到丛书的框架设计，再到每本书的章节安排，我们经历了争论、辩论，阅读了大量的相关资料文献，从中吸收、借鉴有价值的养料；参观、走访了多家央企、国企和民营企业，从不同性质的企业、行业探寻共同的理念，形成最初的概念，构建丛书结构，充实章节内容。在大家的不懈努力下，求同存异，布局开篇，不懈前行，终于形成此系列教材。在此，我们衷心感谢中国企业财务管理协会的李会长、胡秘书长及各位朋友的鞭策、鼓励和支持，感谢江苏省教育厅和三江学院的大力支持和帮助，感谢给我们提供参考意见和建议的专家学者，感谢为我们提供参考文献的作者，感谢中国财政经济出版社的大力支持和厚爱，感谢各位同仁的求真探索精神和毅力。感谢我们的精诚合作！

业财融合系列教材编写委员会
2021 年 1 月

第一章　总论 　（1）

第一节　业财融合的内涵与作用　（1）
第二节　业财融合架构及其基本内容　（7）
第三节　业财融合组织系统　（13）
本章参考文献　（25）

第二章　业财融合方法系统 　（27）

第一节　战略管理方法　（27）
第二节　预算管理方法　（31）
第三节　成本管理方法　（37）
第四节　营运管理方法　（49）
第五节　投融资管理方法　（57）
本章参考文献　（62）

第三章　业财融合决策系统 　（64）

第一节　战略决策　（64）
第二节　经营预测　（75）
第三节　经营决策　（91）
第四节　投资决策　（114）
本章参考文献　（135）

第四章　业财融合生产控制系统　(136)

　　第一节　生产业务控制　(136)
　　第二节　生产成本控制　(149)
　　第三节　生产费用控制　(171)
　　第四节　存货控制　(178)
　　本章参考文献　(185)

第五章　业财融合销售控制系统　(186)

　　第一节　销售业务管理　(186)
　　第二节　销售收入管理　(197)
　　第三节　应收账款管理　(208)
　　第四节　销售成本费用管理　(212)
　　本章参考文献　(216)

第六章　业财融合报告系统　(217)

　　第一节　业财融合报告系统概述　(217)
　　第二节　战略层业财融合报告　(226)
　　第三节　经营层业财融合报告　(229)
　　第四节　业务层业财融合报告　(237)
　　本章参考文献　(246)

第七章　业财融合评价系统　(247)

　　第一节　业财融合评价系统概述　(247)
　　第二节　业财融合评价系统构成　(258)
　　本章参考文献　(275)

主要参考书目　(276)
后记　(278)

第一章 总 论

第一节 业财融合的内涵与作用

一、业财融合的含义

现代社会信息瞬息万变、技术日新月异,人类社会从工业经济时代迈入了新数字经济时代,企业面临组织结构、管理方法以及商业模式的战略性变革。进入数字经济时代,企业规模越来越大,业务类型变得日益复杂,内部驱动力和外部压力促使企业逐步打造先进性、适应性、经济化的发展模式,促进财务会计由核算型向经营管理型转型。转型发展需要构建有效的财务共享管控平台,由事后财务分析延伸到事前财务控制,实现业务标准化、人员专业化、财务信息共享化。财务管理普遍呈现多方向、多样化,财务职能逐渐向战略、业务、智能化转移;企业的经营环境越来越复杂,从采购、生产到销售面临着一系列财务风险,业务活动已经离不开财务管理的参与。通过财务管理和业务活动充分融合,维护企业财务工作的完整性,进而提高企业经营管理效率和资源利用率[①]。业财融合需要企业全员参与,以财务管理为核心,以实现"一体化"战略目标为指导思想,以业务和财务为端口,企业各部门之间相互学习、相互理解、相互支持、协同工作,保障企业健康、

---

① 张翼飞,郭永清. 实施业财融合助推我国企业高质量发展——基于324家中国企业的调研分析[J]. 经济体制改革,2019(04):101-108.

持续地发展①。

因此，广义而言，业财融合就是，遵循企业价值管理理念，依据经营业务运作规律，运用智能化工具和平台，协同业务与财务的功能与方法，实现整体数据信息从业务到财务、内部到外部、静态到动态及时共享的过程。具体来说，业财融合是指业务部门与财务部门通过信息化技术和手段实现业务流、资金流、信息流等数据源的及时融合、共享，基于价值目标共同做出预测决策、控制、报告和评价等管理活动，以保证企业价值创造过程的实现。业财融合强调财务管理的主导性，强调财务部门要深入了解企业的业务，在对业务实施管控的同时，对业务提供指导性的服务；财务部门的工作不再单纯是业务的事后反映和监督，而是从价值角度对前台业务进行事前预测，考核业务活动的绩效，并把这些重要的信息反馈给具体业务人员，从而为开展具体业务活动提供参考依据。

业财融合已经成为企业实现价值最大化目标面临的核心问题，是适应大数据时代需要的关键产物，是追求高质量发展的必选战略②，它是财务管理的发展趋势，是财务转型的必然方向。业财融合重视业务技能与财务管理相结合，有助于企业打破财务与业务的边界、提升财务管理及业务管理水平、让企业更深入了解自己、提高组织的效率。因此，企业应强化业财融合意识，融合智能技术，搭建智能平台，打造智慧财务，营造良好的业财双向融合氛围；财务管理更好地与业务管理互动，留住企业核心竞争因素，外包非核心职能，让懂财务的人管业务或让懂业务的人管财务；业财部门应保持战略性思维，根据企业实际情况制定和实施相应的战略，引领企业创造价值，实现从赋能到使能的管理变革。

二、业财融合的特征

不同时代，业财融合有不同的特点和内容，并非一蹴而就；企业资源禀赋不同，业财融合的功能、方法就不同；不同岗位的人，有不同的业财融合内容，其融合的重点也不同：从事业务的人以业为主、财为辅，从事财务的人以财为主、业为辅。在智能时代，业财跨界融合已成为企业管理升级的趋势、改革的目标和发展的方向，业财交叉融合工作得到了越来越多企业的重视和应用。业财融合的特征可以概括为以下几点：

（一）业财融合实践产生于专业化分工

基于专业化分工的传统模式下，企业财务与业务的分隔界限较明显。早期的工业生产

---

① 郭永清. 中国企业业财融合问题研究 [J]. 会计之友，2017 (15)：47 - 55.
② 尤昶，吴睿哲. 财务改革下的业财融合 [J]. 中国管理信息化，2020，23 (23)：76 - 77.

通常将业务和财务作为两个完全独立的系统,传统记账型财务工作,与企业业务部门的职能关联性不大,很少考虑企业目标及业务发展的实际需求,导致业与财"水火不相容";工业革命后,专业化生产、协作化分工在全世界兴盛,一定程度上提升了企业生产效率。然而,专业分工也造成业务链过长、环节过多,部门之间的隔阂加大、沟通交流减少,企业被分割为条块各异的制度化"铁笼子"①。从地位和职能来看,财务部门是企业专门从事财务管理工作的行政或职能机构,业务部门是企业组织实施采购、生产、销售等业务的专业性或控制机构。由于企业内部机构设置目标不一致、信息不对称,导致业务部门与财务部门故步自封、各自为政,出现低效率的横向协作,如部门间职能的交叉、重叠和缺失。基于系统论的思维,业务部门需要财务部门配合支持,财务职能与业务职能相互动态制衡。

(二) 业财融合方式体现了回归本源

回归经济管理的本源,业务与财务具有天然的一体性和交融性,财务管理总是与经营业务相伴而生,没有业务就不需要财务,离开了财务管理也就谈不上高效的业务运营;业务的发展重塑财务,同时财务又反作用于业务②。在企业运营中,财务与业务的信息互通互融、有机结合。业务流程离不开财务全面梳理,商业模式离不开财务参与探讨,发展战略需要财务事前预测,业务绩效需要财务评价反馈,财务不仅要监督业务,更要服务业务,为业务提供保障;业务活动的开展需要运用财务管理理念,业务人员掌握财务管理知识提升自身业务管理能力,成为财务部门的业务人,为财务管理提供重要参考。

(三) 业财融合理念根植于会计发展

业财融合只是一个长期被社会及会计界忽视甚至遗忘的话题,纵观会计发展史,会计自古以来就是业财融合③④,20世纪初的管理会计思想就提出,财务应预测企业前端业务,产生了业务与财务融合的萌芽;20世纪90年代的公司再造理念中强调,业务流程应与财务流程相融合,企业应摆脱专业分工贯彻业财融合⑤⑥;新时代,随着企业内

---

① 李相陕. 业财融合在企业管理中的应用:从理论到实践 [J]. 财会月刊, 2020 (S1):77-80.
② 殷起宏,胡懿. VBM框架下价值型财务管理模式中业财融合的分析体系研究 [J]. 商业会计, 2015 (2):16-20.
③ 唐勇. 财务共享服务下传统财务人员的转型 [J]. 财会月刊, 2015 (19):18-21.
④ 胡玉明. "业财融合":开启一个封尘已久的话题 [J]. 新会计, 2019 (08):6-11.
⑤ George Valiris, Michalis Glykas. Critical review of existing BPR methodologies:The need for a holistic approach [J]. Business Process Management Journal. 1999, 5 (1):65-86.
⑥ Michael Hammer, James Champy. Reengineering the Corporation [M]. New York:Harper Collins, 1993.

外环境变化，会计职能逐渐由财务会计向管理会计转型①。管理会计的核心和根本就是业财融合，强调业务与财务的合作和制衡。近年来，中国财政部发布了一系列指导意见或指引，全面推进管理会计体系建设，强调管理会计应嵌入企业各个业务领域、各层次、各环节，并遵循融合性原则，即在业务流程的基础上，利用管理会计工具整合财务和业务②。

（四）业财融合实现依赖于科技进步

科技进步推动了业财融合的实现，业财定位、业财融通以及数据集成都离不开科技进步。

1. 科技进步决定了业财定位。在静态上，管理环境引导着业财走向，从动态来看，技术环境变化触发了业财发展。简单电子化阶段，企业逐步将线下事务转移至线上，构建线上平台，一定程度上解决了信息交流的效率问题；基于 ERP 的财务管理理念的引入，促成业财融合。技术进步凸显岗位角色的转换与对接、拓展财务管理工作的边界，由传统核算主导型向经营管理主导型转型，由事后的财务分析向事前的财务控制转型，构建时间、空间、流程等业财生态圈，实施业务流程化、人员专业化、财务标准化和共享化。财务人员可以通过业务部门提供的数据，进行科学的分析，编制企业业财融合报告，为企业管理者提供真实、完整、有效的财务信息。

2. 科技进步融通了业财隔阂。随着"国家大数据战略"的提出，2005 年至 2019 年间，我国数字经济增加值由 2.6 万亿元增长至 35.8 万亿元，对经济增长的年贡献率均在 50% 以上。业财融合的中心思想是把企业的财务、业务和管理有机地融合在一起，但这三方面工作的完美融合需要信息技术、大数据和信息共享中心的支持，避免信息孤岛。智能时代，生产的自动化系统和管理的信息化系统将打通，由业务型财务向战略型财务转型③④。传统模式下业务部门实施粗放式目标管理，财务部门实行精细化成本管理。通过信息技术打通各个部门之间的信息屏障，形成统一的信息转化、可视和展示体系，实现信息共享与融合、实时流程管理、跟踪和反馈，使业务部门能更好地利用财务部门提供的信息进行高效决策。

3. 科技进步推进了数据集成。在智能时代，强大的数据库、数据平台功能为企业业财融合提供了强大的数据支撑。人工智能可以使用云计算、大数据、数据挖掘等技术，将数据信息共享贯穿企业经营的上下游，帮助企业更高效地运营；"云平台"的建设，使财

---

① ④ 张庆龙. 数字经济背景下的财务思维创新 [J]. 财务与会计，2020（13）：83-85.
② 中华人民共和国财政部. 管理会计基本指引. 2016.
③ 王团维. 重复过去必将失去未来 [J]. 新理财，2020（01）：33-34.

务和业务信息存储在云端,缓解了本地存储的压力,保证了数据和信息的完整性;大数据技术在"云平台"中的应用,可以挖掘存储在企业云中的海量数据;依托云计算的分布式计算架构,增强了企业数据的有效性和有用性。各类信息技术的使用,数据和信息的实时共享,让企业内部各个部门均能够及时掌握财务、业务等多方面的信息,连接、融通内部数据和外部数据,实现从静态数据到动态数据质的飞跃,提高数据分析的综合性和全面性。

三、业财融合的作用

业财融合并非只是业务经营与财务管理发展过程中的时代要求,更显示出社会经济单元对商业行为、企业管理的理解,即为业务发展、价值创造、协作共生而管理,也为打破职业、岗位、职能壁垒而管理[1]。业财融合的作用主要表现在以下几个方面。

(一)注重创造共享价值

业财融合与财务共享相辅相成,业财融合是财务共享的关键因素,财务共享是企业财务管理的有效方式,企业价值创造的逻辑由创造单一价值转变为创造共享价值[2]。企业财务共享服务本质就是基于业务的财务流程再造[3],追求共享价值是新时代企业的基本目标,新时代企业以共享价值为指导,协调价值链上各方的资源及利益,优化业财融合的应用环境[4]。共享价值并不是"分享"企业已有的价值,而是做大整个经济和社会价值蛋糕。共享财务将业务系统与财务系统的数据对接,通过规范化、标准化的操作,由业务人员自动完成财务核算,大大减少了传统会计的工作量,提升了财务甚至非财务信息的及时、精细和精准,促成了决策的有效性。

(二)促进创新商业模式

业财融合理念逐渐应用于具体的经营管理实践,集中体现在采购、生产、仓储以及销售的监控和处理等业务环节。在经营过程中,商业模式创造企业价值、引领企业战略发展。业财融合被视作战略地图中的首要目标,通过先进经营管理经验和现代企业财务

---

① 李相陞.业财融合在企业管理中的应用:从理论到实践[J].财会月刊,2020(S1):77-80.
②④ 陆兴凤,曹翠珍.管理会计内部应用环境优化——以"共享价值+业财融合"为指导[J].财会月刊,2020(05):150-156.
③ 何瑛.基于云计算的企业集团财务流程再造的路径与方向[J].管理世界,2013(04):182-183.

理念的整合，推进内部财务管理效率和质量的提高以及流程的优化。业财双向融合下，各行各业都已进入"管理驱动型"增长模式，财务角色也将经历从"管账"到"管家"再到"业务伙伴"的变化[1][2]；业务人员的操作通过智能化系统直接触发财务数据的生成，财务人员从财务数据中挖掘出有用的业务信息，经营者既懂业务、又懂财务，视角更为外向和开放，站在客户和市场方面规划企业行为。企业通过进行战略规划、经营决策、管理控制和绩效评价，寻找满足社会需求的创新性商业模式，重新配置资源，促进企业高质量发展，为企业创造价值，进而有效应对市场竞争；企业梳理业务流程，打破业财壁垒，按照业务逻辑规划系统的功能，制定一致的标准，促成全流程信息化。

（三）凸显提升精益管理

现代企业规模大、板块多、业务广、供应链长、客户差异化程度高，通过高度自动化的业务和财务处理系统，以及综合性分析系统，可以很好地将企业的财务工作和业务活动对接，有利于实行精细化管理，提高经营效率。由于信息技术的迭代发展，使数据成为企业价值创造和社会财富增进的主要源泉，数据就是价值、财富和决策[3][4]。科学技术可以为企业各项和财务相关的工作如预算编制、财务决策等提供充分的数据支撑，财务工作能够与业务活动相结合，使工作更具有针对性和指向性。业财融合深度发展，在一定程度上能够对企业内部经营管理的运营提供较大帮助，在融资、税收筹划、成本管理等方面为企业创造更多的价值，利用信息技术动态监控、数据分析，为企业管理层进行精细化管理提供数据支持；通过参与企业战略规划、标准制定、管理革新、资本运作和风险管理，在企业内部形成集成化协同效应，发挥战略决策支持作用，推动业务结构转型升级和合作协同，成为企业价值最大化的引领者。

业财融合是一个具有长期性和复杂性的系统工程，是一个不断优化的动态过程。所有成功的企业都是业财融合做得好的企业，所有不成功的企业都是业财不融合或融合的不好的企业。未来社会，企业财务与业务的界限将变得日趋模糊、融为一体，新技术、新模式、新业态的出现使得企业的财务管理体系进一步转型和优化。

---

[1] 易宜红. 移动通信运营公司业财融合模式探索 [J]. 财务与会计（理财版），2013（8）：23-24.
[2] 汤谷良，夏怡斐. 企业"业财融合"的理论框架与实操要领 [J]. 财务研究，2018（02）：3-9.
[3] 冷继波，杨舒惠. "互联网+"背景下业财融合管理会计框架研究 [J]. 会计之友，2019（12）：19-23.
[4] 黄辉，钟燕雁，罗勇. "业财一体"建设中的问题与对策 [J]. 财会月刊，2020（S1）：102-108.

第二节

业财融合架构及其基本内容

一、业财融合架构界定

（一）业财融合架构的概念

要理解业财融合架构，首先需要理解什么是架构。从软件工程学角度看，架构是对整体结构与组件的抽象描述，用于指导系统各个方面的设计[①]。从战略管理研究视角看，架构是指影响个体中因素的组合所形成的一致模式（pattern）或构象（constellation）[②]，具有全局性和系统性特征的架构方法（configurational approach）由 Danny Miller 教授于 20 世纪 70 年代末期引入战略管理，架构本质是一个相互依赖的复杂系统[③]，其外在表现为分类（categorize）。架构需要基于组织整体性关注系统化的特征内容，即要素间为何及如何相关和互补。因此，基于架构理论与方法，我们发现，架构有助于帮助战略管理研究学者更好地理解企业间差异，有助于战略实施者更好地理解企业复杂战略的发展和执行，更全面地把控企业成败[④]。

业财融合本身是一个系统性工程，系统的相关和互补构成了业财融合架构，业财融合架构由组织系统、方法系统、预测决策系统、业务系统、报告系统和评价系统组成。业财融合更加偏重企业部门间的相互协作、有效交流；数字化平台的建设主要体现在组织创新、方法创新、业务创新、管理创新以及评价创新等复杂系统上，企业应及时调整业财融合架构，对业务链环节、功能进行及时、全面整合，有效推进数字化建设，逐步实现业务与财务信息一体化。

（二）业财融合架构目标定位

企业构建业财融合架构的根本目标是要实现组织目标即企业价值的最大化，通过梳理

[①] 吴化尧，邓文俊. 面向微服务软件开发方法研究进展 [J]. 计算机研究与发展，2020，57（03）：525-541.
[②] Meyer, A. D., Tsui, A. S., Hinings, C. R. . Configurational Approaches to Organizational Analysis [J]. The Academy of Management Journal, 1993, 36 (6): 1175-1195.
[③] Miller, D. Configurations revisited [J]. Strategic Management Journal, 1996, 17 (7): 505-512.
[④] 龚丽敏，江诗松，魏江. 架构理论与方法回顾及其对战略管理的启示 [J]. 科研管理，2014，35（05）：44-53.

公司价值链环节主要活动，形成业财融合切入、贯穿公司运营管理的价值链环节，根据业务发生不同进行精细化管理。从财务视角看，业财融合架构的目的在于以下几个方面。

1. 促进职能协同目标。通过构建业财融合架构，推动企业财务职能整体转型。将财务管理与业务活动从企业职能中抽出，通过搭建专业化、标准化、流程化的业财融合平台完成，同时，实现企业内部各部门的职能转型。通过业务管理和财务管理的融合，实现业财管理制度优化、流程再造，将效益与风险的理念植根于运营的主要价值创造环节（战略规划、采购管理、投资运维、产品管理、市场营销和客户服务、综合报告与绩效评价），通过事前评审、事中监控、事后评估，开展业财深度协同。

2. 强化财务共享目标。业财融合架构的构建，有利于加强内部风险管控，推进业财共享、融通；企业可以充分利用共享中心的独立性提升企业对制度的贯彻执行力度，在共享中心流程审核、审批过程中，实现业务标准/支出标准等的战略控制、预算控制、执行控制等事中控制。通过在企业内部建立更加标准规范的财务管理流程以及财务管理制度等，对企业以往的各项重复、复杂的财务管理工作进行集中处理，全面促进财务工作效率的提升。

3. 提升降本增效目标。企业主要产品市场竞争激烈，保持成本优势是企业传统产业竞争的制胜法宝。一方面，业财融合采取按照业务循环进行组织分工的方式，实现规模化运作，从而达到人员节约，降低运作成本的目的；另一方面，分流出来的财务人员应当集中精力加强产品成本管理，不断降低产品成本，更好地服务于企业制定的成本竞争战略。通过对业务系统的建设或优化，以及各系统间的相互整合，完成业务信息、报账信息、会计信息之间的匹配和对应，达到一点输入、信息共享的效果，进而有效降低企业的财务管理成本。

4. 保障信息沟通目标。实现报账、业务处理流程的统一，通过系统对各类信息和映射规则进行固化，最大程度降低人工判断和人为差错。建设业财融合系统，企业核算业务经过统一的规范和流程进行处理，数据质量将得到大大提升。通过一系列信息化、自动化手段的运用，对业务信息进行综合采集和分析，深入挖掘信息的潜在价值；充分利用云端和大数据技术，为管理决策提供更有价值的财务信息。

（三）业财融合架构设计原则

围绕构建目标，企业业财融合架构的构建应当遵循如下原则。

1. 业务财务一体原则。构建业财融合架构的过程，同时也是信息系统全面升级与改造的过程，没有强有力的信息系统的支持，业财融合建设无异于纸上谈兵。企业应当充分利用构建业财融合架构的机会，努力实现业务财务信息一体化。首先，选择优秀的信息系统运营商对业务财务信息系统进行总体设计，以确保信息系统平台不断升级优化并在较长的时期内能够满足企业发展的需要；其次，以多行业背景为基础，加强数据开发和管理体系建设，实现数据的集中化管理和深度利用；最后，加强网络信息建设，实现财务信息的实时共享，为财务信息的真实性与完整性提供保障。

2. 财务管控导向原则。如何将集权与分权相统一，建立一个科学合理的财务管控体系，是长期困扰企业财务工作的难题。企业通过引入业财融合理念来完善财务管控体系，是构建业财融合架构的重要目标，也是从架构设计开始就要坚持的基本原则，为企业构建业财融合架构指明了方向。原则强调以完善财务管控体系为导向，从企业财务管控现状出发，在根本上解决企业财务管理存在的问题。

3. 投入产出匹配原则。对企业而言，构建业财融合架构是一项人财物的巨大投资，因此，从架构设计到组织实施应当循序渐进、量力而行，以尽可能少的投入获取尽可能多的回报；设计科学的组织体系，合理的战略管理、预算管理、成本管理、营运管理以及投融资管理方案，并在生产经营过程中进行全方位的跟踪与评价，对生产、销售的投入和产出进行合理评价和考核。

4. 发展战略一致原则。构建业财融合架构是一个庞大的系统工程，不可能一蹴而就，而应当分步骤、分阶段进行。企业发展战略是指导企业管理工作的核心，构建业财融合架构更应该与企业发展战略保持一致。

二、业财融合架构系统及关系

（一）业财融合架构要素

本书将业财融合的架构分为六大系统，分别是组织系统、方法系统、决策系统、控制系统、评价系统和报告系统。该架构分析业财融合的形成与发展，系统打造业财融合基本架构，组织系统包括战略层、经营层和业务层，方法系统包括战略管理方法、预算管理方法、成本管理方法、营运管理方法、投融资管理方法以及绩效管理方法等，决策系统包括经营预测、经营决策和投资决策等，控制系统包括生产控制系统和销售控制系统，报告系统包括战略层报告、经营层报告和业务层报告，评价系统包括公司层面评价、部门层面评价和个人层面评价，如图1-1所示。在内容上，阐述业财融合组织机构设置、业财融合师工作岗位和能力框架，介绍业财融合的战略管理、预算管理、成本管理、营运管理、风险管理等方法，以及经营预测、决策与长期投资决策，重点讲解业财融合的生产系统与销售系统，构建KPI绩效考核（即关键指标法）、平衡计分卡、MBO目标管理法、360度绩效考核等业财融合评价系统，以及按照报告内容、报告功能、责任中心、责任主体、管理层级和报告对象等划分的业财融合报告系统。

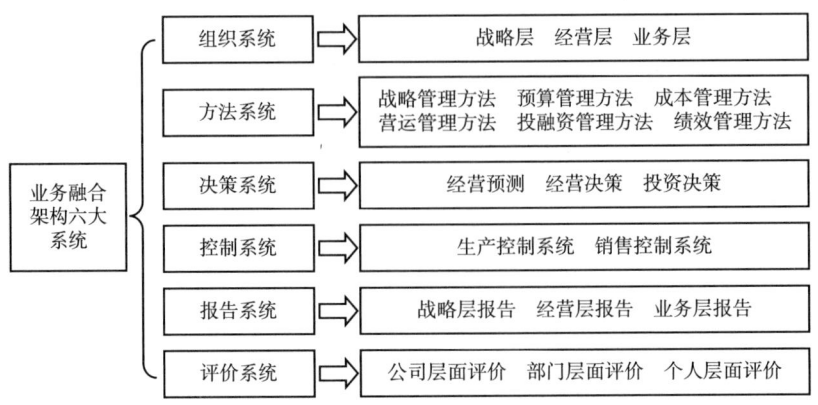

图1-1 业务融合架构的六大系统要素

(二) 业财融合架构系统的关系

随着经济技术环境的变迁，业财融合架构系统会发生一定的变化，这种变化是相互联动的，这样就必须探讨业财融合架构系统的关系。组织系统决定了方法系统，方法系统影响着决策系统和控制系统的效果和效率，报告系统是决策和控制的反映，评价系统是对业财融合整体状况的全面绩效的评价。业财融合架构六大系统之间的关系，如图1-2所示。

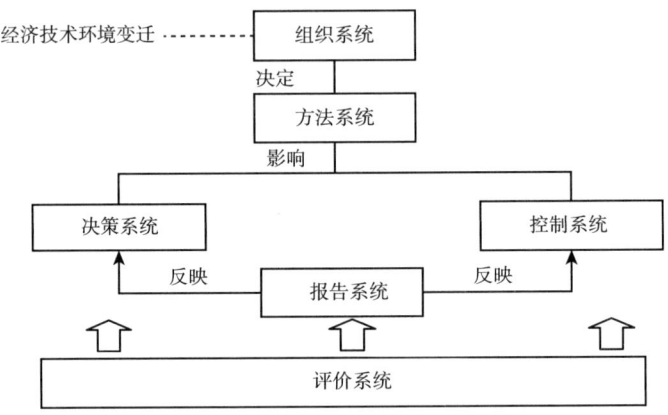

图1-2 业务融合架构系统的关系

三、业财融合架构基本内容

(一) 业财融合组织系统

组织机构界定了对工作任务进行正式分解、组合和协调的方式，不同的组织具有不同的组织结构,这些结构对于员工的态度和行为都有影响。企业的组织体系,具体地说就是为了有效地配置企业内部的有限资源,为了实现一定的共同目标而按照一定的规则和程序构成的一种责权结构安排和人事安排,其目的在于确保以最高的效率实现组织目标。

业财融合的组织系统中,本部分将整个组织划分为战略层、经营层和业务层三个层次,并详细介绍了业财融合工作岗位、能力框架和职业视角。业财融合的组织系统构建有利于促进企业内部各部门之间的沟通,从而提高企业的管理效果。

(二) 业财融合方法系统

从企业管理发展历程看,业财融合产生的基础是管理会计,业财融合的发展围绕基于科学技术发展背景的成本核算、管理控制与价值创造展开,并形成了一系列管理工具和方法,为企业提供决策支持、内部闭环管理控制系统。

业财融合方法系统是为了达到某种目的而将各种科学方法有机地结合在一起,进行有序整合的结构体系。业财融合方法系统主要包含战略管理方法、预算管理方法、成本管理方法、营运管理方法、投融资管理方法和绩效管理方法(具体内容在第七章讲解)等,形成了业财融合决策、控制和评价三层次方法系统的内容(见图1-3)。业财融合研究已大大突破传统业财分离管控的范畴,开启了价值创造的新篇章。

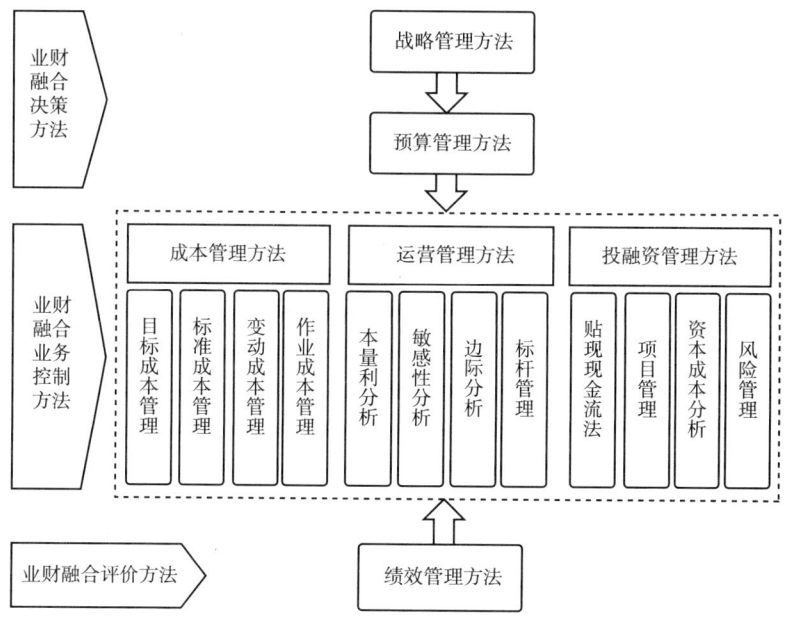

图 1-3 业财融合方法系统

业财融合架构

业财融合方法系统作为现代企业管理不可或缺的管理活动，形成诸多方法工具，将会越来越受到实务界重视。通过建立业财融合方法系统，将为业财融合理论研究和实践应用提供新的思路和指导。

（三）业财融合预测决策系统

预测是预计未来事件的一门艺术，一门科学，包含采集历史数据并用某种数学模型来外推将来，也可以是对未来的主观或直觉的预期，还可以是上述的综合，即经由合理判断调整的数学模型。决策作为人类普遍存在的活动，是基于特定的对象系统（决策系统）而言的，决策就是做出决定的意思，即对需要解决的事情做出决定或选择。这里所谓决策系统一般包括决策者、决策对象、决策信息、决策理论和方法、决策结果等基本要素，它是现代科学决策体制的核心。

本书将业财融合的预测决策系统分为三个部分，分别是经营预测、经营决策和投资决策。在企业经营管理环境下开展的经营预测是运用预测学的诸多方法或基本理念，结合企业历史、当前的信息，推断企业决策有关事项在未来可能发生的变化，如预测企业未来的收入变化、成本变化以及资金需要量。经营决策是在不改变现有生产能力的条件下，对于经营活动中遇到的问题，寻求备选方案，并从中做出最佳选择的行为。投资决策是指投资主体在调查、分析、论证的基础上，对投资活动所做出的最后决断。

（四）业财融合控制系统

"业务"就是各行业中需要处理的事务，通常偏向指销售的事务，因为任何公司单位最终仍然是以销售产品、销售服务、销售技术等为主，也就是这个原因，业务就是进行或处理商业上相关的活动。业务也是渠道指的是厂家与销点之间关系是通过渠道之间建立起来的，业务员的工作直接影响到厂家、销点、消费者这三者之间的关系。因此，业务控制系统主要阐述生产控制系统和销售控制系统。生产活动是企业进行制造性业务的起点，需对生产细节进行把控。生产控制系统是对企业生产业务流程，包括采购业务、仓储业务和制造业务进行管理控制，使业财融合人员能够随时了解生产情况，做到有效控制生产成本，发现存在的问题，进而做出快速的市场反应。销售控制系统是指企业以风险为导向的、符合成本效益原则的销售管控措施，实现与生产、资产、资金等方面管理的衔接，落实责任制，有效防范和化解经营风险。

（五）业财融合报告系统

业财融合报告系统是运用一系列控制方法，针对业财融合控制系统，以更加清晰、简洁和注重使用者需求的形式，来全方位提供有关企业业绩和运营状况信息的综合报告系统。业财融合报告系统包括为构建综合报告所设定的一系列的要素、内容、目标、方式、方法、分类、程序等内容，具体包括战略层业财融合报告、经营层业财融合报告和业务层业财融合报告。

（六）业财融合评价系统

业绩评价是通过建立评价指标体系，对照评价标准，采用定量与定性相结合的统计与分析方法，对企业一定经营期间的各项业绩成果进行综合评判的过程，具体包括公司层面评价、部门层面评价和个人层面评价。业绩评价是一个组织管理控制系统不可缺少的组成部分，是企业战略计划与控制决策的重要支持工具。

第三节 业财融合组织系统

一、业财融合组织系统设计

（一）业财融合组织系统设计原则

1. 适应性原则。组织系统设计应紧扣企业的发展战略，充分考虑企业未来所要从事的行业、规模、技术以及人力资源配置等，业财融合组织系统不能脱离企业实际、技术进步，应满足最新信息技术发展的需要，恰当构建现代化技术平台；应充分考虑外部环境的适应性，谋求企业外部资源的优化配置；应适应企业的执行能力和一些良好的习惯，使企业和企业员工执行起来易上手。

2. 科学规范原则。构建业财融合框架，必须设计科学的、全面的、标准的组织系统，组织系统设计要求有明确的组织结构、日常管理制度、现场管理制度、生产进度管理和组织制度、公平合理的分配与奖惩制度。通过对相关规范制度的落实，将业务财务一体化执行效果以标准制度规定的形式落实下来，满足业务发展中对于具体管理机制方法的构建标准要求，提升业财融合在管理制度完善中的科学性。

3. 均衡设置原则。均衡设置原则是指在分析企业生产经营等日常工作的基础上，合理均衡设置企业需要的组织机构类别、部门岗位数量及组织岗位结构。在业财融合架构的构建中，首先对企业的整体组织结构进行深入了解，并在此基础上将财务岗位与业务岗位融合贯通，确定业财融合的岗位结构和岗位类别；其次注重组织设计均衡性，依据企业组织规模大小，确定相关岗位数量，依据因事设职原则，根据组织业务流程中的职务、职责设职，而不是因人设职，职位和员工应该是设置与配置的关系。

4. 权责分配原则。权责分配是现代企业的制度特征之一，是企业根据其组织结构、发展战略及生产经营的特点，明确各部门及岗位的工作内容、工作权限和工作义务的过程。权责分配具有全面性、明确性、对等性、相对稳定性等特征。在业财融合中强调权责对等的特征，即要求业财融合的岗位设置中权利和责任相对等，岗位拥有的权利大小决定了责任大小，拥有多大的权利就要承担多大的责任。组织中的每个成员都有义务按照工作的目标和要求完成工作任务，不规范的权责分配将直接制约业财融合的推广和完善。

5. 效率优先原则。信息的传递效率会直接影响企业的运行效率，因此，在构建业财融合的组织系统时要依据效率优先原则。效率性原则要求生产经营事项发生后及时、高效处理相关经济数据，不得延误相关经济数据的传递，以便于管理层应用相关数据迅速了解企业业务和财务现状，从而做出经营决策。

（二）业财融合组织关系

业财融合部门与会计核算部门以及业务管理部门既存在必然的联系，又有着一定的区别。会计核算部门将报账、会计核算、内部稽核、总账和报表相关的业务从下属分子公司财务部门抽取出来，设立会计核算部门，进行会计业务处理、会计信息管理、会计信息披露、内部控制规范以及内部会计稽查等，以达到降低运营成本、提高效率、规范化、标准化的目的，会计核算部门属于实体共享组织结构，在原有资金集中管理的基础上，企业将资金收付、投融资等业务功能从会计核算部门剥离出来融入业财融合部门。

业财融合部门通过信息网络技术联接起来设立综合性、系统性虚拟部门，以实现企业资源优化配置的目的。业财融合部门的主要功能是为各业务单元提供经营决策支持，管控业务经营过程中的风险，评价业务经营管理中的绩效等。业财融合部门具有共享组织结构的属性。

根据企业构建财务共享服务模式的目标定位和设计原则，业财融合部门与财务管理部门以及业务管理部门区别如图1-4所示。

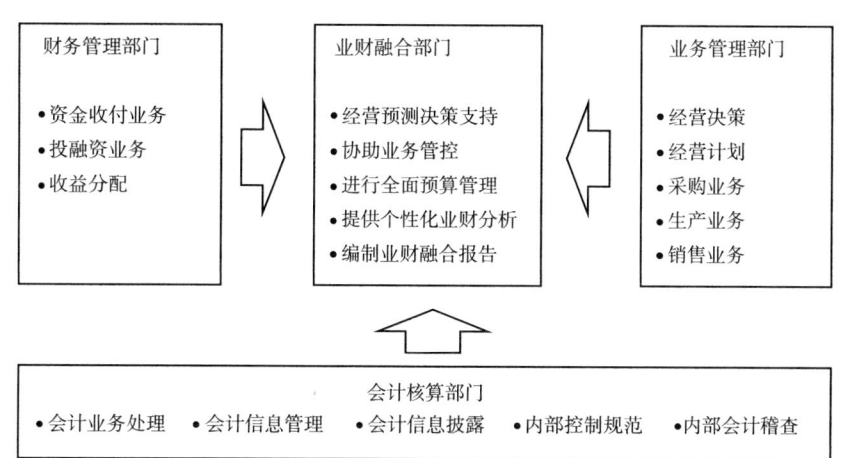

图 1-4 业财融合部门的关系

(三) 业财融合组织系统的三个层次

基于组织职责考虑,将业财融合组织系统分为三个层次,分别是战略层、经营层和业务层,三个层次的工作既有区别也有联系。区别点在于工作重点不同,其中战略层具有全局性,负责运用相关的专业知识和工具为企业提供专业化意见,并为企业提供前瞻性建议或解决方案;经营层负责绩效考核工作、计划安排工作、资源管理工作、监督检查工作和项目分析工作;业务层是业财融合架构的基础层次,负责开展基本的业务活动和财务活动。三个层次的工作也有联系,体现在经营层的工作内容来源于业务层,又能指导业务层;经营层为战略层提供业务数据和财务数据,战略层又可以为经营层和业务层提供战略决策和管理决策(见图 1-5)。业财融合的难点需要重建或打通原有独立的业务与财务系统,业财融合师是业财融合企业前端业务岗位。根据中国业财融合实践的特点,在业财融合任务完成过程中主要有三种或三个层次的关键岗位角色,分别是初级业财融合师、中级业财融合师和高级业财融合师。

1. 战略层。战略层是由全局与局部的相对性决定的。一个组织系统中的战略层具有全局性,其掌控着整个组织结构的运行,战略层的策略会直接影响整个组织的存在和发展,发挥着极其重要的作用。在业财融合的组织系统的战略层中,高级业财融合师运用相关的专业知识和工具为企业提供专业化意见,针对企业自身面临的大环境变化和政策性变革提供前瞻性建议或解决方案。

相较于传统的财务系统,业财融合战略层打破了财务管理的责任边界,管理方式有所创新,承担的责任更大,高级业财融合师需要重塑企业边界,进行财务转型和变革,通过业务和财务的高度融合,创新企业管理思维,从而发现企业发展新动力。业财融合战略层

业财融合架构

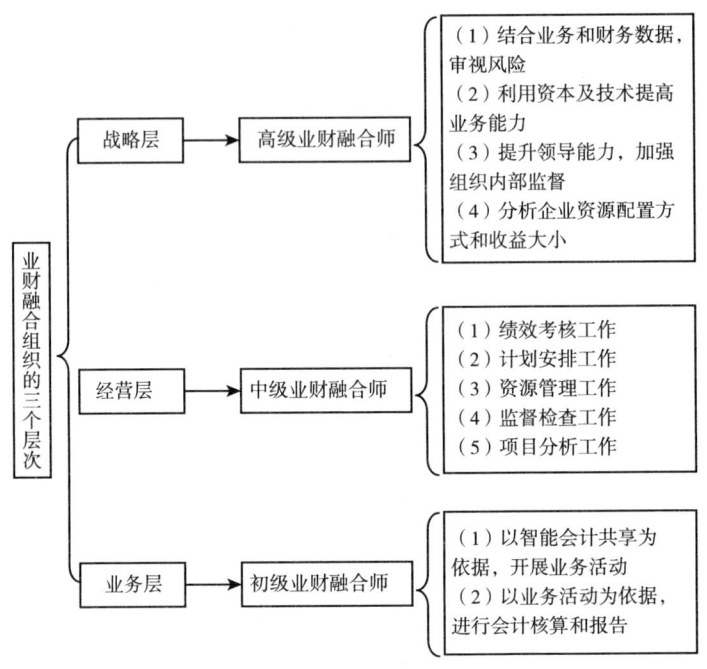

图 1-5 业务融合组织的三大层次

的工作如下。

(1) 结合业务和财务数据，审视风险。战略层应当带领团队，深入研究业务和财务的连接点，收集和重视各种外部信息变化，将风险管控从业务末端向业务前端和业务过程延伸，在业务前端和业务流程中审视可能存在的业务风险、资金风险、税收风险、法律风险、财务风险等，制定合理的财务战略，提升企业的市场资源配置能力和市场契合度，从而提高企业的持续发展能力和竞争力，对企业进行动态控制和风险管理。

(2) 利用资本及技术提高业务能力。业财融合战略层除了具有相应的知识储备，还需要具有战略层面的商业意识。通过深入了解企业业务所处行业、客户及竞争对手的表现，对企业面临的外部环境及内部控制进行分析，结合企业拥有的资本及技术及时调整企业的战略发展方向及财务策略，必要时重新设计和调整已有的商业模式从而达到提高企业业务能力的目的。

(3) 提升领导能力，加强组织内部监督。领导力是组织激发团队创造性、主动性，从而带领员工完成企业目标的能力，这是业财融合战略层不可或缺的能力，优秀的领导力可以推动企业不断创造新的价值。同时，战略层对内部人员及项目的监督控制也是组织正常运转不可缺少的一个环节。通过加强内部沟通和对信息传递流程的强化，可以确保重大经营活动的正常运转，提高相关岗位人员的工作效率，从而增强企业的风险防范能力，实现企业可持续发展。

（4）分析企业资源配置方式和收益大小。企业的资源配置方式会对收益大小产生重要的影响。一方面通过项目的生产、研发、销售及内部控制来实现企业的资源配置，另一方面通过市场、行情、价格等市场方式配置资源。不同的资源配置方式带来的收益大小不尽相同，业财融合战略层应当根据企业的投入产出及规模分析其与收益大小的关系，整合资源配置与收益关系的相关数据，找出存在的问题，必要时改变当前的资源配置方式以为企业创造更高的收益。

2. 经营层。业财融合经营层在企业中需要承担五个方面的主要工作，即绩效考核工作、计划安排工作、资源管理工作、监督检查工作和项目分析工作。作为创新型社会企业职位，业财融合师在企业中承担着复合型人才的角色，是业务、财务、信息技术三位一体的创新型人才。

（1）绩效考核工作。绩效考核指企业在既定的战略目标下，运用特定的标准和指标，对员工的工作行为及取得的工作业绩进行评估，并运用评估的结果对员工将来的工作行为和工作业绩产生正面引导的过程和方法。常见的绩效考评方式有关键绩效指标（KPI）、平衡计分卡（BSC）和360度考核等。业财融合经营层对业务层绩效考核，需评价业务层在考核期间的完成成果，包括数量、质量等综合性评价，在分析业务的同时，也需考量财务方面的工作。经营层根据业财融合业务层的工作范畴，依据公平、公正、公开的原则，制定相关考核标准。

（2）计划安排工作。业财融合经营层根据战略层下达的目标，制定安排业务层的工作任务，科学合理地制定规章制度及流程，对业财人员实行必要的培训、监管与考核；根据国家财务会计法律法规并结合公司的特点，决定公司的会计核算方法和成本核算方法。

（3）资源管理工作。业财融合经营层在对企业资源进行管理时，不仅需要考虑对资产的管理还需要考虑客户关系的管理。业财融合师是集财务、业务为一体的职位，对原始凭证的合法性、合理性和真实性进行审核，负责仓库的全面监管，每个月进行库存盘点。同时，对业务来说，最重要的便是客户资源，因此业财融合师需要与客户维持联系，在维持老客户的同时发掘潜在客户。

（4）监督检查工作。监督检查工作是企业财务工作健康稳定运行的关键，在企业推进业财融合的过程中，企业的财务人员工作量加大，需要对财务和业务知识进行双向把握。

（5）项目分析工作。业财融合经营层需要对业务层完成的项目进行分析，对其质量开展全面的评估，理性分析项目对企业产生的经济效益和价值，依据项目运作的整个流程情况，全方位、综合性地汇总成书面报告，向战略层进行汇报。

3. 业务层。业财融合的业务层不同于传统企业的业务层，业财融合的业务层工作人员不仅要负责企业的日常采购、生产、经营、销售等活动，还要负责传统企业中财务会计和管理会计的工作，包括会计核算、资金结算、财务会计报告、资产管理、成本管理等。在业财融合的组织架构中，业财融合人员不仅是传统财务工作的承担者，也是企业经营信息的提供者。通过对基础财务信息的加工和再利用，实现对业务的预测和控制，及时向经营层及战略层传递财务信息和业务信息。

（1）以财务共享数据为依据，开展业务活动。业财融合业务层在开展业务活动、执行项目计划时，要以生产经营的相关财务数据为基础，对业务流程的所有模块进行监督管理，具体包括对企业业务流程的鉴定、对业务成本和效益性的分析等，做到全方位跟踪业务和项目的落实情况。当业务的进展出现某些问题时，要结合财务数据进行修正，提升企业生产经营业务运作的灵活性。

（2）以业务活动为依据，进行会计核算和管理。业财融合业务层在完成相关业务活动之后，要以业务活动为基础，及时将相关的财务数据录入系统中进行会计核算，以便于其他工作人员了解目前的业务开展情况及财务状况。在日常工作中，以全局的眼光关注公司业务发展，挖掘分析财务数据，并为经营层决策提供咨询建议。

二、业财融合部门职责

（一）业财融合部门的职能定位

智能化时代，会计核算业务从财务部门中剥离出来，划入了会计核算中心。大量财务人员得以从繁重的日常核算业务中解放出来，通过统一的信息平台联接在一起组成业财融合部门，主要完成业财融合系统中经营层和业务层工作。结合企业现阶段具体情况，业财融合部门的主要职能包括以下几个方面。

1. 组织管理职能。根据企业发展战略和不同发展阶段的实际情况，设计科学合理的组织管理模式和组织架构，包括制定和执行恰当的考核激励制度以最大程度地激发业财融合人员的积极性，制定科学的会计工作制度以规范会计工作行为等。

2. 预测经营前景。根据会计核算中心提供的企业和下属各企业财务信息，结合企业资本运作和投资情况，运用业财融合专业技术手段对企业和下属各企业长短期经营目标进行预测，为制定企业发展战略和长短期财务规划提供依据。

3. 参与经营决策。根据各企业实际情况，对影响经营决策的财务因素进行分析对比，为重大经营决策提供财务意见。

4. 规划经营目标。通过对经营前景的预测提出适当的经营目标，并运用财务预算手段，实现经营目标的规划与分解。

5. 控制经济过程。运用全面预算管理等手段,将经营目标分解到企业各分公司、部门乃至最小单元,并对执行情况进行全过程的监控;通过实施目标管理,不断推进组织单元的业绩增长;运用财务知识和工具,不断挖掘生产经营活动中的价值增长点,实现价值创造。

6. 考核评价经营业绩。在财务共享服务模式下,绩效评价将从人力资源管理体系中剥离出来由业财融合中心行使。业财融合中心财务人员(业财融合师)运用专业化手段为责任单位定期编制业绩报告,并将实际发生数与预算数进行对比、分析与评价,奖勤罚懒、奖优罚劣,保证经济责任制的贯彻执行。

(二)业财融合部门的作用

业财融合是实现组织目标的主要抓手,当然业财融合并不是简单地将业务部门与财务部门合并,而是要在前期财务管控体系改革的基础上实现业务与财务的目标、流程、系统和人才的融合,最终确保企业价值的最大化。

1. 以价值创造为导向实现业务与财务目标的融合。企业实施财务管控的目标是企业整体价值最大化,尽管针对下属不同企业的具体情况其分解目标略有不同,但是仍然脱离不了价值创造的导向。价值最大化是联系经营战略与财务战略的纽带,也是联系业务与财务的核心,业务目标与财务目标在价值创造上是高度统一的。因此,只要抓住价值创造作为导向,就可以实现业务目标与财务目标的融合。在业务目标与财务目标的融合过程中,业财融合部门充分发挥专业特长,运用专业方法手段,建立价值测算模型,能随时实现业务量向价值量的转换,以满足价值预测与计算的需要。

2. 以业财联动为核心实现业务与财务流程的融合。业财联动就是将财务流程与业务流程融会贯通,通过网络信息技术手段使业务信息自动生成财务信息。企业几乎所有业务最终都将反映到财务成果上,因此,理论上企业所有业务流程都可以与其相关的财务流程进行融合。业财融合部门根据企业具体业务特点,通过分析关键业务控制点,并在关键控制点进行财务流程的交叉嵌入来实现的,业财融合部门的工作是要找准核心流程,以核心流程的业财融合为突破口逐步向其他流程推广。全面预算管理是业财融合部门实施企业管控的基本手段。长期以来,预算与业务存在"两张皮"现象,根本原因在于预算管理与业务流程没有实现融合。业财融合部门通过在业务关键控制点嵌入财务流程来实预算编制与执行控制,以预算管理与业务流程的融合作为突破口,进而推进应收账款管理、成本管理、资产管理与业务流程的融合,乃至全方位的财务管理流程与业务流程融合。

3. 以决策支撑为核心实现业务与财务系统的融合。系统融合是实现业财融合的技术保障,业财目标融合和业财流程融合最终都通过系统来实现。业财融合部门的工作是业务情况能及时反映在经营成果和财务状况中，以便形成决策支撑。为了实现业财系统融合，业财融合部门应当对企业财务和业务系统进行全面梳理和优化，以决策支撑为核心打通现有财务和业务系统间的壁垒，实现业务数据自动生成财务数据，财务数据自动传导进入决策审批系统，并且能够实现相互穿透追溯。业财系统融合的结果是最终实现业务信息、财务信息和决策信息全面共享，为企业价值管理提供数据平台，从而为企业财务管控提供保障。

4. 以团队建设为保障实现业务与财务的人才融合。实施财务共享服务以后，企业组织管理模式发生了重大变化，企业财务人员与业务管理人员是业财融合的核心成员，是实现业财务融合的一大关键因素。在业财融合组织整合过程中，团队建设部门界限被彻底打破，业财融合团队可能由销售部门、研发部门、生产部门和财务部门的人员组成。财务人员充分发挥主动性，放下"核算、监督"的架子，沉入业务流程的最前沿，了解和学习业务，利用自己具备较强逻辑思维能力的特长迅速掌握业务知识。

三、业财融合岗位职责

（一）初级业财融合师的岗位职责

1. 初级业财融合师的岗位定位。初级业财融合师应具备独立处理业财融合信息，辅助完成业财融合工作领域的某项业财融合的具体任务的能力，要求较为系统地掌握业财融合原理和专业知识及其基本技能与方法，熟悉经济学、管理学的基本原理，熟悉成本管理、财务管理、税务管理、风险管理与内部控制等的基本原理以及基本的财经法律制度环境等。

（1）专业知识。专业知识是业财融合师知识结构的核心部分，业财融合师是具有极强复合型工作特征的人才。因此，在专业知识层面也要求学科领域的交叉融合，并且善于将知识融会贯通。初级业财融合师的专业知识主要包括：组织行为和经营管理知识，财务会计及管理会计相关知识。

组织行为和经营管理知识包括经济学、数量方法和统计学、金融市场、管理学、营销学、风险管理等方面的原理和方法。不同于传统的财务会计人员，业财融合师不仅要做账还要参与企业管理决策，因此，这类知识为初级业财融合师提供了企业经营运转的环境背景知识，加强对企业运作的理解。

财务会计是初级业财融合师必备重要知识，包括初级经济法基础和基本会计实务知识，业财融合师高效完成工作的前提是能够理解、分析各项会计信息，财务会计与报告、成本管理会计、税收、审计与鉴证、财务管理,这些都是与初级业财融合师履行职责密切相关的信息资料。

管理会计知识包括管理会计概论、预算实务、成本管理和职业道德等,这些知识能有力提升业财融合师的履职能力,区别于传统的记账型会计人员,具备管理会计知识的初级业财融合师能够更好地适应智能时代背景下企业对财务人员转型的要求。

（2）信息化水平。信息技术能力是业财融合师必须掌握的技能,初级业财融合师应具备信息获取能力,掌握基本的业财融合软件应用知识,懂得信息技术、网络技术、软件开发与设计、软件操作等一系列技能。业财融合师的信息获取能力,是指在工作中遇到实际问题时通过报纸、杂志、政府报告、商情报道、各类统计年鉴、专利说明书、会议记录、展览会及互联网以合法、道德的手段搜集到符合个人需求的、有价值的信息。现代意义上的信息获取能力更加注重借助现代信息技术获取网络信息的能力,包括开发、掌握信息源并从中获取有价值的信息;对信息检索知识的掌握;熟练运用诸如互联网、书籍、报纸、电视或亲自调查、参观等多种方式获取所需信息,尤其强调运用现代信息技术收集有关信息,以保证信息获取的方便性和快捷性。

2. 初级业财融合师的工作内容。初级业财融合师将进入企业的具体业务层,其主要的工作内容有以下几个方面。

（1）为物资采购提供支持。

①提供采购批量的数额。企业全年的采购需求量一旦确定,财务人员可以根据专业知识,对采购过程当中的成本习性进行分析,从而利用经济采购批量模型,为采购部提供最优的采购批量决策,降低企业的采购成本。

②为采购做好资金支持。财务人员可以将采购部的采购计划与项目计划进行对比,根据采购进度提供相应的资金支持,实现资金效率的最大化。

③明确变更流程。明确项目变更时的管理规范、流程、授权审批制度等,包括对预算调整、现金流量预测调整等,以更好地为预算管理、资金管理提供相关的信息。

④设立存货的处置规则。企业存货在进行处置的时候,相关业务部门往往不太清楚需要遵循的会计规则,容易产生会计和涉税风险,业财融合师可以为存货的处置提供相应的管理建议。

（2）为生产环节提供支持。初级业财融合师根据信息系统反馈的信息,及时为业务管理人员提供相应的成本分析资料,分析成本管理存在的问题,为成本管控及生产流程优化提供决策支持。

初级业财融合师的另外一个职能就是对企业生产环节提供指导,保证企业能够在生产经营上获得有效的帮助,对提高企业生产经营计划制订的合理性和有效性,以及企业生产经营计划的制订和实施都有较强的促进作用。按照社会技术发展需求以及企业的管理特点，业财融合师为企业生产环节提供的指导是非常有效的，对企业经营管理都有一定的促进作用。所以，对于企业经营管理而言，业财融合师的职能更多地体现在对企业的业务与财务具体事务的指导上。企业在制定预算的过程中，需要各个部门的积极配合，当财务与业务融合的时候，业财融合师将会发挥重要的作用。业财融合师将财务总目标贯彻到各个部门当中，并利用其专业知识更好地协助业务部门执行相应的部门预算，使业务活动更加符合预算规范性要求；利用其专业思维发现业务部门需要改善的环节，保证预算执行更加具有刚性。因此，合格的业财融合师，要做到坚守职业道德，不仅仅表现在诚信操守方面，还表现在有进取心方面。

(3) 为产品销售环节提供支持。

①为市场拓展提供量化支撑。初级业财融合师利用财务方法协助销售部门对新产品、新服务等潜在的市场机会进行投入产出的量化分析；从财务视角评价企业的产品方案是否具备商业和财务可行性；通过对预测数据的分析，判断不同客户群的利润贡献度，协助销售部门优化客户产品及服务。

②为销售政策提供决策支持。初级业财融合师根据公司已有资源和预期要达到的实际效果，为市场投入水平提供决策支持；根据专业知识为业务部门提供信用政策制定决策支持；协助公司制定相应的销售人员激励政策，确保相关的佣金政策合乎相关的规定。

③协助进行营销事中事后管控。初级业财融合师帮助销售部门建立客户账龄分析识别规则，定期为销售人员出具异常客户欠款报告，提供相应的收账政策；通过建立财务模型，帮助销售部门对销售投入和产出进行成本效益分析，从而为其投放提供决策支持。

(二) 中级业财融合师的岗位职责

1. 中级业财融合师的岗位定位。中级业财融合师应具备独立负责并组织开展某一领域业财融合活动，完成相应的一系列工作任务的能力水平，要求较为系统地掌握业财融合各个应用领域所涉及的模型、技术、工具和方法及其应用流程与技巧，在完成业财融合工作任务过程中，能够整合运用经济学、管理学以及业务与财务专业等相关领域的模型与工具方法，按照绩效标准，解决支持管理决策与控制的实务问题。

(1) 专业知识。与初级业财融合师相比，中级业财融合师强调各领域知识的整合运用，且要能够参与到公司后期对财务数据的分析、管理决策等实务问题中。

中级业财融合师的组织行为和经营管理知识在对企业运营管理有基本了解的基础上，还要求系统掌握企管原理、生产管理、经营管理、市场营销学、企业技术经济学和对外经济贸易与实务等方面的知识，至少对企业的某一领域做到熟悉，能够独立负责该领域的业财融合活动。

中级业财融合师要达到中级会计的水平，包括财务管理、经济法和中级会计实务等知识技能；中级业财融合师要能够达到"善管善用"，独立负责、组织开展某领域的业财融合活动，为企业提供决策支持与有效实施管理控制工作，管理会计方面的专业知识与技能包括全面预算管理、公司理财、内部控制与风险管理、成本管理、资金管理和绩效管理等。

（2）信息化水平。中级业财融合师要求具备较强的信息处理能力，能够熟练运用业财融合软件的各项功能。信息处理能力是指员工对所获得的内外部信息在评估的基础上，对符合需要的信息进行综合加工，使之系统化、有序化，以便对信息加以利用。信息处理能力按照处理顺序分为信息评价能力与信息加工整理能力两个方面。企业内部每天会产生大量生产、经营的数据与报表，企业外部也会有大量的与企业的生存发展有关的政治、经济、文化、法律以及科技信息。这些信息有真假之分、有序无序之分以及正负价值之分，需要中级业财融合师利用专业技能加以甄别。

2. 中级业财融合师的工作内容。中级业财融合师将进入企业的经营层，企业可以设立分管财务系统的业财融合师以及分管业务系统的业财融合师，中级业财融合师主要的工作内容包括：

（1）进行绩效考核。企业绩效评价的核心是确定、分解并执行关键考核指标（KPI）。业财融合师首先要细化各个维度的财务关键考核指标，完成全年整体目标的制定以及完成对各个维度的指标分解；需要为各个业务部门提供部门维度KPI的实际值，协助相关业务部门负责人完成对各个部门责任人的绩效考核评价分析工作；对于KPI执行的异常提交相关负责人分析。

（2）协调财务共享。对财务共享中心的建设是企业集团改革创新与管理提升的重要途径之一。财务共享中心对信息系统的要求比较高，所以这种新型核算部门的建设需要建立在企业集团信息系统相对成熟的基础上。企业收支方面要支持各类现代支付方式（如网银、支付宝、微信收付款等方式），以及与银行对接。中级业财融合师的工作就是发挥财务共享中心的核心功能，为企业做好收入与支付业务把关。在业财融合的实践中，不论是对内业务还是对外业务，财务共享中心都要做到快速收款与快速付款。财务共享中心进行的收支工作是将企业所有要收支的申请都汇总起来，对这些申请进行审批就是中级业财融合师所要完成的工作。

①业务实时入账。在业务发生审批的同时直接将信息录入报表之中，不仅节省了人力，还能保证速度和准确性。

②实时核算企业税务情况。中级业财融合师可以通过财务共享中心实现对税金的核

算，合理控制税金的抵扣、免除，并对下一步工作计划进行调整，使财务共享中心核算出的税务信息直接作用于企业的管理。在合理的情况下为企业价值的最大化服务。

③数据收集与信息处理。当各类数据、信息在企业中能被全部有效利用时，各部门都能使用自己需要的数据将工作做得更好时，中级业财融合师将信息直接交给企业的管理层、财务部、业务部门所使用。这一功能体现了财务共享中心最重要的"共享思维"，为企业提升效率、实现最大价值作出重要贡献。

（三）高级业财融合师的岗位职责

1. 高级业财融合师的岗位定位。高级业财融合师应具备独立领导和组织开展本单位业财融合各个应用领域的工作及其各项任务的能力水平，要求全面、系统掌握和熟练运用业财融合方法，组织和参与财务决策与控制、国际融资与投资、企业税务筹划、全面预算管理与内部控制和公司业绩评价与激励约束制度；指导、指挥、组织完成复杂的业财融合任务，为企业全面解决问题提供专家意见和专业化的咨询方案，针对企业所面临的新环境和新变革提供前瞻性建议或解决方案。

（1）专业知识。高级业财融合师属于公司管理层，主要从事公司的管理、战略规划以及资源配置等方面的工作，高级业财融合师需要具备丰富的金融理论知识和实务经验，拥有决策判断能力、专业技术能力、管理知识储备能力、风险管理能力、沟通协调能力等，具备组织行为和经营管方面技能，融会贯通经济学、管理学、风险管理、公司治理、财经法律制度等领域的相关专业知识与工具方法。

会计职能方面，扎实的会计知识是高级业财融合师做出各项管理决策的基础。高级业财融合师必须全面掌握会计、审计、财务成本管理、经济法、税法等专业知识，熟悉运用各种会计计量模型及工具。

（2）信息化水平。高级业财融合师具有较高的信息利用能力，能提出业财融合系统设计的思路、组织企业各项业财融合工作。信息利用能力是指获取信息、评价信息与整理信息的能力，关键在于利用信息，只有实现了对信息的利用，信息的价值才能真正体现出来，个人以及企业也才能从中获利。利用信息能力的高低是业财融合师信息素质水平最重要的表现，高级业财融合师具备较强的信息应用能力和信息创新能力。

2. 高级业财融合师的工作内容。高级业财融合师将进入企业的战略层，企业可以设立首席业财融合师、投融资业财融合师等职位，统筹六大系统及企业的战略决策，战略层主要的工作内容有：

（1）进行风险评估。高级业财融合师开展风险分析，在科学合理调整的基础上，将企业的经营风险界定在一个合理的范围内，调整明确决策，促进企业健康发展。在识别和分析潜在风险后,作出风险规避、风险降低、风险转嫁等应对策略。对风险做出评估和分类,判断是否存在可以借鉴的成功经验。借助于模拟财务报表的方式,合理评估发展计划,以此来促进企业目标的实现,分析技术投入、环境状况的合理性,由此决定项目是盈利还是亏损,并及时做好策略的调整,进一步降低运营风险。

(2) 参与投资决策。对于企业的重大投资决策,企业往往有相应的投资决策机构,在进行投资决策时,高级业财融合师需提供相应的投资决策支持,如项目现金流测算、项目相关投资决策指标测算、项目财务可行性分析等。基于对企业经营管理过程的了解,以及企业经营策略制定的实际需要,业财融合对企业的经营策略的制定有着较大的影响,既影响了企业经营策略的制定,同时也影响了企业经营策略的落实。同时,业财融合师还能对企业的经营策略进行有效评价,使企业的经营管理在整体水平上有更高的实效性。在具体工作内容上,高级业财融合师能够进行成本性态分析、分解,为业务人员提供正确的分解数据进行战略决策;能够运用变动成本法和完全成本法计算损益,能够正确理解两种方法带来的利润差并且能够熟练地将变动成本法和完全成本法运用于战略决策;能够运用本量利分工具进行保本点、保利点分析,能够正确运用经营安全程度指标对经营过程进行评价;能够熟练地利用预测分析工具进行基本的销售、利润、成本等预测;能够对新产品的开发、老产品的停转产等进行预测与计算,能够进行定价决策,熟练地根据预算的编制流程编制各种预算报表,熟练地进行成本差异分析、计算并制定标准成本,为决策层提供有效参考数据;能够确定责任中心考核标准,能够熟练地运用内部转移价格进行内部结算和责任结转。

本章参考文献

[1] 郭永清. 中国企业业财融合问题研究 [J]. 会计之友, 2017 (15): 47-55.

[2] 何瑛. 基于云计算的企业集团财务流程再造的路径与方向 [J]. 管理世界, 2013 (04): 182-183.

[3] 胡玉明. "业财融合": 开启一个封尘已久的话题 [J]. 新会计, 2019 (08): 6-11.

[4] 黄辉, 钟燕雁, 罗勇. "业财一体"建设中的问题与对策 [J]. 财会月刊, 2020 (S1): 102-108.

[5] 陆兴凤, 曹翠珍. 管理会计内部应用环境优化——以"共享价值+业财融合"

为指导［J］. 财会月刊，2020（05）：150 - 156.

［6］冷继波，杨舒惠. "互联网＋"背景下业财融合管理会计框架研究［J］. 会计之友，2019（12）：19 - 23.

［7］李相陟. 业财融合在企业管理中的应用：从理论到实践［J］. 财会月刊，2020（S1）：77 - 80.

［8］汤谷良，夏怡斐. 企业"业财融合"的理论框架与实操要领［J］. 财务研究，2018（02）：3 - 9.

［9］唐勇. 财务共享服务下传统财务人员的转型［J］. 财会月刊，2015（19）：18 - 21.

［10］王团维. 重复过去必将失去未来［J］. 新理财，2020（01）：33 - 34.

［11］尤昶，吴睿哲. 财务改革下的业财融合［J］. 中国管理信息化，2020，23（23）：76 - 77.

［12］易宜红. 移动通信运营公司业财融合模式探索［J］. 财务与会计（理财版），2013（8）：23 - 24.

［13］殷起宏，胡懿. VBM 框架下价值型财务管理模式中业财融合的分析体系研究［J］. 商业会计，2015（2）：16 - 20.

［14］张庆龙. 数字经济背景下的财务思维创新［J］. 财务与会计，2020（13）：83 - 85.

［15］张翼飞，郭永清. 实施业财融合助推我国企业高质量发展——基于 324 家中国企业的调研分析［J］. 经济体制改革，2019（04）：101 - 108.

［16］George Valiris, Michalis Glykas. Critical review of existing BPR methodologies：The need for a holistic approach［J］. Business Process Management Journal. 1999，5（1）：65 - 86.

［17］Michael Hammer, James Champy. Reengineering the Corporation［M］. New York：Harper Collins，1993.

第二章　业财融合方法系统

当今世界国际经济、技术环境变化发展快，传统财务会计正在不断由原先核算导向的记账式会计向管理会计转变，以便于企业管理者更全面、更深入地了解企业业务运营情况，制定更符合实际需求、应对现实问题的管理决策，创造出更高的经济价值。业财融合方法系统是实现业财融合目标的具体手段工具[①]，它是企业实施业财融合时所采用的战略管理、预算管理、成本管理、营运管理以及投融资管理等方法的统称。新形势下，传统业财融合工具逐渐形成完善、成熟的业财融合架构的基本方法系统[②]。

第一节　战略管理方法

业财融合战略管理方法一般包括，战略地图、价值链管理等。战略管理方法可单独应用也可综合应用，综合性方法可以加强战略管理的协同性。

一、战略地图

战略地图是从财务、客户、内部流程及学习与成长四个维度模型发展而来，并由这四个维度的战略主题构成。战略主题是战略地图的基本构成部分，是企业年度计划的关键战略任务、战略措施及战略活动。战略主题是实现战略目标的关键领域和主要推动力。

[①] 丛梦，王满. 基于业财融合的管理会计应用与启示 [J]. 财务与会计，2019（07）：16-19.
[②] 王简，王淑霞. 基于"业财融合"的管理会计研究——以中国联合网络通信股份有限公司为例 [J]. 财会研究，2017（08）：36-44.

战略主题需要同平衡计分卡的四个维度联系起来①，形成逻辑上具有因果关系的体系，使企业战略转化为有形的目标和衡量指标——使战略落地。在四个维度中，财务指标是结果性指标，而其他三个指标是业绩驱动指标。

企业转型要求财务管理向数字化、智能化的战略业财融合转型。企业战略业财融合是建立和完善现代企业制度的重要手段，可以有效增强企业价值创造力、激发企业管理活力，也是企业会计人才队伍建设的重要发展方向，而促进业务与财务的融合是企业全面应用业财融合的必要条件。战略管理方法从高效的组织架构、智能财务、工具创新、财务共享等系列操作提升财务管理的战略化、集约化、信息化水平。

（一）财务维度

从财务维度制定增长战略，应以市场需求为前提，培育企业核心竞争力或企业竞争优势；或以企业核心竞争力、企业竞争优势来发展市场。财务维度是其他三种维度的出发点和归宿，是企业未来生存和发展的主题。

1. 财务管理部和业务管理部的融合。财务管理部立足于企业战略目标，以预算管理、绩效管理为主线，为业务经营管理决策者提供有用的信息。一方面，财务人员深入到业务中去，搜集业务数据，建立业务预测模型，结合企业战略目标，确定企业总预算目标；通过"四位一体"的预算编制体系将总预算目标分解到各业务部门；结合各业务部门预算目标和预算实际情况以及关键绩效指标，作为绩效管理制度制定的基础和依据，从而确保各业务中心预算目标的有效执行。另一方面，从平衡计分卡的四个维度出发，确定每个维度的关键性绩效指标，结合业务活动自身特点，建立适合于各业务部门的指标体系。

2. 销售财务部和业务营销部的融合。销售财务部主要负责应收账款管理、广告费用管理等，对财务管理部提供的数据进行分析，为业务营销部提供对决策有用的信息。首先，销售财务部协同业务营销部对广告费用进行分品牌管理，针对不同品牌广告费用投入产出比和发展潜力，确定不同品牌广告投放市场、时长和总费用，提高广告费用投入产出效率；其次，销售财务部协同业务营销部对企业客户信用进行分析评价，建立客户信用评价体系，对应收账款的分布情况和比例信息进行追踪管理，协调银行资源帮助客户融资，提升销售业绩；完善应收账款信用政策，提高应收账款收回率，降低坏账损失率。

3. 营运财务部和业务供应链部的融合。公司实行精细化成本管理，对价值链各环节进行有效成本管控，第一，对研发投入进行全面分析，根据预算将研发成本按产品定位进行分解；第二，对采购成本实行管控，建立采购材料参照价格体系，根据市场行情变化、实际采

---

① 孙玲，王涛. 以战略为导向的预算编制方法在高校中的应用 [J]. 会计之友，2018 (05)：128-131.

购价格动态调整价格体系，业务部门协同财务部预测价格变化对利润的影响并制定解决方案；第三，通过对各产品投入产出比、市场占有率、市场潜力等因素的分析，确定产品最佳经营结构，通过客户流量、市场销售情况等因素的分析，确定分公司布局，降低固定成本。

（二） 客户维度

客户评价维度的目标是解决顾客如何看待企业的问题。通过顾客的眼睛来看企业，从交货周期、质量、服务、成本、可用、功能、品牌、选择、合作等方面关注市场份额以及顾客的需求和满意程度。上述若干因素之间可能会相互矛盾，如可用与质量、品牌与成本等无法同时兼顾，在选择时要抓住顾客或用户最关心的几个方面，抓住重点。卡普兰的理念是有所为，有所不为。企业要做那些让客户满意的事，客户的满意度是第一位的。

增加客户满意度，一是提高服务质量，二是升级产品体验。首先，加大新产品研发、推广力度，业务部门协同财务部门制定合理的新产品发展方案，配合消费者需求，持续聚焦产品研发及创新，不断推出贴近消费者需求和喜好的创新产品。其次，保持具有代表性的重点产品的发展水平，重点产品更加代表企业形象，财务部门制定单品损益分析表，对重点产品的盈利能力、运营效率进行追踪管理，协同业务部门进行市场战略匹配分析，制定重点产品市场策略。最后，多元化产品供应，根据对产品销量、利润率进行专项分析，优化产品结构，提升产品价值。

（三） 内部流程维度

在内部业务维度里，其目标是解决企业擅长什么的问题。财务部门关注导致企业整体绩效更好的过程、决策和行动，特别是对顾客满意度有重要影响的企业过程。业务部门分析企业内部价值链，针对顾客满意度关系的重点，建立企业运营管理流程，特别是创新流程，如生产率、生产周期、质量服务、成本、功能、合格品率、新产品开发速度等。

（四） 学习与成长维度

在学习与成长维度里，其目标是解决企业是否在进步的问题，是将注意力引向企业未来成功的基础，从人力资本、信息资本及组织资本三个方面自下而上的促进企业发展。为了实现财务目标，提高客户满意度及保证企业运营管理流程，特别是创新流程的实施，重点探讨如何提高人员的素质和能力，以及建立顺畅的信息系统和适宜的组织形式。

总之，用战略地图来梳理企业的战略，体现出了四种维度之间的因果联系，即服务"客户"要有利于"财务"，改善"内部流程"要有利于"客户"，"学习与成长"要有利于"内部流程"。除了三个"有利于"，还要用战略统领一切。简言之，平衡计分卡强调

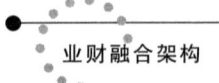

业财融合架构

企业管理各个层面间的因果递进关系,最终实现有效的战略分解和监控。

二、价值链管理

(一) 价值链及价值链管理

价值链是研究竞争优势的有效工具,其理论方法是将企业的业务流程描绘成一个价值增值和价值创造的链式结构,研究如何通过计划、协调、组织和控制各个环节的工作,使各环节在相互联系的基础上同时具备处理物质流、资金流和信息流的自我组织能力。

价值链的概念最早由波特于 1985 年在其所著的《竞争优势》一书中提出[①]。波特认为,每一个企业都是由材料采购、生产作业和产品销售等一系列活动构成的集合,这些活动被称为价值活动,这些价值活动是企业创造的对买方有价值的产品的基石,可以用价值链的形式表示出来。我们认为,价值链管理就是将企业的生产、营销、财务、人力资源等方面有机的整合起来,做好计划、协调、监督和控制等各个环节的工作,使它们形成相互关联的整体,真正按照链的特征实施企业的业务流程,使得各个环节既相互关联,又具有处理资金流、物流和信息流的自组织和自适应能力,使企业的供、产、销形成一条珍珠般的"链"——价值链。

(二) 实施产业价值链管理,强化业财融合

构筑一个强大的全方位、多层次、多功能的大数据平台,从而在 ERP 信息系统内实现财务数据、业务数据、管理数据有效融合,逐步形成并建立企业内外全价值链的业财融合体系,促成企业产业价值链在研发、采购、制造、仓储、销售、售后服务、金融服务、人力资源、会计核算、财务管理、报表等核心子系统的大数据在线化,全面提升企业产业全价值链管理效能。

(三) 构建价值链财务管理系统

财务管理是价值链管理过程的重点,资金池管理又是财务管理的要务,资金池管理是企业内部传统的资金管理工具与方法。价值链管理就是要通过"互联网+"大数据和云计算的算法,将资金流管理由外而内,由下至上,以企业为核心打通重要供应商、经销商以及集团化客户等上下游产业链环节,实时动态监控公司上下游产业链所汇集的资金流向,

---

① 傅元略. 价值管理的新方法:基于价值流的战略管理会计 [J]. 会计研究,2004 (06):48 – 52,96.

大力发展供应链金融，创新融资模式，降低资金成本，优化和改善资金管理效能，提高流动比率对资金预测、资金预警做出决策选择的速度。在产品产业全价值链的制造环节构建资金管理系统的供应链金融平台，促使重要的供应商、经销商与金融机构之间在平台上共享财务资源，创新融资模式以达到合作共赢。

（四）构建价值链各环节相互关联体系

构建产品价值链管控体系，有效降低产品交付成本。企业的价值活动可分为基本活动和辅助活动两大类，基本活动直接创造价值并将价值传递给顾客，它主要包括材料入库、生产作业、产品出库、市场营销和售后服务。辅助活动为基本活动提供条件并提高基本活动的绩效水平，它不直接创造价值。辅助活动主要包括采购、技术开发、人力资源管理和企业基础设施。其中，采购、技术开发和人力资源管理都与各种具体的基本活动相联系并支持整个价值链，企业的基础设施并不与各特定的基本活动相联系但也支持整个价值链。企业的各项价值活动不是孤立的，它们相互依存，形成一个系统、一条价值链。价值链的各环节之间相互关联、相互影响。

第二节 预算管理方法

业财融合将企业财务预算等方面的工作与企业的业务进行有机的结合，是对传统会计核算的一次转型，是朝向业务方向的发展。业财融合实际上就是将财务人员的工作由幕后转向台前，使财务部门与业务部门之间的联系更加紧密，创建主动式的财务监管模式。本节主要介绍预算管理概述、预算管理体系和预算管理环节，包括预算编制、预算控制、责任分析与绩效考核等预算管理方法。

一、预算管理概述

全面预算管理是财务管理的核心，也是实现企业经营目标的根本保证。预算管理系统提供了预算编制与调整、预算执行与控制、预算执行分析与评价等涉及预算管理全过程的功能，可以帮助企业根据自身的资源状况和发展潜力，制定科学合理的全面预算，全面控制企业经营管理的各个环节，以有效组织和协调企业的生产经营活动，完成既定的目标。

(一) 预算管理的目的与内容

预算是将计划量化和具体化，把企业计划以定量方式表现出来就转化为企业预算，它是某一特定期间企业全部经营活动的各项指标及其资源配置的定量说明。预算既是决策的具体化，又是控制经营活动的依据。

预算管理的目的。预算是在预测和决策的基础上，围绕企业战略目标，对一定时期内企业资金取得和投放、各项收入和支出、企业经营成果及其分配等资金运动所做的具体安排。企业预算管理是对从预算编制、审批，到预算执行、评价整个过程的管理，一般应达到以下几个目的。

1. 合理有效配置企业资源。企业预算是在对企业资源整合、优化的基础上形成的，因此，通过预算管理可以达到节约交易成本，优化配置资产结构，发挥规模经营效益的目的。

2. 全面协调企业管理活动。通过预算的制定、执行和监督，保证整个企业内部各部门之间管理协调，达到通过制度运作实现管理的目的。

3. 调动企业全员积极性。预算管理过程涉及各个部门、员工，通过预算管理可以使每个部门和员工有明确的努力目标，从而调动全员积极性。

4. 实现自我控制和他人控制相结合。预算管理将预算主体和预算单位的行为通过目标与目标执行后的奖惩体系相结合、达到使预算主体自我控制、自我激励的目的。主要预算之间的关系如图 2-1 所示。

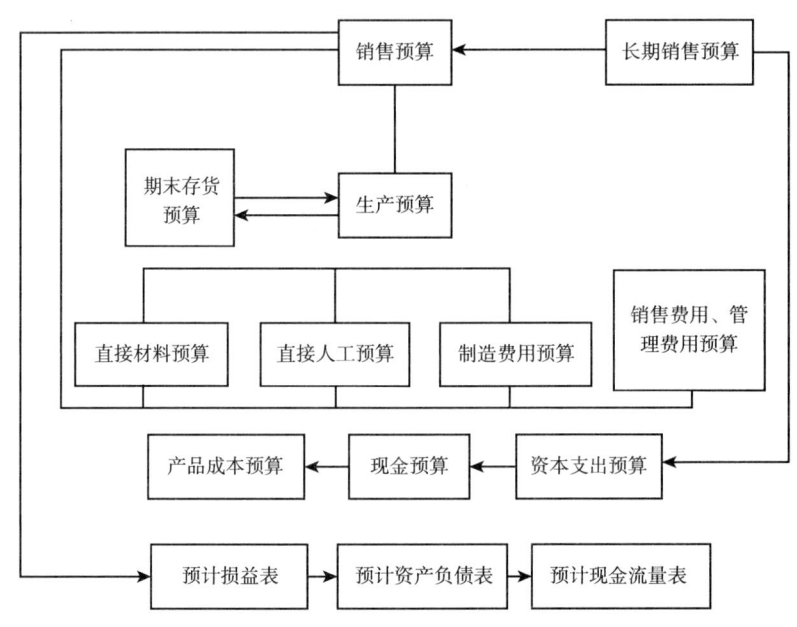

图 2-1 主要预算之间的关系

(二) 预算管理的内容

企业全面预算按照涉及的内容可以分为损益预算、资本预算、现金流量预算和其他预算四类。

1. 损益预算。损益预算是以企业经营成果为核心、由销售量、销售收入、损益、成本、费用、税项等指标组成,包括销售预算、产品预算、产品销售收入预算、其他业务预算、投资收益预算、成本预算、采购预算、营业外收支预算、利润分配预算等。

2. 资本预算。资本预算反映企业工程建设、对外投资、福利设施等建设方面的投资性活动,包括工程建设预算、长期投资预算和更新改造预算等内容。

3. 现金流量预算。现金流量预算反映了企业现金收支方面的情况,包括现金流入量预算、现金支出量预算、债权债务预算等。

4. 其他预算。其他预算是在总预算和分预算中未列出的预算项目,主要是基于企业生产经营活动的需要必须单独编制预算的重要项目。

预算管理过程包括预算编制与调整、预算执行与控制以及分析与评价几个环节。预算编制是前瞻性的,属于事前的管理;控制是实际活动的监控,属于事中的管理;预算评价是对责任中心执行责任预算的结果进行对比分析,找出责任预算执行差异及造成差异的原因,属于事后的管理。预算数据与实际业务数据发生联系,使得事前的计划可以参考历史数据、事中的控制针对具体的业务发生、事后的分析评价基于预算执行的差异。

二、预算管理系统

预算管理系统的设计思想是根据企业发展目标与规划,按责任中心编制预算,指导和控制各个责任中心的经营活动,并对预算执行情况进行追踪和业绩评价,便于企业实际业务运作时的事前计划、事中控制与事后分析控制。

预算管理系统应满足单一主体企业及集团企业的预算编制、预算控制、责任分析与绩效考核的需要,突出预算各环节的关联和有机统一,体现预算在协调各责任主体、分配资源、获得整体最大价值等方面的功能。预算管理系统完成预算编制、审批后,预算管理系统、总账系统可进行预算控制,并通过公式的定义收集各业务系统责任预算执行情况的实际数据,进行责任中心业绩评价和绩效分析,完成责任预算编制审批—执行—调整—控制—分析的整个过程。预算管理系统的主要功能如图 2-2 所示。

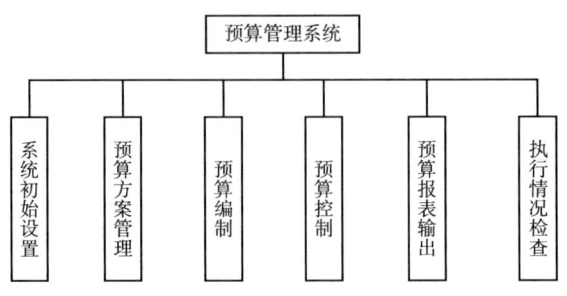

图 2-2 预算管理系统的主要功能

（一）系统初始设置

系统初始设置是对系统正常运行所需要的基础资料、系统参数选项进行的设置和管理。正确、全面的系统初始设置是成功应用预算管理系统的基础，也是企业预算管理工作的前提。预算管理系统初始设置的内容主要有基础资料设置、系统参数设置、用户管理和日志信息管理，其中基础资料包括公共基础资料、预算管理系统基础资料、预算管理相关的其他业务系统基础资料。企业应根据自身需要和系统要求进行适当的初始设置。

（二）预算方案管理

预算方案定义了企业预算总括性的计划，例如：年期跨度、是否全面预算、是否滚动预算等。根据系统参数中对"主预算"类型的设置，预算方案的编制还要区分不同的类型。预算编制前，必须先制订预算方案，明确编制预算时应遵循的先决条件，才能进行责任预算的编制。编制责任预算时，应严格遵守预算方案的规定。

（三）预算编制

预算编制是形成企业各种具体预算数据化的过程，它是预算管理系统的核心功能。在系统初始设置时，定义的各项基础资料都是为了支持预算编制的进行，而预算控制、责任分析等功能也是围绕预算编制实现的。

预算编制和审批是预算管理的基础工作，也是预算管理的难点。在预算编制过程中，首先是企业根据具体的业务计划，使用合理的预算方法，按照一定的预算标准，编制出某一期间或年度的预算。其次是有关部门根据该期间的业务活动或历史数据，对各个责任中心的预算进行审批，最后按照审批后的预算数据执行。

预算的具体编制主要采用自下而上、自上而下相结合的方法。企业财务管理部门将董事会或经理办公会审议批准的年度总预算分解成一系列的指标体系，由企业预算委员会逐级下达各预算执行单位执行。企业预算一经批复下达，各预算执行单位就必须认真组织实施，将企业预算指标层层分解，从横向和纵向落实到内部各部门、各单位、各环节和各岗位，形成全方位的企业预算执行责任体系。

（四）预算调整

预算编制完成之后，正式下达执行的预算作为企业未来一段时期生产经营的共同目标及准则，整个预算体系应该是严肃、严谨和共同遵守的。但是，随着市场情况的变化和企业自身状况的调整，企业在实际预算执行过程中，有可能出现调整和修正经营目标的情况，这些调整可能是定期的，也可能是根据实际需要随时进行的调整。无论何种情况，在预算开始执行之后，任何对预算数据的调整和修订，都应该是受控制的，要保留调整痕迹并可追溯。预算调整功能可以实现按流程进行预算调整，并提供相应的控制手段。预算调整后要由预算委员会审核，并提交董事会或经理办公会审议批准。

（五）预算控制

控制是对实际活动的监控，企业制定预算的目的是指导生产经营活动，使之有序、受控，在预算管理系统中具体表现为：打通预算与总账业务的关系，使预算数据可以通过某种流程实现对总账业务在事前、事中、事后的全面控制，实现预算管理的目标。预算数据最终确定后，通过预算执行，使预算数据对业务环节起控制作用。

（六）预算报表输出

预算编制完成之后生成的预算数据，可以通过预算报表进行反映，以报表的形式查询和打印输出，这些预算报表详尽地反映了各种预算的具体情况。

（七）检查分析

预算使用部门和管理部门需要了解预算的执行进度、执行差异，以分析各责任中心的绩效或进行预算方面的经营决策。绩效分析完成各责任中心经营活动的预算数据与实际数据的对比分析，反映责任中心预算执行情况与预算的差异情况，绩效分析结果通过绩效报告进行反馈。

企业预算委员会应定期召开企业预算执行分析会议，全面掌握企业预算的执行情况，研究、落实解决企业预算执行中存在问题的政策措施，纠正企业预算的执行偏差。在企业预算执行分析过程中，企业财务管理部门及各预算执行单位要充分收集有关财务、业务、市场、技术、政策、法律等方面的信息资料，根据不同情况采用不同的方法，从定量与定

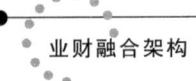
业财融合架构

性两个层面充分反映预算执行单位的现状、发展趋势及其存在的潜力。

三、预算编制环节

（一）预算编制环节的主要风险

1. 预算编制以财会部门为主，业务部门参与度较低，可能导致预算编制不合理，预算管理责、权、利不匹配。

2. 预算编制范围和项目不全面，各个预算之间缺乏整合，可能导致全面预算难以形成。

3. 预算编制所依据的相关信息不足，可能导致预算目标与战略规划、经营计划、市场环境、企业实际等相脱离；预算编制基础数据不足，可能导致预算编制准确率降低。

4. 预算编制程序不规范，横向、纵向信息沟通不畅，可能导致预算目标缺乏准确性、合理性和可行性。

5. 预算编制方法选择不当，或强调采用单一的方法，可能导致预算目标缺乏科学性和可行性。

6. 预算目标及指标体系设计不完整、不合理、不科学，可能导致预算管理难以有效发挥实现发展战略和经营目标、促进绩效考评等方面的功能。

7. 编制预算时间太早或太晚，可能导致预算准确性不高，或影响预算的执行。

（二）预算编制环节的管控措施

针对上述主要风险，企业在预算编制环节应采取如下管控措施。

1. 全面性控制。

（1）明确企业各部门、各单位的预算编制责任，使企业各部门、各单位的业务活动全部纳入预算管理。

（2）将企业经营、投资、融资、财务收支、项目建设等各项经济活动的各个方面、各个环节都纳入预算编制范围，形成由经营预算、投资预算、筹资预算、建设预算、财务预算等一系列预算组成的相互衔接和勾稽的综合预算体系。

2. 编制依据和基础控制。

（1）制定明确的战略规划，并依据战略规划制订年度经营目标和计划，作为制定预算目标的首要依据，确保预算编制真正成为战略规划和年度经营计划的年度具体行动方案；

（2）深入开展外部环境的调研和预测，确保预算编制以科学预测为依据，与市场、社

会环境相适应;

（3）深入分析企业上一期间的预算执行情况，充分评估预算期内企业的资源状况、生产能力、技术水平等自身环境的变化，确保预算编制符合企业生产经营活动的客观实际;

（4）重视和加强预算编制基础管理工作，包括历史资料记录、定额制定与管理、标准化工作、会计核算等，确保预算编制以可靠、翔实、完整的基础数据为依据。

3. 编制程序及时间控制。企业按上下结合、分级编制、逐级汇总的程序，编制年度全面预算。

4. 编制方法控制。企业本着遵循经济活动规律，充分考虑符合自身经济业务特点、历史数据、基础数据管理水平、生产经营周期和管理需要的原则，选择或综合运用固定预算、增量预算、弹性预算、滚动预算等方法编制预算。

5. 预算目标及指标体系设计控制。

（1）按"财务指标为主体、非财务指标为补充"的原则设计预算指标体系;

（2）将企业战略规划、经营目标体现在预算指标体系中;

（3）将企业各项经济活动的各个环节、各项业务都纳入预算指标体系;

（4）将预算指标体系与绩效评价指标协调一致;

（5）按各预算责任单位在工作性质、权责范围、业务活动特点等方面的不同，设计不同或各有侧重的预算指标体系;

（6）各预算项目的编制应说明计算依据和潜在影响因素。

第三节 成本管理方法

业财融合成本管理常用的方法有：目标成本管理、标准成本管理、变动成本管理、作业成本管理以及生命周期成本管理等方法。

一、目标成本管理

（一）目标成本管理概述

目标成本管理是企业在明确自身经营目标的情况下，进行成本预测、成本决策、测定目标成本等一系列成本管理工作。目标成本管理首先要求企业以消费者为导向制定目标成本。企业要结合市场需求改进产品，消费者对产品的需求应反映在产品的设计、生产环节，企业要根据市场需求及时调整自身的目标成本。制定目标成本时应遵循先进性、科学性、严肃性、通用性、可行性的基本原则，科学合理的目标成本计划更有利于目标成本管理工作展开，是企业成本管理贯彻落实的保障。目标成本管理也要求企业划分各级责任中心，明确各部门的工作职责所在。通过制定科学合理的目标成本，将目标成本由上向下逐级分解到各部门。分解目标成本时要遵循可控性原则，当下级部门无法控制成本时，不得将其分解。目标成本管理还要求企业按时对各部门的目标成本完成情况进行考核与奖惩，通过考核与奖惩，推动各部门成本控制工作高效落实。

目标成本管理将产品成本由事后算账发展为事前控制，对企业各部门的生产成本进行严格的控制和监督，最大限度地减少不必要的成本浪费，优化资源分配，降低生产成本，提高经济效益。当前的经济下行，实体经济发展困难，开放的市场又增加了竞争压力。在这种经济背景下，制造业企业要想提高市场竞争力，就必须采用目标成本管理模式。这不仅能够帮助企业实现经营目标，也能够最大限度地降低成本，提高企业的经济收益，有利于企业的长远发展经营。

（二）目标成本管理的重要性

主要从满足市场和消费者的需求、提升企业核心竞争力、提高企业经济效益和落实成本管理制度四个方面阐述目标成本管理的重要意义。

1. 满足市场和消费者的需求。落实企业的目标成本管理工作首先需要企业制定一个既适合企业现有发展水平又能满足产品市场需求的目标，这就需要开展大规模的市场调研，深入了解市场和消费者真正的需求，在满足消费者需求的前提下，做好产品设计方向，在此基础上才能制定满足市场需求的经营目标，不仅能够稳定原有的消费群体，还能扩展新的消费群体，扩大企业的经营覆盖面，在市场中占据一席之地。因此，设计出满足市场和消费者需求的产品能够提高企业的市场竞争力。

2. 提升企业核心竞争力。目标成本管理注重消费者的需求，在企业生产运营前期通过大量的市场调研工作了解市场需求，依据市场需求阶段性地调整生产目标，进而改变企业的资金投入与生产环节成本预测，后续的生产运营工作都相应地做出调整，使得企业的生产经营方向符合市场需求，为消费者提供更优质的使用感和服务体验，进一步加深消费者的忠诚度，扩大品牌影响力，有利于提高企业的核心竞争力。

3. 提高企业经济效益。目标成本管理是企业经济管理中的重要一环，不仅能够全面提高制造业企业的成本管理质量，更是通过降低生产成本提高企业的经济效益。目标成管理以市场需求为导向,根据消费者的需求改进产品性能,迎合消费者的消费需求,逐步扩大市场占有率。在实现企业经营目标的基础上,通过成本控制精简生产流程,降低不必要的生产成本,最大限度地降低企业成本。这就保证了制造业企业实现自身经营目标,进一步提高制造业企业的经济效益,保障企业健康、长效的经营发展。

4. 落实成本管理制度。目标成本管理制度提高了成本管理水平,完善了成本管理体系,有助于落实成本管理制度。目标成本管理从市场需求调研到产品生产环节都严格把控,通过全过程的目标成本管理工作,促使企业研发、生产、运营环节更加透明、可调控,有利于企业成本管理制度的落实。目标成本管理能够促使制造业企业的成本管理工作真正落到实处,发挥原有的作用,全面提高制造业企业的成本管理水平。企业的目标成本管理也能通过预算制度与调研市场需求将企业各个部门联系起来,进一步提高企业的员工凝聚力,也使得企业的经营发展更与市场发展相适应,为接下来的成本管理工作落实奠定坚实的基础。

(三) 目标成本管理的应用

研究目标成本管理在企业经济管理中的应用策略,主要从树立目标成本管理观念、以市场为导向了解客户需求、健全目标成本管理制度和建立健全信息管理系统四个方面进行分析,研究如何提高企业的目标管理水平,健全企业的目标管理制度,进而促进企业整体管理水平,保证企业的经营发展。

1. 树立目标成本管理观念。企业的管理模式与管理水平需要与经济发展相适应,现如今经济发展速度加快,企业数量激增,市场的供求关系已经从企业主导转变为消费者主导,消费者选择企业的时代,市场竞争越发激烈,对企业的要求也随之提高。制造业企业必须转变自己的管理观念,从传统的管理模式转变为全新的目标成本管理模式。在产品的设计、采购、研发、制造、销售等阶段都要坚持目标成本管理理念,根据实际经营情况制定成本管理方案,实现企业的成本控制目标。制造业企业应从整个价值链的视角看待企业的生产经营活动,在保证产品质量的同时降低产品的生产制造成本,优化企业价值链。同时也以消费者的需求为导向,在满足消费者需求的基础上提升产品质量进而提高自身竞争力,扩大自己的市场占有率。同时也要简化加工流程,减少不必要的工作步骤,也要提升产品的售后管理,形成一系列的全新的目标成本管理理念。

2. 以市场为导向了解客户需求。目标成本管理对制造业企业的经营发展十分重要,目标成本管理重视对企业经营目标的制定,而企业经营目标的制定与市场和消费者的需求息息相关。因此,在制造业企业的经营发展中,要想保证持久经营,长效发展,就必须了解市场需求,以市场需求为制定企业的经营目标的根本,进行产品设计,制定售价和预期利润。目标成本管理制度通过影响制造业企业的生产和销售环节,最终影响企业的经济效

业财融合架构

益。因此，只有以市场为导向了解市场和消费者的需求，对当前的市场和消费者的需求大量调研，深入分析，了解消费者的消费偏好以及消费习惯，以此为根据，设计出满足消费者偏好的产品，才能够保证企业的产品符合市场和消费者所需，在未来产品投入市场时，保证产品的竞争力，提高企业的经济效益，促进企业经营发展。

3. 健全目标成本管理制度。目标成本管理制度是当前制造业进行成本管理工作实行的主要管理制度，不仅能够有效提高企业的成本管理水平，更是充分体现了制造业企业最先进的目标成本管理理念。为了充分发挥目标成本管理制度对制造业企业成本管理的提升作用，更进一步提高目标成本管理质量，必须要健全目标成本管理制度。对产品设计、研发、制造等环节的目标成本管理模式都要不断进行完善，按照制造业企业的成本管理原则把控成本管理制度。同时应保持适当的成本调整次数，不要调整过多，避免造成产品研发、生产部门的成本浪费，通过高效、严谨的成本管理工作优化制造业成本管理模式，充分发挥目标成本管理制度的优势。制造业企业的生产、研发、采购部门都应学习目标成本管理知识，具备一定的目标成本管理经验，同时建立专门的管理和监督机构，负责企业的目标成本管理，统一规划各个部门在目标成本管理制度下需要负责的部分。同时，为了健全制造业企业的目标成本管理制度，必须全面规范管理模式，保证管理模式的科学性和高效性。最后，也要结合企业自身的经营发展程度提高企业的管理水平，并且严格按照目标成本管理制度管理企业的生产经营活动，通过落实管理制度保证企业生产经营工作的低成本、高效率执行。

4. 建立健全信息管理系统。目标成本管理工作是为了适应市场变化而产生的，同样在经济社会高速发展的今天，信息技术水平已经相比以往有了极大的提高，企业也应该利用信息技术，充分完善企业的信息管理系统。目标成本管理工作相比于传统的管理模式，工作流程更加复杂，工作涉及范围广，为了高效地开展目标成本管理工作，也必须要利用信息技术。因此制造业企业为了提高目标成本管理水平，必须健全企业的信息管理系统。企业可以利用大数据建立目标成本信息管理平台，收集、统计各项经营管理数据，同时也要建立检测系统，利用检测系统对经营数据进行检测，核实数据的科学性与准确性。在各种系统的协调配合下，保证企业的目标成本管理工作系统、高效地开展，以落实企业的目标成本管理工作。

二、标准成本管理

（一）标准成本管理概述

标准成本法是针对标准成本制定的，可以更有效地核算成本差异，具有广泛性和高效性。标准成本法还对成本控制具有稳定的增长性，可以充分地进行经济考核作用，明确成本过程，并且实现企业对成本控制的要求。企业在生产产品中的成本，都可以按照标准成本法进行管理，再根据对应的流程准确地算出各项成本之间的差值。通过这种标准成本法的高效管理，可以对各项成本进行控制，提前防范了企业活动中可能出现的风险，为企业带来不错的效益，为工作人员以及企业自身提供了强有力的合法权益保障。

（二）标准成本法的优势

1. 企业目标成本更加科学化。在有效作业下对直接材料的需求量和人工的数量加以考虑是制定标准成本的重要依据。标准成本进行制定的过程中，需要企业众多相关部门共同参与商定。所以从某种程度上看，标准成本是企业智慧的结晶，有着一定的科学依据，对于实现企业成本精细化管理奠定基础，以此可促进整个企业管理的科学规范化发展。

2. 可作为业绩考核的工具。企业对供产销各部门的业绩考核利用标准成本法可以提供很多便利，通过对标准成本的分解把成本指标分解到每个环节和个人中，而在此过程中存在的差异性是不可避免的，根据差异对组织部门或个人进行奖惩利于各方积极性的大大提高。另外，用标准成本法进行对比分析工作也更具客观性、科学性，使决策者在参考数据进行决策时的正确性也能得到一定的保障。

3. 对预算的编制和执行有很大益处。在对预算的编制和分解过程中使用标准成本法可以保证每项预算指标都与生产实际相契合，可以有效地避免预算过程中由于人为因素造成的不利影响，以此降低预算完成的出错率。另外，标准成本可以反映成本要素的合理近似值，因此在一定程度上也成为定价过程中的依据，并且也可当作本量利分析的过程中的原始数据资料，这些数据对估算产品的未来成本也有着重要的参考价值。

（三）提高标准成本法在企业成本管理过程的应用对策

1. 制定标准成本。为了保证标准成本法在企业成本控制与管理中的有效实施，企业应制定标准成本，为将来的成本差异分析和计算工作提供依据。而企业在进行日常管理工作时要首先明确成本应该由哪个部门负责，然后再结合产品的生产和经营活动对成本的重要环节加以分门别类，进而做出有针对性的综合管理。在此过程中，如果标准成本是直接用来生产材料的，那么在确定价格和标准时要以产品生产过程中的对产品实际耗材用量作为依据基础，并且对影响产品的市场外在因素充分考虑，然后再对材料标准成本直接进行制定。其中，影响直接材料成本的因素主要有以下几个方面，即对市场的定位、产品设计和产品生产工艺等。结合企业的具体生产情况，定额材料的使用量和单位产品耗材标准是制定标准成本时的重要环节，这样企业生产成本的控制和管理工作才能有效得到保障。其次，人工成本主要受两个因素影响，即人工价格和人工用量。人工价格顾名思义就是需要付给员工的标准工资，一般有计时付工资和计件付工资两种方式。同时人工价格受外在影响因素甚多，尤其受经济环境和市场因素影响波动明显。因此，企业在对人工标准成本进行制定时要兼顾人工价格和人工用量这两个方面。最后，产品制造和生产管理成本主要受企业管理、生产工艺、能力、规模这四个因素影响，其对企业的综合成本能否降到最低有着直接的决定性作用。

2. 标准成本管理要和预算管理相结合。标准成本管理在一定程度上对预算管理有着很大的影响力。标准成本法企业在对产品制定标准时，需要企业内部各有关部门共同协商沟通，进一步扩大和完善企业的生产预算编制才有实现的可能。通过有效的预算管理，以此缩小标准成本与实际发生成本之间的差异，企业对资金的实际使用情况也要清楚明确，这样企业的预算准确性才能进一步提高，控制成本的有效性才能得到根本保障。企业在进行预算的过程中，一定要将单位产品标准成本作为依据，即每个产品都要为其制定一个标准成本，并明确其标准价格和内容，以此保证标准成本能在生产中的每个环节得到充分落实。这样企业的预算管理才能更加科学化，生产经营风险才能最大限度地降低。

3. 标准成本管理要和绩效管理相结合。企业制定好标准成本后，经过一段时间的生产经营活动，需要把标准成本和实际发生的成本做对比，然后在对比的过程中对期间的数据资料进行核算，对存在问题等加以分析和总结，并找出这两种成本之间有什么异同及其原因。对于企业在生产过程中的一些不利情况，比如成本过高、浪费等要加以重视并且及时做调查分析和研究，以此找出相应的解决对策。同时，还要把成本控制的责任和相关负责部门、工作人员的绩效管理工作挂钩，这样可以有利于找出成本之间产生差异的问题所在和追究具体负责人或部门责任，并且还能在此基础上通过奖惩机制的手段促进企业绩效管理工作的开展和落实。

三、变动成本管理

（一）变动成本管理概述

变动成本法是业财融合中常见的一种核算方法，人们又习惯将变动成本法称为边际成本法或者直接成本法等。变动成本法顾名思义是一种成本计算方法，经常被应用于企业成本管理中。变动成本法的计算原理较为简单，核算人员首先需要分析成本性态，然后在此基础上核算成本构成，例如，直接工人、直接材料、可变性的制造费用等生产成本；维护费用、广告费用、销售费用和管理费用等期间成本。生产成本和期间成本之和即变动成本法计算的企业管理成本。

（二）变动成本管理的优势

1. 应用变动成本法可以有效避免企业部门"扯皮"现象的发生，让各个部门明确自身的职责，按照成本目标完成部门任务。例如，生产部门和采购部门需要合作控制生产成本，应用变动成本法既可以避免生产部门过度浪费生产资料，又可以控制采购部门的成本，最终，让生产部门和采购部门共同为节约生产成本而努力。

2. 变动成本法是企业短期经营决策的"法宝"。在成本管理中应用变动成本法可以有效核算出固定成本、边际贡献、变动成本等，这些成本资料可以提供企业经营过程中的重要数据，例如，销售数据、利润数据、业务量数据等，从而有助于企业及时发现经营中存在的问题，使企业对短期经营进行预测。

3. 变动成本法有助于简化成本管理工作，把固定成本纳入期间成本，减少了核算人员计算成本的环节和项目，有助于提高成本管理人员的工作效率，加强固定成本的稳定性。

4. 变动成本法有助于领导者实施"以销定产"的科学生产方式。随着市场经济的发展，批量式的生产方式已经无法适应经济的发展，所以企业需要根据市场需求生产产品。变动成本法有助于增强企业对销售损益的敏感度，从而指导企业进行理性生产，降低企业因盲目生产造成的经济损失，是企业实现成本控制的有效手段。

（三）变动成本法在业财融合中的应用

变动成本法在成本管理中被应用到各个环节，例如，成本规划环节、成本决策环节、成本计算环节、成本控制环节和业绩评价环节等。下面将从变动成本法入手探究其在成本管理各个环节中的应用。

1. 成本规划环节的应用。成本规划环节是成本管理的首要环节，通过预测的方式规划企业下一阶段的预测成本。在成本规划环节中，核算人员需要在变动成本法理念的指导下进行成本预测。假设业务量对固定成本影响甚微，核算人员采用酌量型和约束型对固定成本进行分类，从而通过变动成本法规划企业管理成本。约束型成本规划和酌量型成本规划是变动成本法常用的两种核算假设，约束型成本规划一般由会计相关人员决定固定成本，且固定成本与往年相比变动幅度较小；酌量型成本规划以管理费用、维护费用、广告费用为固定成本，酌量型成本规划中固定成本受企业领导者的决定，所以固定成本与往期相比变动幅度较大；在成本规划环节结合应用变动成本法中的酌量型和约束型两种核算方法，既可以保证预测生产成本的稳定性，同时又可以对非生产成本进行合理预测。由此可见，企业应用变动成本法可以顺利完成成本规划。

2. 成本决策环节的应用。成本决策在成本管理中主要表现在对生产资料、消耗资料的选购决策，例如，生产资料选购的途径、种类和数量等；消耗资料选购的质量、售后和使用寿命等。企业在选购生产资料和消耗资料时往往需要对其成本进行考虑，这些成本皆属于变动成本，所以在成本决策环节可以采用成本变动法。除此之外，在企业产品销售过程中，领导者往往面临选择亏损品继续生产还是放弃生产的决策，在决策过程中领导者需要考虑产品单价与单位变动成本之间的关系，此时领导者可以采用成本变动法对企业盈利进行核算，如果在固定成本稳定的情况下，产品单价远远低于单位变动成本，那么继续生产亏损品将会使企业承受财产损失，领导者可以果断放弃亏损品生产。由此可见，变动成本法可以应用到成本决策环节的方方面面。

3. 成本计算环节的应用。成本计算环节有助于成本预测目标的落实，所以在成本计算环节核算人员需要根据成本预测制定成本管理方案，在方案制定过程中核算人员通常应用变动成本法。在变动成本法的指导下，核算人员第一步先明确企业不同部门和个人的成本目标，然后根据变动成本法的计算公式控制各种变动成本，例如，培训成本，人工成本、设备更新成本、材料成本等，通过一系列核算方式计算出具体成本款项，完成成本管理中的成本计算。

4. 成本控制环节的应用。众所周知，成本控制即对企业各种成本的控制，例如，人工成本的控制，生产资料成本的控制，销售成本的控制等。上述成本皆属于变动成本，所以在成本控制环节可以应用变动成本法。通过变动成本法对工人成本、生产资料成本、销售成本进行跟踪，分析出以上成本变动的成因，从而采取一定措施减少其成本上涨的可能性条件，最终实现成本的有效控制。由此可见，在成本控制环节应用变动成本法可以有效控制企业各项成本。

5. 业绩评价环节的应用。业绩评价是成本管理的最终环节，该环节同样需要应用变动成本法。企业各个部门的成本目标是业绩评价参考标准之一，核算人员可以通过变动成本法计算出不同部门成本目标的执行情况，然后与规划成本目标进行一系列分析和对比，在衡量过程中得出考核结果，从而完成企业成本的业绩评价。

四、作业成本管理

（一）作业成本管理概述

作业成本法是建立在作业的基础上，围绕着作业将事物技术和经济方面的特点相结合，对所掌握的信息数据进行处理，将获得的结果作为参考标准来预测某项作业可能会消耗掉的资源数量，合理把握企业生产和经营产品过程中作业链之间的联系，了解作业结构，以作业量为参考依据来完成产品成本分配计算。作业成本法的指导观念是进行作业就要消耗资源，而资源损耗就会产生成本，作业是成本核算的根源，成本会被一一分配到对应的作业上，产品或者服务成本是所有作业成本的总和。自从作业成本法出现以后，许多人意识到必须要将其与企业管理彻底融合才能维护企业的利益，作业成本法能为企业经营以及产品的生产提供有用的信息，对企业成本管理有很大的帮助。

企业在生产产品或者提供服务的过程中必然会有资源的损耗，这是无法避免的，我们只能通过加强监管去有效降低成本支出，企业要提早对有关作业进行成本占比计算，科学安排作业量结构，对各组成部分进行总结，合理分配资源，将作业过程中所用到的人力或物力和资源的损耗剔除以后分配到需要的产品和服务中，增加对资源的利用率，它与传统的成本分配方法对比来说存在明显优势，能将各种资源按照客户要求合理分配到对应的成本库，企业再对作业量大小进行考虑，既能完成作业量又能高效作业，为客户提供良好的服务体验。作业成本法有很强的实用性，主要以作业作为突破点，分析形成成本的动因，围绕着作业展开研究，对获得的信息数据进行全面分析，在结论中看出企业本身在成本管理方面存在的不足，会计部门要把握机会，充分利用结论资源，加速解决这些问题，促进企业长远发展。

（二）作业成本法应用在企业成本管理中的重要措施

1. 完善内部的微观环境。企业管理者要转换思维方式，接受先进理念的存在，积极引入作业成本法，加强对作业成本法的认识和运用，展现出作业成本法存在的最大价值，为公司贡献力量，完善其内部的微观环境。另外，公司管理者要提升自己的管理水平，带领员工学习，通过转换自己的意识来提高工作人员的成本意识，加强宣传，致力于让公司成员对作业成本法的概念有所了解，带动企业内部的成员一同施行成本控制，充分发挥作业成本法在企业成本管理中的重要作用，为企业谋发展，顺应时代进步，加快信息化方式的转换，合理利用大数据，促使其向管理方向靠拢，把握好作业成本法可以提供精准成本信息的特性，提高作业成本法在成本管理中的信息化应用力度。要对企业内部的规范制度进行改进，合理设置采购批次和采购数量，加强利用企业现有资源，减少仓储成本和资金占用，分类管理产品，相同类型的产品可以一同处理，减少精力损耗，注重长久收益，体现出作业成本法在企业成本管理中的作用与意义。

2. 加强作业成本法的具体实践力度。进行实践需要充足的理论支持，如果缺乏有效的理论基础，就会对检验实践的过程造成影响，为了增加作业成本法在企业成本管理中的应用，企业要向全体成员强调作业成本法在企业成本管理中的重要性，在公司内部全面推广，加强相关理论知识和制度规范的建立，树立成本管理意识，致力于成本控制。在进行制度规范建立时，可以普及相关的知识，将西方国家企业有关作业成本法的经典案例引入，引导员工认可作业成本法，耐心等待其发挥作用，根据实际情况制定相关制度，不可天马行空，不注重实际，要求有关制度能够充分展现出外部因素对作业成本核算的影响，参照中央政府的政策扶持对象，努力获得政策优惠，在此基础上进一步完善相关制度，勇敢打破传统思维，确保作业成本法在应用测试上的资金支持，避免出现经费不足的情况，全力支持测试项目，推动企业将作业成本法纳入企业成本管理中，提升企业经营价值。

3. 系统优化和采购生产同步加快进程。作业成本法是对整个过程中的成本进行核算，覆盖范围较广，数据成本信息全面，对成本核算的要求高，误差小，所以进行成本核算耗时久，呈现的周期收益效果较长，还有较大的优化空间。为了提升作业成本法的效益，必须要缩短开展作业成本法的时间，科学分配资源，提升作业效率，要综合我国国情和企业实际情况去整改企业管理模式，规范制度建设，优化企业之前的采购软件系统，充分利用现有资源，最大程度减少信息传递的时间，凸显时间优势。时间就是金钱，要确保信息的准确性和及时性，置办资料与生产同步，完美配合，科学运作。另外，要聘请专业技术人员对原有的企业会计信息系统进行优化更新，保证系统运作简洁高效，能迅速完成指令达到信息查找的目的，将企业目前的情况和相关经济活动的运作状态及时录入系统，方便企业实时监控企业的生产状况，督促作业进行，同时能发布企业的动态，更好地推动企业作业成本法的落实，提高生产资料的采购效率，节省时间，促进企业综合实力的积累，实现系统优化和采购生产的同步加速进程的目的。

五、生命周期成本管理

（一）产品生命周期成本概述

产品生命周期是指一个产品在企业中，经过创意的产生、研究与开发，产品设计、加工制造、完工入库直至产品销售给用户的过程，即产品从创意产生到交付给顾客的过程。基于这个角度，产品的企业生命周期成本包括研究和开发成本、生产与结构成本、营销成本。

（1）研究和开发成本是指企业研究开发新产品、新技术、新工艺所发生的成本，包括在可行性研究、市场调查、工程设计、制图、设计修改、设备调试、产品测试等方面所花费的成本。

（2）生产和结构成本包括材料成本、设备成本和生产成本。其中材料成本主要包含材料采购成本、运输成本、材料管理成本以及报废成本等；设备成本包括各类生产设施如机器、工具、模具、存储空间方面的成本；生产成本是指生产劳动力成本、生产工艺成本、生产准备成本、生产转换成本、生产计划安排成本、检验成本等。生产和结构成本是传统产品成本（产品制造成本）核算的主要内容。

（3）营销成本包括产品包装、存储、运输成本、为销售产品所发生的广告销售费用、用户培训成本、保修服务成本等。基于企业生命周期成本的成本管理，考虑到研发成本和营销成本在企业总成本中的比重不断提高，将成本管理的立足点从制造阶段转向制造前阶段并延伸到制造后阶段，成本管理的范围得以扩展。但总体而言，成本控制和管理仍是从企业角度出发，以生产经营者的利益为出发点。

（二）产品生命周期成本控制策略

1. 结合责任中心，强调目标成本管理。责任中心是指企业内部具有一定权利并承担相应工作责任的各个组织和各个管理层次的责任单位。在分权管理下，企业可按成本、利润或投资发生与否以及能否分清责任划分为成本中心、利润中心和投资中心。成本中心责任人一般只控制责任成本，通常没有收入，也无须对收入、利润或投资负责，如分厂、车间、班组等；利润中心是其责任人既能控制成本，又能控制收入，从而控制利润的责任中心，它一般是层次较高的责任中心；投资中心是指既要对成本、收入、利润负责，又要对投入的全部资金使用效果负责的责任中心，它是最高层次的责任中心。现代企业的目标成本管理就是通过与市场对接，借助于预测、价值工程分析等手段，科学地设置使企业成本最小化的成本管理目标。在实际目标管理过程中，企业要将事先确定的成本目标按照责任归属和可控性原则，归口分级进行分解，把目标成本细分下放到企业的各责任中心、各部门、各环节，直至全体职工，形成一个有共同努力方向的成本指标保证体系，充分发挥各方面的主动性和积极性，完成企业的总成本目标。具体说，在产品开发设计过程中，企业应以目标成本为依据，主动地对产品设计部门提出要求，要求其设计的产品既符合功能、性能等方面的技术要求，又符合成本效益原则。在产品成长、成熟期，企业应注重加强各责任中心、各部门、各环节的成本预算管理，根据各自实际成本与目标预算指标的差异，分析形成差异的原因，通过技术改进、采用更经济的工艺流程和设备、合理组织生产、加强企业内部制度建设等方法，借助于评价、奖惩等手段降低产品生命周期的成本费用，纠正脱离目标的偏差，提高产品在市场上的竞争能力。当产品处于其市场生命的衰退期时，更新产品结构将是企业降低产品费用实现目标成本的最佳决策。

2. 加强成本的事中控制。成本的事中控制是在产品形成过程中，按照成本控制的目标，采取有效的成本控制措施，实现成本费用的最小化。从产品生命周期不同阶段看，每个阶段都离不开产品技术及工艺的开发、原材料等物资的供应、产品制造和销售过程的成本控制：

（1）技术及工艺开发过程的成本控制主要包括新产品、新材料、新工艺、新技术的开发成本控制，通过技术开发，在保证产品功能和质量不变的情况下，降低单位产品成本，增强企业的发展后劲。

（2）供应过程的成本控制主要是在保证满足生产需求的情况下，通过择优采购降低采购成本；通过对原材料供应发放工作严格控制，杜绝原材料的无效损耗；通过科学的确定物资采购量和储备量，减少储备资金占用，加速资金周转。

（3）产品制造过程的成本控制是对产品加工形成过程中的物料消耗、劳动消耗和各种费用支出，按照事先确定的成本控制目标进行监督和控制，通过协调生产过程，提高劳动生产率，控制生产资金占用；通过对材料、人工、制造费用等要素费用的实际支出与已定目标的对比，确定用量及价格方面的有利及不利差异，找出原因所在，降低产品加工成本。

（4）销售过程的成本控制主要应做好如下工作：开拓销售渠道，控制销售费用，控制产成品资金占用，减少货运损失，及时回收应收账款。通过对销售环节的成本控制，降低产品销售成本，保证企业实现成本的最佳控制。

3. 关注产品生命周期各阶段的质量成本管理。质量成本是指为了保证质量所花的费用与质量不合格造成的损失之和。由于产品质量贯穿于产品设计、制造、使用整个过程，因此对产品质量成本的控制应是对产品整个生命周期进行全过程的控制。加强产品质量成本控制是降低产品成本、提高企业产品市场竞争力的重要保证。就现代企业而言，应注意把握以下几方面的质量成本控制：

（1）预防成本。是指任何为了调查、预防或减少不合格或缺陷的风险所采取行动的费用，它包括质量管理人员的工资及福利费、建立和运行质量管理体系的费用、提高有关人员质量管理素质所发生的培训费用、对产品或服务的质量评审费用、质量奖励费用、质量改进费用等。在产品投放和成长期，此项成本开支是必不可少的，因为产品质量是创名牌产品的重要保障。

（2）鉴定成本。是指评估是否达到质量要求所需的费用，包括检验人员工资和福利费、质量检验部门办公费用、试验检验费用、检测设备维修和校验、检验人员培训费用等。在产品生命的各个周期中，都会产生鉴定费用开支，只是在具体操作中，要依据成本效益原则，根据产品销售量的变动，使此项成本开支做适当的调整。

（3）内部质量损失。是指在组织内部由于任何一个环节出现不合格或缺陷而发生的费用，包括废品损失、返修损失、停工损失、质量故障分析处理费用、产品降级损失等。在产品生命各周期中，企业应尽可能降低此项损失，通过制订质量成本计划，确定质量成本控制目标；通过合理确定质检方式，有效地把产品质量和质量成本控制在最佳水平。

（4）外部质量损失。是指交付给顾客之后由于不合格或缺陷而发生的费用，包括产品保修费用、企业对顾客提出的申诉进行处理和赔偿发生的费用、退换货损失、产品折价损失等。此项费用的高低是企业产品设计、制造过程质量管理情况的集中体现，因此在关注产品设计和制造过程的质量成本控制的同时，企业还要通过改善销售、发货、运输以及售后服务等工作的质量，来降低产品成本，提高企业效益。

第四节 营运管理方法

业财融合营运领域管理方法主要有：本量利分析、敏感性分析、边际分析、标杆管理等工具。

一、本量利分析

（一）定义

本量利分析是"成本—业务量—利润分析"的简称。也称为 CVP 分析（Cost – Volume – Profit Analysis），是指在变动成本计算模式的基础上，以数学化的会计模型与图文来揭示固定成本、变动成本、销售量、单价、销售额、利润等变量之间的内在规律性的联系，为会计预测决策和规划提供必要财务信息的一种定量分析方法。本量利分析法着重研究销售数量、价格、成本和利润之间的数量关系，它的原理、方法在业财融合中有着广泛的用途，同时它又是企业进行决策、计划和控制的重要工具。

（二）基本公式

本量利分析是以成本性态分析和变动成本法为基础的，其基本公式是变动成本法下计算利润的公式，该公式反映了价格、成本、业务量和利润各因素之间的相互关系。即：

1. 税前利润

税前利润 = 销售收入 − 总成本 = 销售单价 × 销售量 − (变动成本 + 固定成本)

= 销售单价 × 销售量 − 单位变动成本 × 销售量 − 固定成本

即：$P = px − bx − a = (p − b)x − a$

式中：P 为税前利润，p 为销售单价，b 为单位变动成本，a 为固定成本，x 为销售量。

该公式是本量利分析的基本出发点，以后的所有本量利分析可以说都是在该公式的基础上进行的。

2. 贡献毛益

贡献毛益是指产品的销售收入扣除变动成本之后的金额，表明该产品为企业作出的贡献，也称贡献边际（Contribution Margin），边际利润或创利额，是用来衡量产品盈利能力的一项重要指标。由于变动成本又分为制造产品过程中发生的变动生产成本和非制造产品过程中发生的变动非生产成本，所以贡献毛益也可以分为制造贡献毛益和营业贡献毛益两种，贡献毛益就是指扣除了全部变动成本的营业贡献毛益。贡献毛益可以用总额形式表示，也可以用单位贡献毛益和贡献毛益率形式表示。

贡献毛益总额（Total Contribution Margin，TCM）是指产品销售收入总额与变动成本总额之间的差额。用公式表示为：

贡献毛益总额 = 销售收入总额 − 变动成本总额，即：$TCM = px − bx$

由于：税前利润 = 销售收入总额 − 变动成本总额 − 固定成本 = 贡献毛益总额 − 固定成本

可以写成：$P = TCM − a$

所以：贡献毛益总额 = 税前利润 + 固定成本，即：$TCM = P + a$

单位贡献毛益（Unit Contribution Margin，UCM）是指单位产品售价与单位变动成本的差额。用公式表示为：

单位贡献毛益 = 销售单价 − 单位变动成本，即：$UCM = p − b$

该指标反映每销售一件产品所带来的贡献毛益。

贡献毛益率（Contribution Margin Rate，CMR）是指贡献毛益总额占销售收入总额的百分比，或单位贡献毛益占单价的百分比。用公式表示为：

贡献毛益率 = 贡献毛益总额/销售收入总额 × 100% = 单位贡献毛益/销售单价 × 100%，即：

该指标反映每百元销售收入所创造的贡献毛益。

与贡献毛益率相关的另一个指标是变动成本率（Variable Cost Rate，VCR）。变动成本率是指变动成本总额占销售收入总额的百分比或单位变动成本占单价的百分比。用公式表示为：

变动成本率 = 变动成本总额/销售收入总额 × 100% = 单位变动成本/单价 × 100%，

即：

将变动成本率与贡献毛益率两个指标联系起来，可以得出：

贡献毛益率+变动成本率=1，由此，可以推出：

贡献毛益率=1-变动成本率，或

变动成本率=1-贡献毛益率

可见，变动成本率与贡献毛益率两者是互补的。企业变动成本率越高，贡献毛益率就越低，变动成本率越低，其贡献毛益率必然越高。

（三）盈亏临界点

确定盈亏临界点是进行本量利分析的关键。所谓盈亏临界点，就是指使得贡献毛益与固定成本恰好相等时的销售量。此时，企业处于不盈不亏的状态。

盈亏临界点可以采用下列两种方法进行计算：

1. 按实物单位计算，其公式为：盈亏临界点的销售量（实物单位）=固定成本/单位产品贡献毛益

其中：单位产品贡献毛益=销售单价-单位产品变动成本

2. 按金额综合计算，其公式为：盈亏临界点的销售额（用金额表现）=固定成本/贡献毛益率

其中：贡献毛益率=贡献毛益/销售收入

贡献毛益=销售收入-变动成本

在进行本量利分析时，应明确认识下列基本关系。

1. 在销售总成本已定的情况下，盈亏临界点的高低取决于单位售价的高低。单位售价越高，盈亏临界点越低；单位售价越低，盈亏临界点越高。

2. 在销售收入已定的情况下，盈亏临界点的高低取决于固定成本和单位变动成本的高低。固定成本越高，或单位变动成本越高，则盈亏临界点越高；反之，盈亏临界点越低。

3. 在盈亏临界点不变的前提下，销售量越大，企业实现的利润便越多（或亏损越少）；销售量越小，企业实现的利润便越少（或亏损越多）。

4. 在销售量不变的前提下，盈亏临界点越低，企业能实现的利润便越多（或亏损越少）；盈亏临界点越高，企业能实现的利润便越少（或亏损越多）。

二、敏感性分析

敏感性分析是项目风险分析的一种重要技术，它有助于我们准确寻找那些预测风险较

大的关键因素,以便对重点因素重点控制。敏感性分析的基本思想是:假定除某一用于分析的变量外,其余变量都保持不变,然后改变所选定的分析变量的值,观察项目决策标准的预测值(如NPV)相对于这一变量的敏感程度。如果项目决策标准对这一变量的微小变化有较大的反应,说明决策标准对这一变量敏感,即这一预测值对这一变量的风险较高;反之,如果项目决策标准对这一变量的变化反应不明显,则说明这一变量是非敏感因素,即使这一变量出现了较大的偏差,也不会对项目决策标准产生根本性影响,其预测风险较低。

在实践中,主要有两种敏感性分析方法。一是相对数法,即测定某一变量按一定比例变化时,引起项目决策标准的变动幅度。变动幅度越大,项目决策标准对该变量的敏感程度越高。二是绝对数法,即测定项目决策标准达到某一临界值时,允许某一变量变动的最大幅度,即变化极限值。变化极限值越小,项目决策标准对该变量的敏感程度越高。

敏感性分析的程序一般如下。

1. 选择敏感性分析对象。敏感性分析的对象就是指能反映项目投资效益的决策标准。如净现值、内部收益率、现值指数、回收期等。最常用的指标是净现值。

2. 选择敏感性分析的变量。敏感性分析的变量是指影响项目决策标准的各种不确定因素,如销售量、单价、投资额、变动成本、固定成本、折现率等。

3. 确定项目决策标准的基础值。基础值是指没有考虑变量变动之前的项目预期决策标准,即根据对项目决策标准有影响的各种变量的预测值计算出的项目预期净现值。

4. 确定各变量的变化范围。根据历史资料和对市场的预测进行估计。如确定销售量的变化幅度为±15%,单价的变化幅度为±20%等。

5. 计算由于各变量变化引起的净现值的变化幅度。假定只有一个变量发生变化而其他变量保持不变,分别计算其净现值及变化幅度。

6. 通过比较找出影响项目决策标准的敏感因素。各变量变动的敏感程度可以用图形表示,横轴表示各变量的变动幅度,纵轴表示净现值。图形中直线坡度越陡,表示项目的净现值对该变量的变动越敏感,那么同这个变量相关的预测风险较高;反之,预测风险较低。

三、边际分析

边际概念是经济学中的一个重要概念,一般指经济函数的变化率,利用导数研究经济变量的边际变化的方法,称作边际分析方法。

1. 边际成本。在经济学中,边际成本定义为产量增加一个单位时所增加的成本。设

某产品产量为 q 单位时所需的总成本为 $C = C(q)$

由于 $C(q+1) - C(q) = \Delta C(q) \approx dC(q)$

$= C'(q)\Delta q = C'(q)$

所以边际成本就是总成本函数关于产量 q 的导数。

2. 边际收入。边际收入定义为多销售一个单位产品所增加的销售收入。设某产品的销售量为 q 时的收入函数为 $R = R(q)$，则收入函数关于销售量 q 的导数就是该产品的边际收入 $R'(q)$。

3. 边际利润。设某产品的销售量为 q 时的利润函数为 $L = L(q)$，当 $L(q)$ 可导时，称 $L'(q)$ 为销售量为 q 时的边际利润，它近似等于销售量为 q 时再多销售一个单位产品所增加（或减少）的利润。

由于利润函数为收入函数与总成本函数之差，即 $L(q) = R(q) - C(q)$

由导数运算法则可知 $L'(q) = R'(q) - C'(q)$

即边际利润为边际收入与边际成本之差。

四、标杆管理

（一）标杆管理的定义

标杆管理法是美国施乐公司于1979年首创，西方管理学界将其与企业再造、战略联盟一起并称为20世纪90年代三大管理方法。标杆管理方法较好地体现了现代知识管理中追求竞争优势的本质特性。标杆管理又称"基准管理"，其本质是不断寻找最佳实践，以此为基准不断地"测量分析与持续改进"。标杆管理是创造模板的工具，它可以帮助企业创造自身的管理模式或工作模板，是实现管理创新并获得竞争优势的最佳工具。

标杆管理是指不断寻找和研究同行一流公司的最佳实践，以此为基准与本企业进行比较、分析、判断，使自己企业得到不断改进，从而进入赶超一流公司、创造优秀业绩的良性循环过程。其核心是向业内或业外的最优企业学习。通过学习，企业重新思考与改进经营实践，创造自己的最佳路线，实际上标杆管理也是一个模仿进而创新的过程。

标杆管理站在全行业乃至更广阔的全球视野上寻找基准，突破了企业的职能分工界限、性质以及行业特征，重视实际经验，强调具体的环节、界面和流程。因而可借鉴性还是非常高的。现在已经有部分企业初步做到了业财融合，但是多数企业的业务管理部门与财务部门仍然处于割裂的状态。因此有必要向业财融合的标杆企业学习，进而提升整体竞争实力。

（二）标杆管理的方法

标杆管理主要分为战略性、操作性和国际性三种。

1. 战略性标杆管理，是在与同业最好公司进行比较的基础上，从总体上关注企业如何竞争发展，明确和改进公司战略，提高公司战略运作水平。战略标杆管理是跨越行业界限寻求绩优公司成功的战略和优胜竞争模式。

战略性标杆分析需要对各竞争者的财务、市场状况进行相关分析，提出自己的最佳战略。许多公司通过标杆管理成功地进行了战略转变。

2. 操作性标杆管理是一种注重公司整体或某个环节的具体运作，找出达到同行最好的运作方法。从内容上可分为流程标杆管理和业务标杆管理。流程标杆管理是从具有类似流程的公司中发掘最有效的操作程序，使企业通过改进核心过程提高业绩；业务标杆管理是通过比较产品和服务来评估自身的竞争地位。

从形式上该项管理可分为环节、成本和差异性三个方面。环节标杆管理是针对任何单独环节，或针对一系列环节及其之间的相互作用。目前多数产业利润率很低，因此实现差异化和低成本是比较困难的。操作性标杆管理通常主要着眼于把一个做到最好。

3. 国际性标杆管理分如下三种情况。

（1）外国竞争者威胁公司的传统优势市场。在经营运作中，一些公司会突然发现，相对于全球竞争对手自己已处于明显不利的位置。这时就需要进行标杆管理，迅速找出问题所在，实施防御和攻击战略。例如，柯达公司通过将规模经济应用到艺术胶卷的制造，长期领先于世界摄影胶卷的开发领域，但未重视胶卷制造的科学化。富士公司在其胶卷生产中运用了新的制造技术，生产更加稳定和可控，因而在成本和质量上形成了竞争优势，从而威胁到了柯达的市场。为进行反击，柯达公司开展了标杆管理，弄清富士的优势和弱势，改进了公司生产流程并提高了革新速度，成功地渡过了危机。同时，接受危机的教训，柯达推出了革新性新胶卷，再次击败了富士，保住了领导地位。

（2）要进入新的外国市场或新产业。它是通过标杆管理了解最成功的公司是怎样进入某一外国市场或产业的，以及进入新市场的困难与问题。

（3）公司与几家外国和国内公司的竞争陷入胶着状态。这时通过标杆管理，可帮助公司从竞争者和最好公司的运作中获得思路和经验，冲出竞争者包围，超越竞争对手。

（三）标杆管理的五阶段模型

1. 内部研究与初步竞争性分析。要发展标杆管理计划，决定以什么为标，第一步就是要认定谁是客户及客户的需求。这个步骤很重要，因为在大多数情况下，客户是有某种急迫需要的个人或团队。客户受到某种因素的刺激（如市场情况、新竞争对手、新科技、作业问题或机会），会开始选定作为标杆领域的产品、服务和流程。

明确了标杆管理主题以后，接下来就要对标杆管理主题设定可予以测量的一系列衡量指标。标杆管理通常用关键成功要素来称呼一些重要到值得使用标杆管理流程的主题。在寻找标杆管理的关键成功要素时，很重要的一点是定义及测量方法必须力求准确，测量方法越具体明确，和标杆管理伙伴之间的对话就越接近"苹果对苹果"的比较。

2. 组成标杆管理团队。在确定了标杆管理的主题之后，便可以根据这个主题的特性来决定标杆管理团队的成员应该如何组成。最基本的原则是必须有在这个主题领域内具有专业知识的员工来参与。除此之外，规划、推动一个标杆管理计划需要相当的时间和精力的投入，因此还必须考虑团队成员在时间安排上要能有某种程度的配合。另外，还必须多方考量团队成员专长、技能的多元化及互补性，以求未来在实际推动计划遭遇困难时能通过团队成员的集思广益来解决问题。除了以上条件外，成员还必须具备其他不可或缺的人格气质，如行动力十足，乐意参与标杆管理的调查，并且有良好的沟通技巧与团队合作精神等。标杆管理团队中也应该有分析规划能力较强的人员来协助统筹整个专案的进行，以及运用类似管理计划评核图或甘特图等专案企划工具来规范专案的进度。

企业决定实行标杆管理之后，就需要安排外界的标杆管理专家来训练公司内的全体员工，使他们能够了解基本的标杆管理流程。在日后进行实际执行时，全体员工才能明确标杆管理团队在做什么，这也有助于企业在员工间塑造积极的学习氛围。另外，在标杆管理团队正式成立后，企业还必须安排标杆管理专家对团队成员进行较深入的标杆管理课程讲授，协助团队成员了解标杆管理的实施方法、步骤及成员的角色和责任等。

3. 选定标杆管理伙伴。标杆管理伙伴是指提供标杆管理调查相关信息的组织。选定标杆管理伙伴就是要选定最佳作业典范来作为学习合作的伙伴。

企业在进行标杆管理对象的选取时，应该确定自己到底是只要对现行作业进行一些基本改善，还是要达到树立典范的程度。因为这涉及"想要改善绩效的程度"及"投入资源"两者间的均衡。当然，每个企业都愿意向世界上做得最好的组织学习，但是必须考虑到本身当前的实力及可允许的资源使用量。例如，一家国内小规模的物流公司如果想要加快运货包裹的分拣速度，当然可以向全球规模最大、强调"准时、快速、全球顶尖服务"的联邦快递学习。但鉴于其本身的实力和拥有的资源，它向国内物流业的领导学习会更加实际。所以，组织应该仔细思考标杆管理的目标，与其设定一个好高骛远的目标，结果半途而废，还不如设定一个切合实际的目标，并投入合理的资源以达到目标。

4. 收集及分析信息。第四阶段的标杆管理流程包括实地收集及分析标杆管理信息。这里的假设是已经确认了标杆管理客户、客户需求及构成调查核心的具体关键成功因素，已经选好了标杆管理团队成员，并完成训练，而且已经认定了最佳作业典范。这一点非常重要，因为很多标杆管理新手未能谨慎完成流程的初期计划及准备阶段，过于急切地进入收集信息的阶段，导致获得的信息缺乏实效。

一个企业在了解另一个组织的作业流程、产品及服务之前，首先要彻底地了解自己本身，所谓"知己才能知彼"。这个阶段中，必须收集分析自己的内部作业信息，了解自己目前的作业方式并进行检讨，找出需要改进的地方。这个步骤是向外界收集资料前的准备工作。唯有如此，企业才能正确地评估自己能够改善的程度。况且，如果不曾进行过一次完整的内部分析，可能会错过一些重要的内部标杆管理机会，而且永远不会发现组织内部的一些颇具价值的信息来源及可获得的协助。另外，企业日后在其他组织收集信息时，其他组织可能会问到你的组织在同一领域的活动，你也无法对自己的内部作业提出有把握的答案。

一旦你决定了需要收集的标杆管理信息类型，以及将要调查的信息来源与组织，接下来你需要确定使用哪一种资料收集方法。常用的信息收集方法有电话访谈、面谈或现场访谈、问卷调查、出版品或媒体、档案研究。基于时间、资源等多方面的考虑，不同的信息收集方法具有各自的优缺点。

资料收集完毕后，必须进行整理并做一份摘要，以加强信息的效力与意义。在资料整理、分析的基础上，便要对作业方式进行比较，找出它们之间关键性的差异。之后，便可根据比较结果定出期望绩效目标，并分析讨论目前绩效与期望绩效间的差距该如何弥补、究竟要改变哪些流程、该如何进行改变。拟出一份改革行动计划书，作为实际进行改革行动时的蓝图。

5. 采取改革行动。标杆管理的主要目标就是采取行动，以达到或超越标杆。虽然标杆管理是一个调查的流程，但当初展开某项调查的动机绝不是做出一份精美华丽的报告，而是以采取行动的欲望、严谨的客户需求及认定关键成功要素作为研究调查的焦点。

在这个阶段，企业会根据前一阶段所提出的改革行动计划书来改变实际的流程，这些改变通常会显著而剧烈，甚至能立刻看出成效。在进行完改革后的一段时间，企业必须进行绩效指标的评估，以检验实行标杆管理的成果。开始实行绩效评估的时间，视企业的反馈速度而定。在评估绩效时，尽量避免其他因素影响评估的结果。只要整个标杆管理的流程都严格遵照规则进行，评估出来的绩效通常可以看到显著的改善效果。

第五节

投融资管理方法

企业在进行正常的经营活动时，需要进行投融资管理。投融资管理是指企业通过对资金的集中控制，产生对富余资金的投资需求，或对不足资金的融资需求，据此而提供的各种专业化投资、融资服务。投融资管理方法主要包括贴现现金流法、项目管理及资本成本分析。在运用这些方法时，需要将各项业务与财务融合起来，以提高对资产的管理效率。

一、贴现现金流法

贴现现金流法综合考虑了投资项目在运行中各期预期现金流和货币时间价值；同时，通过设定贴现率，将风险因素融入资本预算，为投资项目的选择提供更客观的决策依据。贴现现金流法包括内部回报率法、净现值法、盈利指数法。

贴现现金流量法是评估投资价值的基本方法，对该方法的正确运用与否直接关系到投资决策的效果，是最具代表性的一种估价方法，目前在欧洲和美国的兼并和收购活动已得到广泛应用。

（一）内部报酬率法

1. 定义。内部报酬率亦称"内含报酬率"，是投资项目的净现值为零时的折现率，即某项投资处于经济保本点时的折现率。可视为项目存续期间投资者可获得的平均回报。作为评估投资项目的指标，优点是比较直观，缺点是无法用于评价非常规性投资项目和规模不等的项目。在使用内部报酬率对资本项目进行评估时，决策者通常会根据项目风险设定最低报酬率，即预期报酬率，其本质是机会成本率。

2. 计算方法。

（1）在计算净现值的基础上，如果净现值是正值，就要采用这个净现值计算中更高的折现率来测算，直到测算的净现值正值近于零。

（2）再继续提高折现率，直到测算出一个净现值为负值。如果负值过大，就降低折现率后再测算到接近于零的负值。

（3）根据接近于零的相邻正负两个净现值的折现率，用线性插值法求得内部报酬率。

（二）净现值法

1. 定义。净现值法是评价投资方案的一种方法。该方法利用净现金效益量的总现值与净现金投资量算出净现值，然后根据净现值的大小来评价投资方案。净现值为正值，投资方案是可以接受的；净现值是负值，投资方案就是不可接受的。净现值越大，投资方案越好。净现值法是一种比较科学也比较简便的投资方案评价方法。

2. 计算方法。

净现值 = 未来现金净流量总现值 - 建设投资总额

$$NPV = \sum_{t=1}^{n} \frac{NFC(t)}{(1+K)^t} - I$$

式中：NPV 表示净现值；NFC(t) 表示第 t 年的现金净流量；K 表示折现率；I 表示初始投资额，n 是项目预计使用年限。

（三）盈利指数法

1. 定义。盈利指数法是能够用于评价资本预算项目的一种对货币的时间价值进行调整的方法。盈利指数是指初始投资以后所有预期未来现金流的现值与初始投资的比值，是一个相对的财富增加比例。

2. 计算方法。

盈利指数（PI）= 未来现金流量现值/初始投资 = 1 + 净现值/初始投资

盈利指数决策法的规则：盈利指数 >1，则项目可行；盈利指数 <1，则项目不可行。

二、项目管理

（一）项目管理中财务的应用

1. 财务盈利能力分析。在项目财务分析过程中，财务盈利能力是一项重要的内容，其中现金流量分析为重点内容。站在融资方面考虑，现金流量分析又分为融资前与融资后的分析，按照类型又可分为投资现金流量分析、投资各方现金流量分析与资本金流量分析三个方面的内容。

（1）投资现金流量分析。投资现金流量分析的对象是项目基本方案的现金流量分析，在分析过程中并不考虑财务融资这一前提，从投资总收益的情况来分析和考察项目的设计是否存在不合理性。融资前现金流量分析主要从所得税前和所得税后两个层面来考察。从项目所得税前进行分析，净现金流量计算是指导投资盈利能力的一种途径。项目方案设计本身决定了财务盈利能力，所得税政策变化与融资方案不会对项目投资构成影响，通过所得税税前分析，可反映出项目原设计方案的合理性，通过该分析结果可为初步的投资决策提供依据，可确定该项目是否可行以及是否可进行融资。所得税税后分析则是税前分析的一个延续，以剔除所得税后的净现金流量作为计算基础，在不考虑融资的前提下，所得税后分析可用于企业项目投资价值以及是否盈利的判断标准。

（2）资本金现金流量分析。在融资后的情况分析中，通常采用项目资本金现金流量分析，站在投资者的角度反映出项目的盈利能力，同时资本金现金流量分析也是决定融资方案的一个重要依据。在融资前分析判断项目基本盈利的基础上，展开资本金现金流量分析能够对融资条件下项目方案的合理性作出判断，是融资决策的重要指标，有利于项目投资者在接受融资方案前提下做出最终出资决策。

（3）投资各方现金流量分析。针对某些项目，为了计算投资各方所能够获得的具体收益，还需要从投资各方角度出发，计算出各财务内部收益率。从而可以看出各方收益是否合理、均衡，有利于各投资方在合作谈判中达成平等互利的协议。

2. 偿债能力分析。偿债能力分析指的是编制相关的财务报表，计算出企业的偿债备付率、利息备付率等指标，考察项目单位是否具备偿债能力，在考察中是以项目单位资产偿还长期债务与短期债务为主要指标来进行判断的。企业偿还债务能力与支付现金能力能够反映出企业是否能够生存和长期健康发展，而其中的偿债能力也是企业经济能力与财务状况的一个判定指标，具体表现在以下几个方面。

（1）资产负债率。指的是负债总额/资产总额某个时点的比值，当前国际上公认的资产负债率应达到60%。

（2）速动比率。指的是速动资产/流动负债＝（流动资产－存货）/流动负债的比值，通常情况下认为该比值在1左右较好。

（3）流动比率。指的是流动资产/流动负债的比值，通常认为该比值为2左右较好。

（4）偿债备付率。指的是在债务偿还规定期限之内，能够用于计算还本付息的资金/当年应还本付息金额的比值，通常情况下该比值应该在1以上，并且达到1.3以上为最优。

（5）利息备付率。指的是借款偿还期尚未到期的情况下，其息税前利润/当年实际应付利息的比值。若企业处于正常经营条件下，则其利息备付率应该在1以上，通常不低于1。

3. 财务生存能力分析。对项目的财务生存能力进行分析需要考虑到偿债能力，一般情况下分析企业的财务生存能力需要分析下述两个方面的问题。

（1）分析项目的运营是否具备充足的净现金流量，只有足够的经营净现金流量才能让项目得以维持和发展，足够的经营净现金流量也是财务维持的基本条件。尤其是项目运营的前期，还要承担较重的还本付息任务，因此该阶段要对财务生存能力给予高度的重视。

（2）项目运营期间的各年累计盈余资金不能出现负值，一旦出现负值，将严重影响财务的可持续发展，尽管在整个项目的运营期间个别年份的净现金流量允许出现负值，但是无论是哪一年都必须避免出现累计盈余资金负值。

（二）项目管理中业财融合的作用

1. 在项目决策分析一级评价的过程中，财务分析是关键的环节，在项目评价中需要多角度地进行，财务分析贯穿于整个项目的前、中、后评价当中，同时也存在于项目决策分析的各个阶段和环节当中。

2. 财务分析结论在经营性项目决策过程中是重要的决策分析与评价依据。项目的发起人决定着是否发起项目或者是否进一步推进项目，权益投资人则决定是否对该项目进行投资，审批人决定了该项目是否批准及是否得以开展，债权人则是是否贷款给项目的决定者，而上述决策均为财务分析中的依据。

3. 财务分析在项目的方案比选过程中起着重要的作用，这是因为方案比选的核心就在于进行分析和评价。在项目工程、技术和规模方面都需要通过方案比选，评价，择优决定，将财务分析结果运用到方案的比选中，可探讨何种方案更加趋于合理。

三、资本成本分析

（一）资本成本的定义

资本成本是指投资资本的机会成本。这种成本不是实际支付的成本，而是一种失去的收益，是将资本用于本项目投资所放弃的其他投资机会的收益，因此被称为机会成本。例如，投资人投资一个公司的目的是取得回报，他是否愿意投资于特定企业要看该公司能否提供更多的报酬。为此，他需要比较该公司的期望报酬率与其他风险投资机会的期望报酬率。如果该公司的期望报酬率高于所有的其他投资机会，他就会投资于该公司。他放弃的其他投资机会的收益就是投资于本公司的成本。因此，资本成本也称为投资项目的取舍率、最低可接受的报酬率。资本成本是选择筹资方式、进行资本结构决策和选择追加筹资方案的依据，是评价投资方案、进行投资决策的重要标准，也是评价企业经营业绩的重要依据。

借入长期资金即债务资本，要求企业定期付息，到期还本，投资者风险较少，企业对债务资本只负担较低的成本。但因为要定期还本付息，企业的财务风险较大。自有资本不用还本，收益不定，投资者风险较大，因而要求获得较高的报酬，企业要支付较高的成本。但因为不用还本和付息，企业的财务风险较小。所以，资本成本也就由自有资本成本和借入长期资金成本两部分构成。

资本成本指企业筹集和使用资本而付出的代价，通常包括筹资费用和用资费用。筹资费用，指企业在筹集资本过程中为取得资金而发生的各项费用，如银行借款的手续费，发行股票、债券等证券的印刷费、评估费、公证费、宣传费及承销费等。用资费用，指在使用所筹资本的过程中向出资者支付的有关报酬，如银行借款和债券的利息、股票的股利等。

（二）计算方法

债务资本成本＝债务资本利息率×（1－所得税税率）

即：$Rd = Ri(1-T)$

另：若一年内计息多次时，应用有效年利率计算资本成本，则：

债务资本成本率＝有效年利率×（1－所得税税率）

＝[（1＋名义利率/每年复利次数）^{每年复利次数}－1]×（1－所得税税率）

即：$Rd = [(1+I/n)^n - 1](1-T)$

Rd：债务资本成本率，亦称税后债务资本成本率；

Ri：借款利息率，亦称税前债务资本成本率；

T：企业所得税税率；

n：一年内计息次数。

加权平均资本成本率＝债务资本利息率×（1－所得税税率）（债务资本/总资本）＋股本资本成本×（股本资本/总资本）

资本成本的概念广泛运用于企业财务管理的许多方面。对于企业筹资来讲，资本成本是选择资金来源、确定筹资方案的重要依据，企业力求选择资本成本最低的筹资方式。对于企业投资来讲，资本成本是评价投资项目、决定投资取舍的重要标准。资本成本还可用作衡量企业经营成果的标尺，即经营利润率应高于资本成本，否则表明业绩欠佳。

（三）资本成本的作用

资本成本在企业筹资、投资和经营活动过程中具有以下三个方面的作用。

1. 资本成本是企业筹资决策的重要依据。企业的资本可以从各种渠道，如银行信贷资金、民间资金、企业资金等来源取得，其筹资的方式也多种多样，如吸收直接投资、发行股票、银行借款等。但不管选择何种渠道，采用哪种方式，主要考虑的因素还是资本成本。

通过不同渠道和方式所筹措的资本，将会形成不同的资本结构，由此产生不同的财务风险和资本成本。所以，资本成本也就成了确定最佳资本结构的主要因素之一。

随着筹资数额的增加，资本成本将随之变化。当筹资数量增加到增资的成本大于增资的收入时，企业便不能再追加资本。因此，资本成本是限制企业筹资数额的一个重要因素。

2. 资本成本是评价和选择投资项目的重要标准。资本成本实际上是投资者应当取得的最低报酬水平。只有当投资项目的收益高于资本成本的情况下，才值得为之筹措资本；反之，就应该放弃该投资机会。

3. 资本成本是衡量企业资金效益的临界基准。如果一定时期的综合资本成本率高于总资产报酬率，就说明企业资本的运用效益差，经营业绩不佳；反之，则相反。

本章参考文献

[1] 王学娟. 基于业财融合的全面预算管理体系的思考 [J]. 中国商论，2019 (20)：115-116.

[2] 袁佳千. 浅谈业财融合对企业财务管理的影响 [J]. 中国商论，2018 (34)：101-102.

[3] 张晨曦，关键. ERP环境下企业业财融合应用研究——以广西G交通集团为例 [J]. 交通财会，2019 (11)：67-69.

[4] 吴宗明. "互联网+"时代业财融合助力汽车制造业管理创新之研究 [J]. 交通财会，2020 (08).

[5] 张琳玲. 业财融合工具在投资决策中的应用比较分析 [J]. 财经界（学术版），2020 (21)：174-175.

[6] 惠振宁. 基于KPI关键绩效指标的绩效考核体系分析 [J]. 企业改革与管理，2016 (14)：48-49.

[7] 李碧娜. 业财融合对企业经营绩效的影响研究 [J]. 财经界（学术版），2020 (12)：170-171.

[8] 丛梦，王满. 基于业财融合的管理会计应用与启示 [J]. 财务与会计，2019

(07): 16-19.

［9］王简,王淑霞. 基于"业财融合"的管理会计研究——以中国联合网络通信股份有限公司为例［J］. 财会研究,2017（08）:36-44.

［10］孙玲,王涛. 以战略为导向的预算编制方法在高校中的应用［J］. 会计之友,2018（05）:128-131.

［11］傅元略. 价值管理的新方法:基于价值流的战略管理会计［J］. 会计研究,2004（06）:48-52,96.

第三章 业财融合决策系统

企业管理的重心在经营，而经营的重心在决策。科学有效的决策是企业发展的核心要素。企业加强业财融合，可以使决策效果得以优化。企业实施业财融合模式，使财务部门能够及时获取业务活动产生的信息数据，通过分析获得最终财务信息数据，帮助管理层掌握企业业务活动开展状况，及时做出管理决策应对市场变化，提高企业决策效率。

根据查阅相关文献可知，大多数学者认为管理会计本质上就是业务与财务融合的一种企业管理模式，管理会计对于会计人员是"会计"，但对于业务人员是"管理"。因此，学者们认为管理会计中的管理理念、管理工具和方法已经成为业财融合的桥梁和手段。企业可以将业务中所提供的相应生产经营活动信息与管理会计中的预测与决策相关方法相结合，形成对企业经营管理者有用的决策数据。

第一节 战略决策

在复杂多变的管理环境下，企业的高级管理者需要快速的制定出正确的战略决策，以应对复杂的商业环境。战略决策对企业的实际经营成败有着重要的影响，决定着企业生存和长久的发展。业财融合作为一种新型的战略管理模式，对制定正确的战略决策尤为重要。

一、战略决策概述

战略决策是指解决全局性、长远性、战略性的重大问题的决策。一般多由企业高层管理者制定。战略决策是企业战略管理过程中非常重要的环节,起着承前启后的枢纽作用。决策正确可以使企业沿着正确的方向前进,提高竞争力和适应环境的能力,取得良好的经济效益。反之就会给企业带来巨大损失,甚至导致企业破产。

战略决策依据战略分析阶段所提供的决策信息,包括行业机会、竞争格局、企业能力等方面。企业通过综合各项信息制定企业战略及相关方案。战略制定过程实际上就是战略决策过程。

二、战略决策模型

企业在制定最佳战略决策时会经历两大阶段,即因素评价阶段和方案备选阶段,并借助相关的评价模型进行分析。[①] 因素评价阶段的主要模型有外部因素评价矩阵(EFE 矩阵)、内部因素评价矩阵(IFE 矩阵)、竞争态势矩阵(CPM 矩阵);方案备选阶段的主要模型有 SWOT 模型、战略地位与行动评价矩阵(SPACE 矩阵)、波士顿矩阵(BCG 矩阵)、内部-外部因素矩阵(IE 矩阵)、大战略矩阵(GS 矩阵)。最终可以通过定量战略计划矩阵(QSPM 矩阵)选择出最佳战略方案。

(一)外部因素评价矩阵

外部因素评价矩阵(External Factor Evaluation Matrix,EFE)可帮助战略制定者归纳和评价经济、社会文化、人口、环境、政治、政府、法律、技术及竞争等方面的信息。建立 EFE 矩阵的步骤如下。

1. 列出影响企业的主要外部环境因素,包括主要机会和威胁。因素总数在 10—20 个,首先要列举机会,然后列举威胁,并尽量做到具体。

2 给每个因素确定一个权重,其数值在 0.0(不重要)—1.0(非常重要)。权重标志着该因素对于企业在产业中取得成功的影响性。各个因素的权重值总和应为 1。

3. 按四分制给每个因素打分,范围为 1—4 分。4 分表示"重大机会",3 分表示"一般机会",2 分表示"中度威胁",1 分表示"重大威胁"。

4. 将每个因素的权重乘以它的评分,得到每个因素的加权分数。

5. 将所有因素的加权分数相加,得到企业的总加权分数。

无论该矩阵模型包含多少机会和威胁,一个企业得到的总加权分数最高为 4.0 分,最低为 1.0 分,平均分为 2.5 分。总加权分为 4 分说明该企业对于整个产业中现有的机会和

[①] 舒辉. 企业战略管理(第 2 版)[M]. 北京:人民邮电出版社,2016.

业财融合架构

威胁做出了最出色的反应,并且正处于一个有吸引力的产业中,相反,得分为1的企业正处在不好的外部环境状态,其战略不能利用外部机会或规避外部威胁,得分为2.5的企业则是中间状态,产业的吸引力不好不坏,处于一般水平。

(二) 内部因素评价矩阵

内部因素评价矩阵(Internal Factor Evaluation Matrix,IFE)可以帮助企业战略决策者对企业内部各个职能领域的主要优势与劣势进行全面综合的评价,其具体分析步骤有以下五步。

1. 由经营战略决策者识别企业内部战略环境中的关键要素,通常列出10个左右为宜。

2. 为每个关键战略要素指定一个权重以表明该要素对企业战略的相对重要程度。权重取值范围从0(表示不重要)到1(表示很重要),各要素权重之和为1.0。

3. 评价关键要素对于企业战略的优劣势,设定评价值1、2、3、4分别表示主要劣势、一般劣势、一般优势、主要优势。

4. 将每一要素的权重与相应的评价值相乘,得到该要素的加权评价值。

5. 将每一要素的加权评价值加总,得到企业内部战略条件的优势与劣势情况综合评价值。

(三) 竞争态势矩阵

竞争态势矩阵(Competitive Profile Matrix,CPM)主要用于确认企业的主要竞争者及其相对于该企业的战略地位以及这些主要竞争者的特定优势和弱点。建立竞争态势矩阵的主要步骤有以下四步。

1. 由企业战略决策者识别产业中的关键战略要素,一般要求5~15个要素。在分析中常见的关键战略要素有市场份额、产品组合度、规模经济性、价格优势、广告与促销效益、财务地位、管理水平、产品质量等。

2. 对每个要素确定一个适用于产业中各竞争者分析的权重,以此表示该要素在产业经营中的相对重要程度。权重值的确定可以考察成功竞争者与不成功竞争者的经营效果并从中得到启发。每一要素权重值从0(最不重要)到1(最重要),各要素权重值之和为1。

3. 对产业中各竞争者在每个要素上所表现的相对强弱进行评价,评价时分数通常为1、2、3、4,表示从弱到强(最弱,较弱,较强,最强)。评价中需注意各分值的给定应尽可能以客观性资料为依据,以便得到较准确的结论。

4. 将各要素的评价值与相应的权重值相乘,得出各竞争者在相应要素上相对力量强弱的加权评价值,最后将每个竞争者在每个要素上所得的加权评价值相加,从而得出各竞争者在各要素上的评价值。这一数值的大小就显示了各竞争者在总体力量上的相对强弱情况。

（四）SWOT 模型

SWOT 分析思想是由安索夫于 1956 年提出来的，后来经过多人的发展而成为一个用于战略分析的实用方法。

1. SWOT 模型的含义。SWOT 是由英文优势（Strengths）、劣势（Weaknesses）、机会（Opportunities）、威胁（Threats）4 个词的首字母构成。优劣势分析主要着眼于企业自身的实力及其竞争对手的比较，而机会和威胁分析是将注意力放在外部环境的变化及其对企业的可能影响上。SWOT 分析的主要思想就是：抓住机遇，强化优势，避免威胁，克服劣势。使用这个方法的前提条件是企业对一个（或几个）业务已经有了初步的选择意向，企业通过 SWOT 分析进一步考察这个（或这些）业务领域是否适合企业的经营，是否能够建立持久竞争优势。

2. 用 SWOT 模型制定企业战略。SWOT 模型为企业提供了四种可以选择的战略类型：SO 战略、WO 战略、ST 战略和 WT 战略。具体如表 3-1 所示。

表 3-1　　　　　　　　　　　　SWOT 模型框架

项目	优势（S） （列出优势）	劣势（W） （列出劣势）
机会（O） （列出机会）	SO 战略 利用优势把握机会	WO 战略 利用机会克服劣势
威胁（T） （列出威胁）	ST 战略 利用优势回避威胁	WT 战略 将劣势降低到最小并避免威胁

如表 3-1 所示，SO 战略就是利用企业内部的优势去抓住外部机会的战略。一般来说，在企业使用 SO 战略之前可能先使用 WO、ST、WT 战略，从而为成功实施 SO 战略创造条件。当企业有一个致命弱点时，应该努力将其克服并变成优势；当企业面对重大威胁时，应努力避免它，以便把精力放在利用机会上。

WO 战略是利用外部机会来改进自身内部弱点的战略。有时企业的业务具有较大的市场机会，同时企业内部存在弱点亦较明显。在这种情况下，这些业务的战略重点应放在减少内部劣势上，同时需要有效利用市场机会。

ST 战略就是利用企业的优势去避免或减轻外在威胁的打击。在这种情况下，企业可持两种态度：一是利用现有优势在其他产品或市场上建立长期机会。需要注意的是，只有企业可以将其优势利用于新业务的条件下才宜于采取这种态度；二是以企业的优势正面克服环境设立的障碍。

WT战略是直接克服内部弱点和避免外部威胁的战略,目的是将弱点和威胁弱化。WT战略是一种防御性战略,如果一个企业面对许多外部威胁和内部弱点,那么它可能真的处在危险境地,因此它不得不寻找一个生存和合并或收缩的战略,或者在宣布破产和被迫清盘之间作出选择。

(五) 战略地位与行动评价矩阵

战略地位与行动评价矩阵(Strategic Position and Action Evaluation Matrix,SPACE矩阵),主要用于分析企业外部环境及企业应该采用的战略组合。

1. 战略地位与行动评价矩阵的构成。战略地位与行动评价矩阵的两个数轴分别代表了企业的两个内部因素:财务优势(FS)和竞争优势(CA);两个外部因素:环境稳定性(ES)和产业优势(IS)。这四个维度是企业制定总体战略最重要的参考指标,而每一个维度的因素,通常需要多个变量来表示或体现。根据组织类型的不同,可以选择不同的多个变量体现一个维度。具体如图3-1所示。

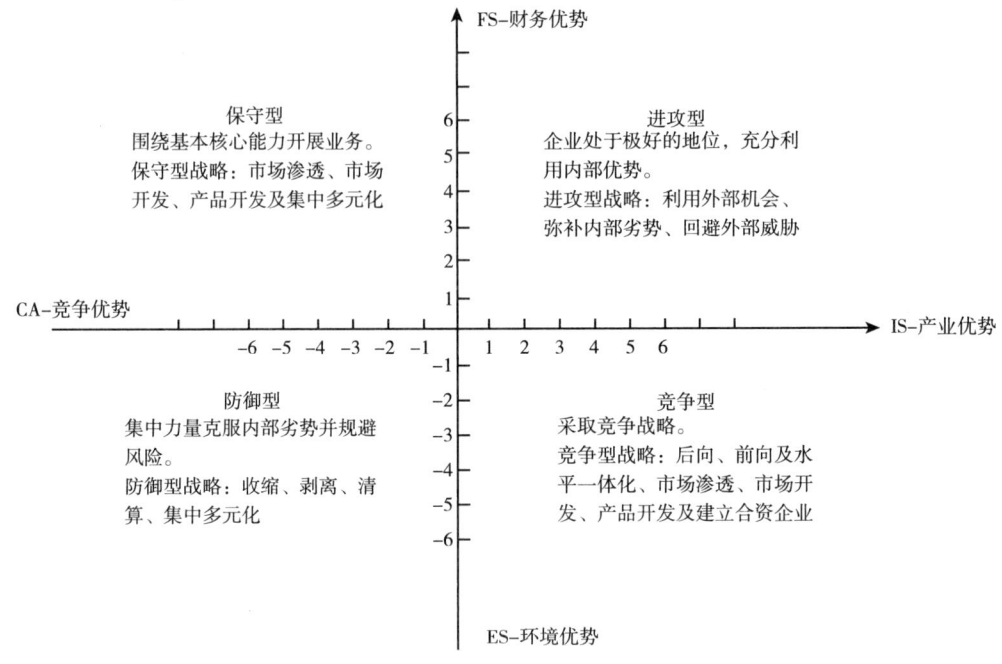

图3-1 战略地位与行动评价矩阵图

2. 建立战略地位与行动评价矩阵的步骤。一般而言,建立一个企业的战略地位与行动评价矩阵需要经过以下六个步骤才能完成。

(1) 选择构成财务优势(FS)、竞争优势(CA)、环境稳定性(ES)和产业优势(IS)的一组变量。

（2）对构成 FS 和 IS 轴的各变量给予从 +1（最差）到 +6（最好）的评分值。

（3）对构成 ES 和 CA 轴的各变量给予从 -1（最好）到 -6（最差）的评分值。

（4）将各数轴所有变量的评分值相加，再分别除以各数轴变量总数，从而得到 FS、CA、IS 和 ES 各自的平均分数。

（5）将 x 轴上的两个分数（IS、CA）相加，结果标在 x 轴上，将 y 轴上的两个分数（ES、FS）相加，结果标在 y 轴上，得交点坐标（x、y）。

（6）从原点到交点（x、y）画一条向量，即表明了企业可采取的战略类型。

（六）波士顿矩阵

波士顿矩阵因波士顿咨询集团（Boston Consulting Group）于 20 世纪 70 年代初开发而得名，可简称为"BCG 矩阵"，是制定多元化大型企业资源配置战略的重要工具。其实质是通过对业务的优化组合，实现企业的现金流量平衡，从而使企业战略平稳推进。

1. 波士顿矩阵的构成。大型企业由多个独立运营的分部、分公司或战略业务单位（SUB）组合而成。通过利用波士顿矩阵分析，可对企业内的各分支机构或战略业务单位的不同业务进行划分，明确业务当前或预期的状态，进而制定业务组合调整的战略。

波士顿矩阵包含两个基本参数，即相对市场份额和市场增长率。

（1）相对市场份额，指一个分机构或战略业务单位在本产业的市场份额与产业最强大竞争者所占市场份额之比。

（2）市场增长率（产业销售增长率），指一个独立单位在本产业的销售额增长百分比。

在波士顿矩阵中，以相对市场份额为 x 轴、以市场增长率（产业销售增长率）为 y 轴，将业务划分为问题业务、明星业务、金牛业务和瘦狗业务四种类型。具体如图 3-2 所示。

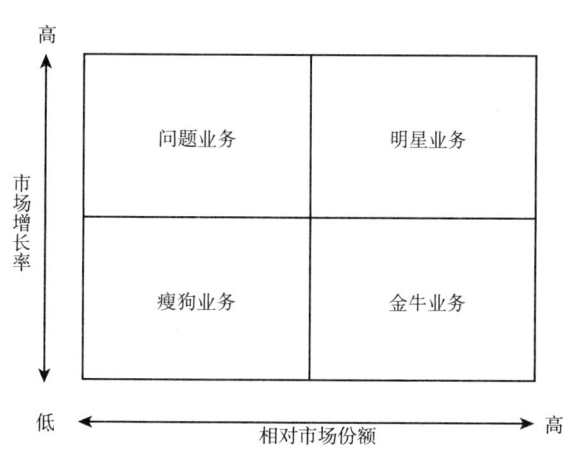

图 3-2 波士顿矩阵图

2. 波士顿矩阵的四类业务。

（1）问题业务。

典型特征：高增长率和低市场份额。高增长率要求有大量的现金投入，而低市场份额则说明其在成本竞争中处于劣势。如果市场份额不能扩大，那么问题业务将变成瘦狗业务。

对策：对那些有发展前景、符合企业发展长远目标、企业具有资源优势、能够增强企业核心竞争力的问题类业务，加大现金投入以扩大其市场；对那些没有发展前景的问题类业务，则不应该再进行现金投入。

（2）明星业务。

典型特征：高增长率和高市场份额。具有高增长率意味着需要有大量现金投入，而拥有高市场份额则意味着将有极大可能获得成本优势。

对策：大量投资，以保持和加强其在市场的主导地位。同时，可以考虑实施前向一体化（即向本企业的下游产业扩张）、后向一体化（即向本企业的上游产业扩张）和横向一体化、市场渗透、市场和产品开发等战略，扩大业务规模，提高竞争能力。

（3）金牛业务。

典型特征：低增长率和高市场份额。金牛业务虽然只有较低的增长率，但却能产生较高的现金流。由于该类业务已处于成熟市场，所需现金投入较少，可以节约一大笔现金来支持其他更有发展前景的业务。

对策：对于仍然强壮的金牛业务，应投入适当的资金以继续保持其优势地位。可考虑实施新产品开发、本产业多元化经营等战略；对于开始变得虚弱的金牛业务，则要考虑采取缩减或剥离措施，逐步退出。

（4）瘦狗业务。

典型特征：低增长率和低市场份额。低增长率表明该类业务不需要大量的现金投入，而低市场份额则表明其成本不具有竞争性。可见，瘦狗业务往往是微利甚至是亏损的。

对策：一是考虑是否能通过采用专业化战略降低成本，增强赢利能力；二是如果瘦狗业务不能产生正的现金流，就不再对其继续投入资金，逐步退出；三是放弃瘦狗业务。

波士顿矩阵的主要益处在于，它使人们很容易注意到企业各分部门的现金流动、投资特性及需求。很多企业的各分部门的经营状态都随着时间的推移，沿着逆时针方向演变：即"瘦狗→问题→明星→金牛→瘦狗"；而按顺时针方向"明星→问题→瘦狗→金牛→明星"演变的情况则比较少。

（七）内部—外部因素矩阵

内部—外部因素矩阵（Internal – External Matrix，IE 矩阵），与波士顿矩阵属于同一类,都是用来为一个企业中的业务组合——独立业务单位(分机构、分公司或战略事业部)定位的工具,是制定多元化大型企业资源配置战略的重要工具。该模型是在市场吸引力—经营实力矩阵(GE 矩阵)的基础上发展起来的。

1. 内部—外部因素矩阵的构成。内部—外部因素矩阵主要包括两部分内容:内部因素评价总加权分数(企业竞争实力),从内部要素评价矩阵得到的综合加权评价值,代表业务单位系统内部优势与劣势状态;以及外部因素评价总加权分数(行业吸引力),从外部要素评价矩阵得到的综合加权评价值,代表业务单位对来自环境的机会与威胁的反应程度。

在进行评价时,其评价标准如下。

(1)内部因素评价总加权分数(IFE 加权评分)轴的标准:1.00—1.99 代表内部因素处于弱势地位;2.00—2.99 代表内部因素处于中等地位;3.00—4.00 代表内部因素处于强势地位。

(2)外部因素评价总加权分数(EFE 加权评分)轴的标准:1.00—1.99 代表反应程度低;2.00—2.99 代表反应程度中等;3.00—4.00 代表反应程度高。具体如表 3 - 2 所示。

表 3 - 2 内部—外部因素矩阵

		IFE 加权评分		
		强 (4.0~3.0)	中 (3.0~2.0)	弱 (2.0~1.0)
EFE 加权评分	(4.0~3.0) 高	Ⅰ	Ⅱ	Ⅲ
	(3.0~2.0) 中	Ⅳ	Ⅴ	Ⅵ
	(2.0~1.0) 低	Ⅶ	Ⅷ	Ⅸ

2. 内部—外部因素矩阵的分析。如表 3 - 2 可见,九个方格被分为三个区域,相同区域可以采取相同或类似战略;不同区域可以采取不同战略。

第一区域,由第Ⅰ、Ⅱ和Ⅳ方格组成。位于这一区域的分部可被看成是增长和建立(Growth and Build)型部门,可采取加强型战略或一体化战略,如扩大生产规模、扩张市场、开发新产品,或实施前向、后向或横向联合战略。

第二区域,由第Ⅲ、Ⅴ和Ⅶ方格组成。属于这一区域的分部,宜采取坚持和维持(Hold and Maintain)型的战略。内部劣势或中等强度、对外的反应程度低或中等水平,这样的分部首先应该争取存在或生存,然后再通过引进或开发新产品及市场渗透等方式求得发展。

第三区域,由第Ⅵ、Ⅷ和Ⅸ方格组成。落在这一区域的分部,采取收割或剥离(Harvest and Divest)战略,放弃经营可以被认为是明智之举。

(八) 大战略矩阵

大战略矩阵（Grand Strategy Matrix，GS 矩阵），是由小汤普森与斯特里克兰根据波士顿矩阵修改的一种战略聚类模型，也是一种企业战略态势选择方法。

大战略矩阵基于两个评价指标：竞争地位和市场增长，具体如图 3－3 所示。

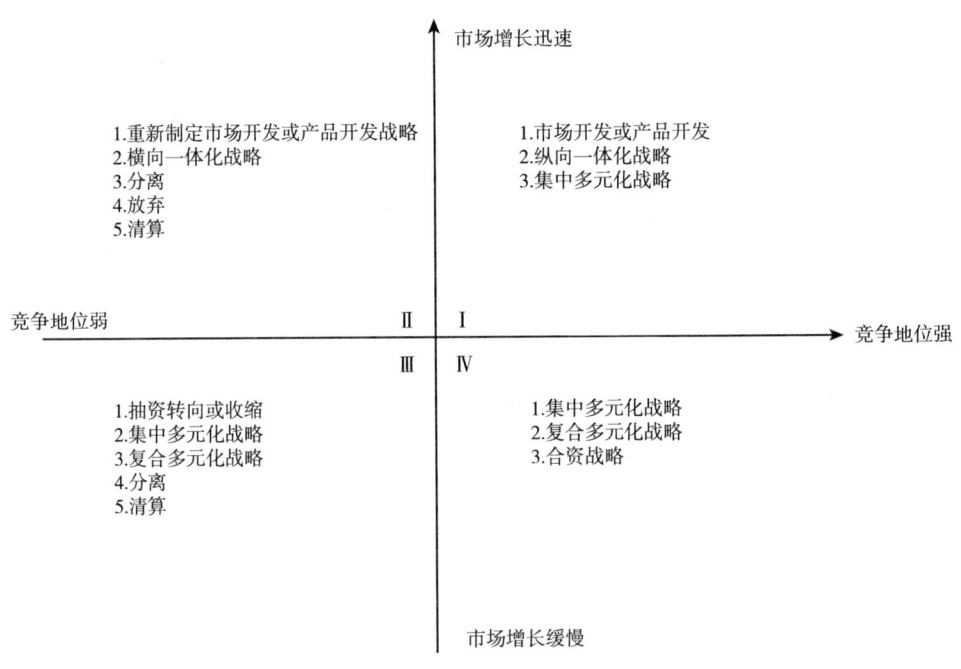

图 3－3　大战略模型图

如图 3－3 可见，在区位 Ⅰ 中，企业处于极佳战略地位。此时企业需继续集中力量经营现有业务，不宜轻易转移其既有的竞争优势。若拥有过剩资源，则可考虑采用纵向一体化战略。若公司过分偏重于某单一产品时，可考虑采取集中多元化战略以降低风险产生。处于该区位的企业有能力利用众多领域中的外部机会，必要时可以冒险进攻。

区位 Ⅱ 中的企业在高速增长的产业中处于不利的竞争地位。此时的企业需要认真地评价其当前参与市场竞争的方法，找出效益不理想的原因，判断有无可能使竞争地位转弱为强。几种可能的战略选择是重新制订市场开发或产品开发战略、横向一体化战略、分离、放弃和清算。一般情况下，在迅速增长的市场中，即使弱小的企业也往往能够找到获利的商机，因此可首先考虑重新制定市场开发或产品开发战略。如果企业缺乏独特的生产能力或竞争优势，横向一体化往往是理想的战略选择。当企业产品的品种较多时，则可分离出耗费大、效益低的业务。否则可采取清理战略，退出市场。

区位Ⅲ中的企业在增长缓慢的产业竞争中处于劣势地位。此时企业必须迅速进行某些重大的变革,以避免情况的进一步恶化。企业首先应大幅度地减少成本和收缩资产规模,另外还可将资源从现有业务领域转向其他业务领域,如利用集中多元化战略或复合多元化战略以便企业进入有前途的竞争领域。若各种尝试均失败,则只能选择分离或结业清算。

区位Ⅳ中的企业具有较强的竞争力,但处于增长缓慢的产业之中。此时企业由于具有较大的现金流量并对资金的需求有限,因而有能力在有发展前景的领域进行多元化经营。采取集中多元化战略或复合多元化战略可帮助分散经营风险;采取合资战略可开拓有前途的新领域。

(九) 定量战略计划矩阵

定量战略计划矩阵(Quantitative Strategic Planning Matrix,QSPM矩阵)是战略决策阶段的重要分析工具。定量战略计划矩阵是一种可以用来从若干备选战略方案中选择出最佳战略的有用工具。其分析原理是:将备选的各种战略方案通过专家小组讨论的形式分别进行评分,评分的依据为各战略是否能使企业更充分利用外部机会和内部优势,尽量避免外部威胁和减少内部弱点四个方面,得分的高低反映战略的最优程度。

1. 定量战略计划矩阵的基本结构。定量战略计划矩阵利用因素评价阶段和备选阶段的分析结果来客观选定战略。也就是由外部要素评价矩阵、内部要素评价矩阵、竞争态势矩阵构成的因素评价阶段和由SWOT矩阵、战略地位与行动评价矩阵(SPACE矩阵)、波士顿矩阵(BCG矩阵)、内部—外部因素矩阵(IE矩阵)、大战略矩阵(GS矩阵)构成的备选阶段,共同为建立定量战略计划矩阵提供所需信息。

将备选阶段制定的各种战略分别评分,根据各战略是否能使企业更充分利用外部机会和内部优势,尽量避免外部威胁和减少内部弱点四个方面,通过专家小组讨论的形式得出。得分的高低反映战略的最优程度,进而做出最佳判断。虽然QSPM矩阵是基于事先确认的外部及内部因素来客观评价备选战略的工具,然而,良好的直觉判断对QSPM矩阵仍然是必要且极为重要的。具体如表3-3所示。

表3-3　　　　　　　　　　　定量战略计划矩阵示例

关键因素	备选战略			
	权重	战略1	战略2	战略3
外部因素				
因素1				
因素2				
……				

续表

关键因素	备选战略			
	权重	战略1	战略2	战略3
内部因素				
因素1				
因素2				
……				
总计				

2. 建立定量战略计划矩阵的步骤。构建定量战略计划矩阵一般需要经历以下六个步骤。

（1）在定量战略计划矩阵的左栏列出公司的关键外部机会与威胁、内部优势与劣势矩阵，至少应包括10个外部关键因素和10个内部关键因素，这些因素的相关信息可直接从外部要素评价矩阵和内部要素评价矩阵得到。

（2）给每个关键因素赋予权重。这些权重的大小应与外部要素评价矩阵和内部要素评价矩阵分析中确定的权重相同。

（3）确定企业应当考虑实施的备选战略方案。

（4）确定吸引力分数。吸引力分数（AS）是指一组战略中各战略的相对吸引力。以便判断哪个战略更适合企业采用。确定吸引力分数的方法是：仔细研究每一项关键外部因素和内部因素，并分析这个因素是否影响战略的选择。

①如果回答"是"，应就这个因素对各战略进行比较。具体地说，即就特定的因素给各战略相对于其他战略的吸引力评分。

吸引力的评分准则是：4分表示"很有吸引力"；3分表示"有相当吸引力"；2分表示"有一些吸引力"；1分表示"没有吸引力"。

②如果回答是否定，说明该关键因素对特定的战略选择没有影响，则不做吸引力评分，以"—"表示。

值得注意的是：在确定吸引力分数时需要统一问题，要评分，则一组战略均需要评分；画短线，则一组战略均需要画"—"。

（5）计算吸引力总评分。吸引力总分（TAS）等于将各横行的权重值乘以吸引力分数。吸引力总分表示对相邻外部或内部关键因素而言，各备选战略的相对吸引力。吸引力总分越高，战略的吸引力就越大。

（6）计算吸引力总评分之和。将每一战略方案的吸引力总分栏纵向相加，即得到该战略的吸引力总评分之和。它表明了在各组备选战略中，哪种战略最具有吸引力。分数越高说明战略越具有吸引力。

在 QSPM 矩阵中一个重要的概念是战略的最优程度。它是根据各战略对外部和内部因素的利用和改进程度而确定的。QSPM 矩阵中包括的备选战略数量和战略组合的数量均不限，分析的结果是一张按重要性和最优程度排序的战略清单。

第二节 经营预测

战略决策是企业经营成败的关键，制定好最佳战略方案后，就到了具体的实施阶段。企业应根据战略需要做好各项具体工作，将计划落实到现实中去。预测是企业决策合理性的依据，其直接为决策服务。在企业经营管理环境下开展的经营预测，可以运用预测学的诸多方法或基本理念，结合企业历史以及当前的信息，进而推断企业决策有关事项在未来可能发生的变化。因此在进行企业决策时，做好预测工作是十分必要的。在业财融合模式下所开展的经营预测，其主要特点就是更为综合地运用企业的财务与非财务数据，结合影响企业发展的外部环境和内部条件作出科学分析与判断，并将预测分析结论应用于企业决策的关键方面。

企业未来的收入变化、成本变化、资金需要量是企业经营管理的关键，也是预测的重点。本章将分别从销售预测、成本预测、利润预测和资金需要量预测四个方面进行阐述。

一、销售预测

在市场竞争日益激烈的环境下，销售预测对企业来说十分重要。特别是在业财融合模式下，做好销售预测是企业进行科学经营决策的重要前提，企业经营管理中的大部分决策都以销售预测为基础。同时，销售预测是进行其他预测的基础，只有预知销售数量后，才能进行生产预测、成本预测、利润预测。销售预测可以通过定量销售预测和定性销售预测两个方面实现。

（一）定量销售预测

定量销售预测是以数值或比例为基本表现形式，对产品在未来一定时期内的销售趋势进行预测的方法。定量销售预测又分为算术平均法、加权平均法、指数平滑法等方法。

（1）算术平均法。算术平均法又称简单平均法，是将若干历史时期的销售量或销售额作为基础，求出其算术平均数，并作为未来的销售预测值，其计算公式为：

$$\widehat{X} = \frac{\sum x_i}{n}$$

式中：$\widehat{X}$——预测值；

x_i——i 期实际销售量；

n——期数。

这种方法的优点是计算公式简单，易于掌握，但其缺点是将不同时期的差异平均化，没有考虑近期的发展趋势，在销售量不稳定的情况下，可能会造成预测数量与实际数量发生较大差异，因针对对于销售量呈现波动趋势的情况下，不适宜采用该方法进行销售预测。

（2）加权平均法。如果各时期的销售量差异较大，销量不稳定时，可以采用加权平均法进行预测，按照距离预测期的远近对各期实际销售量赋予不同的权重、然后将若干历史时期的销售量或销售额作为基础，根据所赋予的权数计算加权平均数，并以此作为预测期的预测值。其计算公式为：

$$\widehat{X} = \frac{\sum_{i=1}^{n} x_i \omega_i}{\sum \omega_i}$$

式中：$\widehat{X}$——预测值；

x_i——i 期实际销售量；

ω_i——各期权数，$0 \leq \omega_i \leq 1$，$\sum \omega_i = 1$；

n——期数。

加权平均法较算数平均法更为合理，计算也较简单，应用比较广泛。但是在赋予各期销售量权重的时候没有一套科学方法，权重的设置有一定的随意性。

（3）指数平滑法。指数平滑法以平滑指数 α 和（$1-\alpha$）为权数对各期消费量进行赋予权重，然后进行加权平均，以此加权平均数作为预测值。其计算公式为：

$$\widehat{x}_n = \alpha x_{n-1} + (1-\alpha)\widehat{x}_{n-1}$$

式中：α——平滑指数；

x_{n-1}——第 $n-1$ 期的实际销售量；

$\widehat{x}_{n-1}$——第 $n-1$ 期的预测销售量。

α是一个经验数据,其取值一般在0.3—0.7。在指数平滑法计算中,α的取值十分关键,直接决定上期实际销售量和预测量对本期预测量的影响。α的取值越大,上期实际销售量对本期预测值的影响越大;反之,上期预测量对本期预测值的影响就越大。一般情况下,实际销售量变化较大时,就采用较大的平滑指数,实际销售量稳定时,就采用较小的平滑指数。

【例3-1】A企业连续6期的电冰箱实际销售量如表3-4所示。

表3-4 相关数据表

期数	1	2	3	4	5	6
销售量(台)	500	550	560	600	620	650

假设平滑指数$\alpha = 0.4$,第6期的销售预测值为640台,要求:采用指数平滑法预测第7期的销售量。

$$\hat{x}_n = 0.4 \times 650 + (1 - 0.4) \times 640 = 644 \text{(台)}$$

指数平滑法的实质是在历史实际销售量和预测销售量分别赋予权重计算加权平均数,并以此作为预测值。这种预测法考虑每一项的实际值和预测值对后期的影响,因此预测值比较精确,但计算较繁琐。

(二)定性销售预测

销售预测的定性分析方法是根据一批具有丰富实践经验和广泛专业知识的销售人员、经济专家或企业高层管理人员,在对企业一定时期内特定产品的销售情况进行综合研究的基础上,来估计未来一定时期内市场供需变化趋势,从而确定企业计划期产品销售情况的预测方法,一般适用于不具备完整可靠的历史资料,无法进行定量分析的企业。

1. 专家判断法。专家判断法是指通过向知识渊博、学有专长的专家进行咨询,根据其多年的丰富实践经验和判断力对企业销售进行预测的方法。咨询的方式有多种多样,常用的有以下三种。

(1)归纳意见法。分别先对每位专家征求其对本企业产品未来一定时期内销售情况的个人意见,然后把各种不同意见加以综合归纳形成销售的预测值。

(2)专家小组法。对于销售预测中遇到的一些比较复杂的问题,如销售的影响因素的确定,由于涉及面较广,若采用归纳意见法,会受到某些限制,从而影响预测的准确性。专家小组法是将专家分成若干个预测小组,召开各种形式的座谈会共同研究和分析相关资料,运用集体智慧作出判断,保证预测更全面,结果更可靠。但这种方法的缺陷是,各小组的专家在预测时容易受到某些权威专家意见的影响，客观性低。

（3）德尔菲法。该方法由美国兰德公司在20世纪40年代首先使用。该方法首先以信函方式征求专家意见，各专家在互不通气的情况下作出预测判断，然后企业将各专家意见汇集在一起，并采用不记名方式反馈给各专家，使其参考其他人的意见修正自己的第一次判断，如此反复数次最后集各家之长对销售的预测作出综合判断。因此，该方法又称反复预测法。该方法的优点是有利于消除权威专家的预测对其他专家的影响。但这种方法难以判断专家意见的准确度，预测时间也难以控制。德尔菲法的一般程序如下：首先确定预测对象，设计预测问卷，其次选择熟悉本企业产品特性和销售的专家，并向这些专家发放预测问卷，最后收回预测问卷并根据预测结果重新设计预测问卷，进行第二次预测，重复前面的工作直至得到比较满意的预测结果。

2. 推销员意见判断法。推销员意见判断法又称推销员意见集合法，是由本企业熟悉市场情况和相关变化的经营管理者在征求本企业的推销人员和商业部门人员的意见后进行综合汇总从而作出销售预测的方法。推销员意见判断法在实际应用中较为普遍。因为推销员比较熟悉顾客需求特点和市场供求状况，而且推销员是本企业内部人员，易于集中，进行预测所需时间较短，费用较低，所提供的反馈信息较为可信。但这种方法也有其自身的缺点，其容易受某些主观因素（如销售人员的心理）的影响。

这种方法一般适用于直接推销给数量不多的顾客同时这些顾客又能事先告知未来需求的行业，如机械产品行业。

3. 调查分析法。调查分析法是通过对某种产品的市场供需状况和消费者购买意向的详细调查来预测其销售量（或销售额）的一种分析方法。需要调查的内容通常包括以下几个方面：

（1）产品生命周期的调查。任何一种产品都有其产生、发展和衰亡的过程，经济学家通常把这个过程称为产品生命周期。产品生命周期一般可划分为投入期、成长期、成熟期和衰退期四个阶段，不同阶段的销售量（或销售额）是不同的：投入期的产品由于刚刚进入市场，顾客对其性能、质量等方面还不太了解，销售量一般不高；随着企业销售活动的进行，顾客逐渐熟悉产品的各种特性，成长期的产品销售量迅速上升；成熟期时，产品需求日趋饱和，竞争者推出功能相同或相似的产品，产品销售量趋于稳定，增长速度减缓并有所下降；由于新产品的出现，衰退期的产品将退出市场，销售量急剧下降。企业可以根据销售增长率指标判断产品所处的阶段。

（2）对消费者的调查。了解消费者的经济条件、消费心理、消费习惯和个人喜好等，通过这些信息推测产品销售的潜在能力。

（3）对市场竞争情况的调查。市场经济离不开竞争，要能在市场竞争中求得生存和发展,既要充分了解同行业中同类产品在质量、包装、价格、运输和售后服务等方面的新举措,又要掌握本企业的市场占有率,以取得主动权。

(4) 对经济发展趋势的调查。充分了解国内外和本地区经济发展的趋势对产品销售可能产生的影响,便于对产品的市场需求作出正确的判断。

最后将上述四个方面的调查资料进行综合整理,就可对产品的销售作出预测。

二、成本预测

(一) 成本预测概述

1. 成本预测的意义。成本预测就是根据企业未来的发展目标和现实条件,参考其他资料,利用专门方法对企业未来成本水平及其发展趋势所进行的推测和估算。

成本预测可以使企业管理者掌握未来的成本水平和变动趋势,有助于提高经营管理工作中的预见性,减少盲目性,有利于控制成本、提高企业生产经营的经济效益,同时也为进行科学的生产经营决策提供依据。

2. 成本预测的基本步骤。企业进行成本预测时,应该在既定的成本目标下,利用相关的历史资料和其他信息,测算未来成本水平及其发展趋势,以此对目标成本的可实现性进行预测和修订,使其更具可行性。

成本预测通常可按以下几个步骤进行。

(1) 根据企业的经营总目标,提出初选的目标成本。

(2) 初步预测在当前生产经营条件下成本可能达到的水平,并找出与初选目标成本的差距。

(3) 提出各种成本降低方案,对比、分析各种成本方案的经济效果。

(4) 选择成本最优方案并确定正式目标成本。

(二) 目标成本的确定

目标成本是企业产品未来一定时期内为实现目标利润应该发生的成本水平。目标成本应具备先进性和合理性,企业需要通过一定的努力才能达到该成本水平。

目标成本的测定一般有两种方法:一种方法是以目标利润为基础,根据销售预测值,利用本量利分析的基本思路,确定实现目标利润所应达到的成本水平。具体确定程序和方法可以参见本量利分析方法。另一种方法是以先进的成本水平为基础,结合企业的实际情况,对先进成本水平进行调整从而确定目标成本。先进的成本水平可以是企业历年最好的成本水平，也可以是国内外同行业同类产品的先进成本水平，或者是本企业上年实际成本水平扣减成本降低额后的成本水平。企业在实际操作时，可以从三种成本水平中选择一种作为目标成本。两种方法可以结合起来使用，以保证目标成本的可行性。

（三）成本预测方法

目标成本确定之后，就可以开始搜集相关的成本数据和其他相关资料，选择合适的成本预测方法测定成本的预测值。成本预测的定性方法可以选择专家访谈法、德尔菲法等，操作程序和销售预测中的定性方法一样。定量方法有高低点法、回归分析法、本量利分析法、因素分析预测法等，下面重点介绍因素分析预测法。

因素分析预测法是通过测算产品成本的有关因素，如直接材料、人工成本、劳动生产率、制造费用、废品率等因素的变动对现有产品成本的影响程度，进行成本水平的预测。下面具体分析直接材料、工资费用、劳动生产率和产量的变化对产品成本的影响。

1. 直接材料变动对成本的影响。直接材料的价格和产品耗用数量是影响直接材料成本的两种因素，产品成本中材料消耗定额和材料价格发生变化，成本的发生额就会随之变化。

产品材料消耗定额变化、材料价格对产品成本的影响可按照下列公式进行测算：

材料消耗定额变动对产品成本影响 = 材料费用占成本的百分率 × 材料消耗定额降低的百分率

材料价格变动对产品成本影响 = 材料费用占成本的百分率 × (1 − 材料消耗定额降低的百分率) × 材料价格降低百分率

材料消耗定额及价格同时变动对产品成本影响 = [1 − (1 − 材料消耗定额降低百分率) × (1 + 原材料价格变化率)] × 原材料占成本的比重

2. 工资费用变动对产品成本的影响。产品中工资费用变动主要是受生产工人的平均工资额和劳动生产率的影响。产品成本随着生产工人的平均工资增长而同步增长，当生产工人的平均工资水平不变时，劳动生产率的提高，意味着单位时间内生产产品的产量提高，单位产品成本中工资费用减少，产品成本降低。当工人的平均工资和生产率同时变动时，如果工资增长的幅度大于劳动生产率提高的幅度，产品成本上升；反之，如果平均工资水平的增长幅度小于劳动生产率提高的幅度，产品成本下降。两种因素变动对产品成本影响的测算公式为：

生产率变动对产品成本影响 = $(1 - \dfrac{1}{1 + 劳动生产率变化率}) \times$ 工资费用占成本比重

生产率与工资同时变动对成本影响 = $(1 - \dfrac{1+工资增长率}{1+劳动生产率增长率}) \times$ 工资费用占成本比重

3. 测算生产增长超过管理费用增加对产品成本的影响。在企业的制造费用、管理费用中,有一部分费用属于固定费用,如管理人员工资、办公费、差旅费、折旧费用等,这些费用一般不随产量的增加而变动;另一部分费用属于变动费用,如消耗性材料、运输费等,这些费用则随产量增长而有所增加,但只要采取适当的节约措施,其增长速度一般也会小于生产增长速度。所以,企业生产的增长,会使单位产品中应分摊的管理费用减少,从而使产品单位成本降低。计算公式为:

产量变动对产品成本影响 = $(1 - \dfrac{1+管理费用增长率}{1+生产率增长率}) \times$ 管理费用占成本比重

4. 测算废品率降低对产品成本的影响。生产中产生废品,意味着人力、物力和财力的浪费,合格产品的成本也会随之提高。而降低废品率可以减少废品损失,从而降低产品成本。计算公式为:

废品损失减少影响的成本降低率 = 废品损失占成本的百分率 × 废品损失减少的百分率

上述各因素影响成本降低率乘以按上年预计(或实际)平均单位成本计算的预测期可比产品总成本,即可求出各因素变动影响成本的降低额,汇总之后即为预测期可比产品成本总降低额;也可以综合上述计算结果,先求得预测期可比产品成本总降低率,再乘以按上年预计(或实际)平均单位成本计算的预测期可比产品总成本,计算出预测期可比产品成本总降低额。

【例3-2】A企业预测期的目标成本经过初步测算可降低为6%。经过充分论证,确定预测期影响成本的主要因素如表3-5所示。

表3-5　　　　　　　　　　影响产品成本的主要因素

因素	百分比(%)
可比产品生产增长	25
原材料消耗定额降低	10
原材料价格平均上涨	8
劳动生产率提高	20
生产工人工资增加	6
管理费用增加	6
废品损失减少	8

该企业按上年预计平均单位成本计算的预测期可比产品总成本为750000元,可比产品各成本项目的比重如表3-6所示。

表 3-6　　　　　　　　　　　可比产品成本项目比重

项目	比重（%）
原材料	65
生产工人工资	15
管理费用	15
废品损失	5
合计	100

根据上述资料可以分项计算可比产品成本降低率和降低额。

（1）由于原材料消耗定额下降及平均价格上升而形成的节约。

成本降低率 = $65\% \times [1 - (1 - 10\%) \times (1 + 8\%)] = 1.82\%$

成本降低额 = $750000 \times 1.82\% = 13650$（元）

（2）由于劳动生产率提高超过平均工资增长而形成的节约。

成本降低率 = $15\% \times \left(1 - \dfrac{1 + 6\%}{1 + 20\%}\right) = 1.75\%$

成本降低额 = $750000 \times 1.75\% = 13125$（元）

（3）由于生产增长超过管理费用增加而形成的节约。

成本降低率 = $15\% \times \left(1 - \dfrac{1 + 6\%}{1 + 25\%}\right) = 2.28\%$

成本降低额 = $750000 \times 2.28\% = 17100$（元）

（4）由于废品损失减少而形成的节约。

成本降低率 = $8\% \times 5\% = 0.4\%$

成本降低额 = $750000 \times 0.4\% = 3000$（元）

综合以上计算结果

预测期可比产品成本总降低率 = $1.82\% + 1.75\% + 2.28\% + 0.4\% = 6.25\%$

总降低额 = $13650 + 13125 + 17100 + 3000 = 46875$（元）

预测期可比产品成本总降低率为 6.25%，接近初步预测的目标成本降低率。因此，可以把 6.25% 的成本降低率作为正式的目标成本，并据以编制成本计划。

三、利润预测

利润预测是根据企业的主要经营目标和销售量、销售价格以及成本预测的数据对未来一定时期内实现的利润进行测算和估计。利润预测是企业经营预测的主要内容之一，是企业利润规划的基础。

进行利润预测时,首先根据企业的战略目标分析未来一定期间要实现的目标利润。其次根据销售量、销售价格和成本的预测值测算该时期能够实现的利润额,最后比较目标利润额和利润的预测值并调整两者的数额使其一致。

企业利润预测可采用直接预测法和因素分析法。

(一) 直接预测法

直接预测法是指根据利润的构成及相关数据,直接推算出预测期的利润数额的方法。相关计算公式为:

利润总额 = 营业利润 + 投资净收益 + 营业外收支净额

营业利润是由产品销售利润和其他业务利润组成的,这两部分预测利润的公式分别为:

预测产品销售利润 = 预计产品销售收入 - 预计产品销售成本 - 预计产品销售税金

$$= 预计产品销售数量 \times \begin{pmatrix} 预计产品销售单价 - 预计单位产品成本 \\ - 预计单位产品销售税金 \end{pmatrix}$$

预测其他业务利润 = 预计其他业务收入 - 预计其他业务成本 - 预期其他业务税金

预测企业的投资净收益是根据企业预计向外投资收入减去预计投资损失后的数额得出的;预测营业外收支净额是用预计营业外收入减去预计营业外支出后的差额。

最后,将所求出的各项预测数额加总,便可计算出下一期间的预测利润总额。

【例 3-3】A 公司生产甲、乙、丙三种产品,本期有关销售价格、单位销售成本及下期产品预计销售量如表 3-7 所示,预测下期其他业务利润的资料为:其他业务收入为 20000 元,其他业务成本为 13000 元,其他业务税金为 4000 元。

表 3-7　　　　　　　　　　　　A 公司销售预测

产品	销售单价(元)	单位产品		预计下期产品销售量(件)
		销售成本(元)	销售税金(元)	
甲	150	60	30	2500
乙	250	170	35	1500
丙	100	60	15	5000

根据资料,预测下一会计期间的营业利润。

各产品销售利润的预测值为:

甲产品：2500×(150－60－30)＝150000（元）

乙产品：1500×(250－170－35)＝67500（元）

丙产品：5000×(100－60－15)＝125000（元）

合计：150000＋67500＋125000＝342500（元）

其他业务利润的预测值为：

20000－13000－4000＝3000（元）

所以，预测下一会计期间的营业利润为：

预测营业利润＝预测产品销售利润＋预测其他业务利润

＝342500＋3000＝345500（元）

（二）因素分析法

因素分析法是在本期已实现的利润水平基础上，通过充分估计预测期影响产品销售利润的各因素增减变动的可能，来预测企业下期产品销售利润的数额。影响产品销售利润的主要因素有产品销售数量、产品品种结构、产品销售成本、产品销售价格及产品销售税金等。

在预测企业下一会计期间的产品销售利润额时，应首先计算本期的成本利润率：

$$本期成本利润率 = \frac{本期产品销售利润额}{本期产品销售成本} \times 100\%$$

然后，进一步预测下期各相关因素变动对产品销售利润的影响。

1. 预测产品销售量变动对利润的影响。在其他因素不变的情况下，预测期产品销售数量增加，利润额也会随之增加；反之，预测期产品销售数量减少，利润额也会随之下降。

因为在对下期的产品销售成本进行测算时，已将由于销售量变动而使生产量变动的因素考虑在内了，所以由产品销售数量变动而使利润增加或减少的数额，可用本期的销售成本与下期预测销售成本相比较，再根据本期的成本利润率求得。计算公式为：

因销售量变动而增减的利润额＝(预测下期产品销售成本－本期销售产品销售成本)×本期成本利润率

2. 预测产品品种结构变动对利润的影响。产品品种结构变动对利润的影响是因为各个不同品种的产品利润率是不同的，而预测下期利润是以本期各种产品的平均利润率为依据的。如果预测期不同利润率产品在全部产品中所占的销售比重发生变化，就会引起全部产品平均利润率发生变动，从而影响利润额的增加或减少。所以，应根据预测的下期产品品种结构的变动情况，确定下期平均利润率，然后通过比较本期和下期利润率的差异，计算预测期由于品种结构变动而增加或减少的利润数额。影响可按下列公式计算：

因产品品种构成变动而增减的利润额＝(预测期平均利润率－本期销售平均利润率)×按本期成本计算的下期成本总额

预测期平均利润率＝$\sum$(各产品本期利润率－该产品下期销售比重)

3. 预测产品成本降低对利润的影响。在产品价格不变的情况下，降低产品成本会使利润相应地增加。由于成本降低而增加的利润，可根据经预测确定的产品成本降低率求得。计算公式为：

由于成本降低而增加的利润＝按本期成本计算的预测期成本总额×产品成本降低率

4. 预测产品价格变动对利润的影响。如果在预测期产品销售价格比上期提高，则销售收入也会增多，从而使利润额增加；反之，如果产品销售价格降低，也会导致利润额减少。销售价格提高或降低同样会使销售税金相应地增减，这一因素同样要考虑进去。计算公式为：

由于产品销售价格变动而增减的利润＝预测期产品销售数量×变动前售价×价格变动率×(1－税率)

5. 预测产品销售税率变动对利润的影响。产品销售税率变动直接影响利润额的增减。如果税率提高，则可使利润额减少；如果税率降低，则使利润额增加。计算公式为：

由于产品销售税率变动而增减的利润＝预测期产品销售收入×(1±价格变动率)×(原税率－变动后税率)

四、资金需要预测

资金需要预测是企业生产经营预测中必不可少的组成部分。通过资金预测可以使企业保证资金供应，合理组织资金运用，不断提高资金利用的经济效果。

资金需要预测对提高企业经营管理水平、降低企业运作风险、提高企业经济效益等方面具有重要意义：(1)资金需要量的预测是企业经营决策的主要依据。企业经营决策的执行，需要资金的支持；资金的来源、资金的规模、资金的期限、筹资方式等直接影响到决策项目的执行。(2)资金需要量的预测是提高经济效益的重要手段。提高经济效益，要么增加收入，要么降低费用支出。而资金的使用需要支付代价，即资金的成本费用，合理规划资金的使用量，就可以减少不必要的费用，从而提高经济效益。(3)资金需要量的预测是编制资金预算的必要步骤。资金需要量的预测包括固定资金预测、流动资金预测和资金需要总量预测。

(一) 资金需要总量预测

资金需要总量预测，常用的方法有资金增长趋势预测法、预计资产负债表法。

1. 资金增长趋势预测法。资金增长趋势预测法，主要采用回归分析法（最小二乘法）原理，是对以往若干期销售收入（或销售量）及资金需要量的历史资料进行分析计算后，确定反映销售收入与资金需要量之间的回归直线（$y = a + bx$），并据以推算未来期间资金需要量的一种方法。

虽然影响资金需要总量变动的因素很多，但从短期经营决策角度看，引起资金需要量发生变动的最直接、最重要的因素是销售收入（或产销量）。在其他因素不变的情况下，销售收入的增加，往往意味着企业生产规模的扩大，从而资金的需要量也会更多；相反，企业销售收入减少，往往意味着企业生产规模的缩小，资金的需要量也会随之减少。因此，资金需要量与销售收入之间存在内在的联系，利用这种联系可以建立数学模型，用以预测未来随销售收入变化的资金需要总量。

2. 预计资产负债表法。预计资产负债表法是通过编制预计资产负债表来预计预测期的资产、负债和留存收益有关项目的数额，进而预测企业对外部资金需要量的一种方法。

资产负债表是反映企业某一时点的资金占用（资产）和资金来源（负债和所有者权益）平衡状况的会计报表。企业增加资产，必然通过增加负债或者所有者权益的途径予以解决。因此，通过预计资产的增减，就可以确定筹资总额和外部筹资额。

一般可按下列三个步骤来进行预测：

首先，分析获得基期资产负债表上能随销售量变动而发生变动的项目，并分别将这些项目除以基期的销售额，计算各项目与销售额的百分比。将基期的资产负债表各项目用销售百分比的形式另行编表。

其次，将资产的销售百分比表示的合计数减去负债的销售百分比表示的合计数，求出预测年度每增加1元的销售额需要追加资金的百分比。

最后，以预测年度的销售额乘以每增加1元销售额需追加资金的百分比，然后再扣除企业内部形成的资金来源（如未分配利润的增加额等），即可得出预测年度需追加资金的预测值。

【例3-4】[①] A公司2020年12月31日的资产负债如表3-8所示。2020年度实现销售收入450000元，扣除所得税后可获5%的销售净利润。假设2021年度销售收入增加到600000元，根据预计资产负债表法预测2021年资金需要总量。

[①] 参考于孙茂竹，张玉周. 管理会计（微课版）[M]. 北京：人民邮电出版社，2019.

表 3-8　　　　　　　　　　　　　　　资产负债表　　　　　　　　　　　　　　　单位：元

资产		负债与所有者权益	
货币资金	22500	应付账款	45000
应收账款	45000	应付费用	45000
存货	135000	短期借款	90000
预付账款	52500	长期负债	45000
固定资产	105000	股本	90000
		未分配利润	45000
合计	360000	合计	360000

（1）将资产负债表中预计随销售变动而变动的项目分离出来。从资产负债表可以看出，资产方除预付费用外均属于敏感资产，将随销售的增加而增加，因为较多的销售不仅会增加现金、应收账款，占用较多的存货，而且相应会增加一部分固定资产。而负债与所有者权益方只有应付账款、应付费用属于敏感负债，将随销售的增加而增加；短期借款、长期负债、普通股等将不随销售的增加而增加；当企业税后利润不全部分配给投资者时，留用利润也将增加。

（2）计算 2020 年度各敏感项目的销售百分比。根据基年各敏感项目的数额及基年销售收入额，可按下列公式计算基年销售百分比：

$$某敏感项目销售百分比 = \frac{基年该项目金额}{基年销售收入} \times 100\%$$

以应收账款为例，其销售百分比如下：

$$应收账款百分比 = \frac{45000}{450000} \times 100\% = 10\%$$

其他各敏感项目的销售百分比如表 3-9 所示。

表 3-9　　　　　　　　　　　　　　　销售百分比表　　　　　　　　　　　　　　　单位：元

资产	销售百分比（%）	负债与所有者权益	销售百分比（%）
货币资金	5	应付账款	10
应收账款	10	应付费用	10
存货	30	短期借款	不变动
预付账款	不变动	长期负债	不变动
固定资产	23.33	股本	不变动
		未分配利润	变动
合计	68.33	合计	20

从表 3-9 可以看出，销售收入每增加 100 元，将多占用资金 68.33 元，但同时只增

加 20 元的资金来源（留用部分未考虑在内），尚有 48.33 元的资金缺口。

（3）编制预计资产负债表。根据 2020 年 12 月 31 日的资产负债表及销售百分比，编制 2021 年预计资产负债表，如表 3-10 所示。

表 3-10　　　　　　　　　　　预计资产负债表　　　　　　　　　　　单位：元

项目	2020 年资产负债表	2020 年销售百分比（%）	2021 年预计资产负债表
资产			
货币资金	22500	5	30000
应收账款	45000	10	60000
存货	135000	30	180000
预付账款	52500	不变动	52500
固定资产	105000	23.33	139980
资产总额	360000	68.33	462480
负债与所有者权益			
应付账款	45000	10	60000
应付费用	45000	10	60000
短期借款	90000	不变动	90000
长期负债	45000	不变动	45000
负债总额	225000	20	255000
股本	90000	不变动	90000
未分配利润	45000	变动	75000
负债与所有者权益总额	360000	20	420000
可用资金总额			420000
需筹措的资金			42480
合计			462480

表 3-10 中的未配利润为基年未分配利润 45000 元与 2021 年预留利润 30000（600000×5%）元之和，即 75000 元。可用资金总额为 2021 年预计负债 255000 元与预计所有者权益 165000 元之和，即 420000 元。用资产预计数 462480 元减去可用资金总额，即为企业需要筹措的资金 42480 元。

通过相关计算可知，A 公司 2021 年预计资金需要总量为 462480 元，该公司仍需筹措资金 42480 元。

（二）固定资金需要量的预测

固定资金需要量预测是指将未来一定时期内企业生产经营活动所需要的固定资金的预计和测算。要预测固定资金的需要量，首先要预测固定资产的需要量。固定资产需要量的预测，就是根据企业生产经营方向、生产任务、现有生产能力和技术等，预计和测算企业为完成生产经营任务所需固定资产的数量。由于固定资产投资规模较大,回收期长,风险高,因此,固定资产需要量的预测在保证完成生产任务的前提下,要尽可能节约资金、减少占用,既要考虑企业现有技术条件,充分挖掘和留用现有生产经营能力,又要尽可能采用先进的科学技术,不断提高企业生产经营的效果。

由于企业固定资产种类比较多,生产经营活动对各类固定资产的具体需要量就很复杂,行业不同,预测方法也不尽相同,但必须要有重点。在工业企业的全部固定资产中,生产设备是企业进行生产经营活动的主要物质基础,是决定生产经营的主要因素。它种类多、数量大、资金占用多,因此固定资产需要量的预测,应以生产设备为重点。在正确预测生产设备需要量的基础上,其他各类固定资产可以根据生产设备的配套需求进行合理的测算。下面以工业企业为例,介绍固定资产需要量的预测。

1. 生产设备需要量的预测。预测生产设备需要量最基本的方法,是生产能力和生产任务相平衡的方法,在对现有设备的数量、质量和生产能力进行彻底清查的基础上,将现有生产设备全年有效台时总数与完成预测期生产经营任务所需的定额台时总数进行比较分析,计算出各类生产设备完成预计生产经营任务的保障程度,以及多余和不足的设备数量,最后决定对多余和不足的设备的处理方法。计算公式如下:

$$某项生产设备需要量 = \frac{预计生产经营能力(实物量或台时数)}{单台生产经营能力(实物量或台时数)}$$

如果生产单一产品,可以直接按实物量计算设备需要量;如果生产多种产品,而且有些产品需要经过若干加工工序才能完成,则应该按照定额台时数计算。生产设备需要量一般可以按照以下步骤进行预测。

(1) 单台设备生产能力的测算。单台设备生产能力按实物量测算,即单台设备的年产量。年产量取决于台班产量、开工班次、全年预计工作日等因素。台班产量可按照设计能力、实际能力、最高能力等因素确定。开工班次应根据生产任务、现有人力、设备数量、设备效能等确定。全年预计工作日数等于日历日数减去法定节假日和检修日数,计算公式为:

单台设备年生产能力 = 台班产量 × 开工班次 × 全年预计工作日数

单台设备年生产能力如果按台时数测算,就是单台设备预计有效工作时数。计算公式为:

单台设备预计有效工作时数 = (全年制度工作日数 − 设备检修停台日数) × 每日开班数 × 全年预计工作日数

(2) 预计生产经营任务的预测。预计生产经营任务按实物量测算,即预计产量。根据市场需求状况规定的产品品种和数量,是计算固定资产需要量的主要依据。如果企业产品品种不多,可按不同品种的产量分别测算;如果产品品种较多,按不同产品品种分别测算，或者按产品结构或工艺过程进行适当分类，从中选择一种规格的产品为代表产品，将其他产品按照换算系数换算成代表产品的产量。换算系数的计算公式为：

$$某产品的换算系数 = \frac{该产品单位定额台时数}{代表产品单位定额台时数} \times 100\%$$

预计生产经营任务按台时数测算，即预计生产经营任务台时定额总数。各类生产设备需用台时定额是将全年预计生产经营任务的实物量按单位产品台时定额换算而成的。计算公式为：

$$预计生产经营任务台时定额总数 = \sum (预计产量 \times 单位产品台时定额) \times 定额改进系数$$

式中：

预计产量，是指如果企业生产一种产品或产品品种不多时，可按生产经营任务规定的各种产品的预计产量直接计算，如果企业产品品种较多，则应换算成代表产品的产量；

单位产品台时定额，是指企业通过技术资料测算规定现行台时定额；

定额改进系数，是指企业预计新定额占现行定额的百分比。现行定额制定后，通常不会经常修订，但是在执行过程中，由于采用新技术、劳动生产率提高、管理效能提高等，现行定额就会被突破，就要对现行单位产品台时定额进行必要的修订。

（3）生产能力与预计生产任务平衡情况的预测。生产能力与预计生产任务平衡，是测算生产设备需要量的重要一环。生产能力不够，不能完成任务。生产能力剩余，则投资过剩，对企业不经济。通过科学合理的平衡计算，可以掌握企业生产能力的余缺情况，为调整生产设备、充分利用设备生产能力提供依据。生产设备能力余缺是通过计算设备负荷系数来确定的。其计算公式为：

$$某类设备负荷系数 = \frac{预计生产经营任务需用台时定额总数}{该种设备全年预计有效工作台时总数} \times 100\%$$

2. 其他固定资产需要量的预测。企业其他配套性固定资产，如厂房、动力设备、运输设备等，它们的需要量与生产设备的需要量有一定的比例关系。配套性固定资产的需要量可以在测定生产设备需要量的基础上，按照其在基年与生产设备的比例关系，结合预测年度提高设备利用率的要求进行测算。将预算年度需要量与基年实有数进行比较，就可以算出预测年度该类设备的余缺情况。

对于非生产性固定资产的需要量，企业可以在现有非生产性固定资产数量的基础上，结合企业的实际需要和可能条件（如企业规模增减、工人人数等）估算出预测年度需要的非生产性固定资产的数量。

在预测出固定资产的需要量后，就可以根据固定资产的当前价值计算出固定资金的需要量。

(三) 流动资金需要量的预测

流动资金需要量的预测方法很多，常用的有：资金占用比例法、周转期预测法、因素测算法和余额测算法。

1. 资金占用比例法。资金占用比例法是指企业根据预测期确定的相关指标（如净资产、营业收入、营业成本、营业利润等），按基年流动资金实际平均占用额与相关指标的比例关系来预测流动资金需要量的一种方法。

2. 周转期预测法。周转期预测法，就是根据流动资金完成一次循环所需要的日数（资金定额日数）和每日平均周转额（每日平均资金占用额）来计算流动资金需要量的一种方法。该方法在具体计算基期数据时比较麻烦，但结果比较准确，是预测流动资金需要量的基本方法，通常用于品种少、用量大、价格高、占用较多资金项目的预测。在工业企业中原材料、在产品、产成品等资金项目都采用该方法进行预测。

3. 因素测算法。因素测算法又称为分析调整法，它是以流动资金项目上年度的实际平均需要量为基础，根据预测年度生产经营任务，以及加速流动资金周转的要求进行分析调整，进而预测流动资金需要量的一种方法。该方法计算简单易掌握，但是预测结果精准性一般，因此通常用于品种繁多、规格复杂、用量较少、价格偏低的资金占用项目的资金预测。采用这种方法进行具体运用时，首先，在上年度流动资金平均占用额的基础上，剔除呆滞积压的不合理部分。其次，根据预测期的生产经营任务，以及加速流动资金周转速度的要求进行预测。

4. 余额测算法。余额测算法是以上年结转余额为基础，根据预测年度发生额、摊销数额来测算流动资金需要量的一种方法。该方法适用于流动资金占用数额比较稳定的项目，如待摊费用等。

第三节 经营决策

决策是指企业管理者在现实条件下，为了达到预期的经营目标，通过预测及对比分析，在两个或两个以上的可行方案中选择最佳方案的行为过程。在企业经营管理过程中，经营决策和投资决策是企业关注的重点。企业可以通过预测分析方法，预测出企业未来收入、成本与资金需要量等相关信息，为企业短期经营目标和长期投资目标做出正确的决策。

经营决策是指在不改变现有生产能力的条件下,对于经营活动中遇到的问题,寻求备选方案,并从中作出最佳选择的行为。在业财融合模式下,企业可以根据需求,在产品功能和成本协调基础上解决产品品种选择、产品生产的组织和规划问题,最终通过合理的定价体现产品的价值。由此可见,企业进行经营决策时可以从产品功能成本决策、品种决策、产品组合优化决策、生产组织决策、定价决策五个方面进行。

一、产品功能成本决策

产品功能成本决策是指通过产品的功能(产品所担负的职能或所起的作用)与成本(为获得产品一定的功能必须支出的费用)的对比,获得降低产品成本途径的管理活动。其目的在于以最低的成本实现产品合理必要的功能,提高企业的经济效益。

产品功能与成本之间的比值关系称为价值,可用公式表示为:

$$价值(V) = \frac{功能(F)}{成本(C)} \tag{3-1}$$

从式(3-1)可以看出,功能与价值成正比,功能越高,其价值也就越大,反之则越小。而成本与价值成反比,成本越高,价值就会越小,反之则越大。

产品功能成本决策大致分以下几个步骤:选择分析对象、围绕分析对象收集各种资料、功能评价。[①]

(一)选择分析对象

由于企业的产品(或零部件)很多,实际工作中不可能都进行功能成本分析,因此需要有所选择。选择时一般应遵循如下原则:

1. 从结构复杂、零部件多的产品中选,可以简化结构、减少零部件的种类或数量。

2. 从产量大的产品中选,可以有效地积累每一产品的成本降低额。

3. 从投产期长的老产品中选,可以改进产品设计,尽量采用新技术、新工艺、新方法加工。

4. 从体积大或重量大的产品中选,可以缩小体积、减轻重量。

5. 从原设计问题比较多的产品中选,可以充分挖掘改进设计的潜力。

6. 从工艺复杂、工序繁多的产品中选,可以简化工艺、减少工序。

7. 从畅销产品中选,不仅可以降低成本,而且能使该产品处于更有利的竞争地位。

[①] 孙茂竹,张玉周. 管理会计(微课版)[M]. 北京:人民邮电出版社,2019.

8. 从消耗量大的零部件产品中选,可以大幅降低成本、优化结构。

9. 从成本高的产品中选,可以较大幅度地降低成本。

10. 从废品率高、退货多、用户意见大的产品中选,可以提高功能成本分析的效率。

(二) 围绕分析对象收集各种资料

分析对象确定后,应进行市场调查,收集各种资料作为分析研究的依据。所需资料大致包括以下几个方面。

1. 产品的竞争状况。例如,竞争对手的数量、分布、实力,以及竞争对手在产品设计上的特点及推销渠道等。

2. 产品的需求状况。例如,用户对产品性能及成本的要求、销售结构及数量的预期值、价格水平等。

3. 产品设计、工艺加工状况。结合市场需求及竞争对手的优势,在产品设计、工艺加工技术等。

4. 成本资料分析。例如,产品成本构成、成本水平、消耗定额等。

5. 国内外同类型产品的其他有关资料。

对于收集到的各类资料,应进行详细分析,增强资料的可靠性。

(三) 功能评价

功能评价的基本步骤包括:首先,以功能评价系数为基准,用功能评价系数与按目前成本计算的成本系数确定出价值系数;其次,对目标成本按价值系数进行分配,并确定出目标成本分配额与目前成本之间的差异;最后,选择价值系数低、降低成本潜力大的作为重点分析对象。

功能评价的方法有很多,其中最常用的方法有两种,即评分法和强制确定法。

1. 评分法。该方法是按照产品或零部件的功能重要程度进行打分(如采用5分制),然后通过确定不同方案的功能与成本比值(即价值系数)来选择最优方案。

2. 强制确定法。这种方法也称为一对一比较法或0—1评分法,该方法是先将组成产品的零件排列起来,一对一进行对比,功能相对重要的零件得1分,功能相对不重要的零件得0分。然后,将全部零件总得分除以各零件总得分,即可得到零件的功能评价系数。在功能评价系数确定后,应计算各产品零件的成本系数和价值系数:

$$各零件的成本系数 = \frac{某零件的目前成本}{所有零件目前成本合计}$$

$$各零件的价值系数 = \frac{某零件的功能评价系数}{该零件的成本系数}$$

其中价值系数表示功能与成本之比，如果价值系数等于1或接近于1，则说明零件的功能与成本基本相当；如果价值系数大于1，则说明零件的功能过剩或成本偏低，在该零件功能得到满足的时候，无需进一步降低成本或减少过剩功能；如果价值系数小于1，则说明成本相比功能偏高，此时，应将其作为降低成本的主要目标，做好调整。在进行成本降低时，可以在产品目标成本已定的情况下，将产品目标成本按功能评价系数分配给各零件，然后与各零件的目前成本比较，即可确定各零件成本所需降低的数额。

最后，在功能评价的基础上，通过对过剩功能和不必要成本进行调整，提出新方案。然后按新方案进行试验生产，并征求各方意见进一步对新方案的不足加以改进。新方案经过最终调整后即可作为正式方案提交有关部门审批，批准后可组织生产部门按设计生产。

【例3-5】假设甲产品由A、B、C、D、E五个零件组成，则按强制确定法计算的功能评价系数如表3-11所示。

表3-11　　　　　　　　　　功能比较表

零件名称	一对一比较结果					得分合计	功能评价系数
	A	B	C	D	E		
A	×	1	1	0	1	3	3/10 = 0.3
B	0	×	0	1	1	2	2/10 = 0.2
C	0	1	×	0	0	1	1/10 = 0.1
D	1	0	1	×	1	3	3/10 = 0.3
E	0	0	1	0	×	1	1/10 = 0.1
合计						10	1

在表3-11中，A和D两个零件的功能评价系数较大，说明其功能较为重要，而C、E两个零件的功能评价系数最小，说明其功能较不重要。

在功能评价系数确定后，应计算各零件的成本系数和价值系数（见表3-12）。

表3-12　　　　　　　　零件价值系数计算表　　　　　　　　　　单位：元

零件名称	功能评价系数	目前成本	成本系数	价值系数
A	0.3	300	0.303	0.99
B	0.2	500	0.505	0.396
C	0.1	45	0.045	2.2
D	0.3	45	0.045	6.7
E	0.1	100	0.101	0.99
合计	10	990		

价值系数表示功能与成本之比，如果价值系数等于1或接近于1（如A、E零件），则

说明零件的功能与成本基本相当,因而也就不是降低成本的主要目标;如果价值系数大于1(如C、D零件),则说明零件的功能过剩或成本偏低,在该零件功能得到满足的情况下,已无必要进一步降低成本或减少过剩功能;如果价值系数小于1(如B零件),则说明与功能相比成本偏高,应作为降低成本的主要目标,进一步寻找提高功能、降低成本的潜力。

那么B零件的成本需要降低多少呢?在产品目标成本已定的情况下,可将产品目标成本按功能评价系数分配给各零件,然后与各零件的目前成本比较,即可确定各零件成本降低的数额。假定甲产品的目标成本为800元,则各零件预计成本及成本降低额的计算结果如表3-13所示。

表3-13　　　　　　　　零件预计成本表　　　　　　　　单位:元

零件名称	功能评价系数	按功能评价系数分配目标成本	目前成本	成本降低额
A	0.3	240	300	60
B	0.2	160	500	340
C	0.1	80	45	-35
D	0.3	240	45	-195
E	0.1	80	100	20
合计	10	800	990	190

从表3-13可以看出,目标成本比目前成本低190元,其中,A、B、E零件成本及其功能相比偏高,故应作为降低成本的对象,尤其是B零件更应作为重点对象;C、D零件(特别是D零件),只有在功能过剩的情况下才考虑减少过剩功能以降低成本,否则应维持原状。

二、品种决策

品种决策旨在解决生产什么产品的问题,例如,生产何种新产品,亏损产品是否停产,零部件是自制还是外购,半成品(或联产品)是否需要进一步加工等。在品种决策中,经常以成本作为判断方案优劣的标准,有时也以贡献毛益额作为判断标准。

(一)新产品生产的决策

如果企业有剩余的生产能力可供使用,或者可以利用过时老产品腾出来的生产能力,则在有几种新产品可供选择时,采用贡献毛益分析法进行决策。

贡献毛益分析法是在成本性态分类的基础上,通过对比各备选方案贡献毛益的大小进而确定最优方案的一种分析方法。其中贡献毛益是收入减去变动成本后的差额,该指标越大,则减去固定成本后的余额,即利润也就越大。因此,贡献毛益的大小反映了备选方案对企业利润目标所做贡献的大小。

在运用贡献毛益分析法进行备选方案的择优决策时,应注意以下几点。

1. 在不存在专属成本的情况下,通过比较不同备选方案的贡献毛益总额,正确地进行择优决策。

【例3-6】A企业原来生产甲、乙两种产品,现有丙、丁两种新产品可以投入生产,但由于剩余生产能力有限,需选择投产其中一种新产品。企业的固定成本为2700元,并不会因为新产品投产而增加。各种产品的资料如表3-14所示。

表3-14　　　　　　　　　　基础数据表　　　　　　　　　　单位:元

产品 项目	甲	乙	丙	丁
销售量（件）	450	300	270	360
售价	15	12	9	11
单位变动成本	5	7	6	7

根据表3-14的数据,分别计算出丙、丁产品能够提供的贡献毛益额,加以对比,便可做出决策（见表3-15）。

表3-15　　　　　　　　　　贡献毛益计算表　　　　　　　　　　单位:元

产品 项目	丙	丁
销售量（件）	270	360
售价	9	11
单位变动成本	6	7
单位贡献毛益	3	4
贡献毛益总额	810	1440

由表3-15可知,丁产品的贡献毛益总额比丙产品的贡献毛益总额多630(=1440-810)元。可见,生产丁产品优于丙产品。

2. 在存在专属成本的情况下,首先应计算备选方案的剩余贡献毛益(贡献毛益总额减专属成本后的余额),然后通过比较不同备选方案的剩余贡献毛益(或贡献毛益)总额,正确地进行择优决策。

【例3-7】如果【例3-6】中丙产品有专属固定成本(如专门设置设备的折旧)270元,丁产品有专属固定成本975元,则剩余贡献毛益如表3-16所示。

表 3-16　　　　　　　　　　　剩余贡献毛益表　　　　　　　　　　　　单位：元

项目 \ 产品	丙	丁
贡献毛益总额	810	1440
专属固定成本	270	975
剩余贡献毛益	540	465

在这种情况下，丁产品的剩余贡献毛益总额比丙产品的少 75（=540-465）元，因此生产丙产品优于丁产品。

3. 在企业的某项资源（如原材料、人工工时、机器工时等）受限制的情况下，可以通过计算、比较各备选方案的单位资源贡献毛益额，正确进行择优决策。当然，根据贡献毛益总额同样也能做出正确的选择。

【例 3-8】A 企业现有设备的生产能力是 60000 机器工时，现有生产能力的利用率为 80%。现准备用剩余生产能力开发新产品甲、乙或丙。新产品甲、乙、丙的有关资料如表 3-17 所示。

表 3-17　　　　　　　　　　　基础数据表

项目 \ 产品	甲	乙	丙
单位产品定额工时（小时）	3	4.5	6
单位售价（元）	45	60	75
单位变动成本（元）	30	39	45

由于现有设备加工精度不足，在生产丙产品时，需要增加专属设备 7500 元。在甲、乙、丙产品市场销售不受限制的情况下，进行方案选择可以采用贡献毛益分析法。

该企业现有剩余机器工时 12000 小时。根据已知数据编制分析表，如表 3-18 所示。

表 3-18　　　　　　　　　　　贡献毛益表

项目 \ 产品	甲	乙	丙
最大产量（件）	4000	2667	2000
单位贡献毛益（元）	15	21	30
专属成本（元）	—	—	7500
贡献毛益总额（元）	60000	56007	60000
剩余贡献毛益总额（元）	60000	56007	52500
单位工时贡献毛益（元）	5	4.67	4.375

由此可知，甲产品的贡献毛益总额为 60000 元，比乙产品的贡献毛益总额多 3993 元，比丙产品的剩余贡献毛益多 7500 元；甲产品的单位工时贡献毛益额为 5 元，比乙产品高 0.33 元，比丙产品高 0.625 元。因此，无论从贡献毛益总额（或剩余贡献毛益总额）判断，还是从单位工时贡献毛益额判断，开发甲产品最为有利。

此外，尽管甲产品的单位贡献毛益最低，但由于其产量的影响，其贡献毛益总额仍然最大。可见，产品单位贡献毛益额的大小，不是方案择优决策的唯一标准。

4. 由于贡献毛益总额的大小既取决于单位产品贡献毛益额的大小，也取决于该产品的产销量，所以应该选择贡献毛益总额最大的产品。这是因为单位贡献毛益额大的产品未必提供的贡献毛益总额也大，也就是说，在决策中不能只根据单位贡献毛益额的大小来进行择优决策。

贡献毛益分析法适用于收入成本型（收益型）方案的择优决策，尤其适用于多个方案的择优决策。

（二）亏损产品的决策

企业在进行不同方案对比选择的过程，实质上就是选择最大收益方案的过程，最大收益方案是在各备选方案收入及成本的比较中产生的。当两个备选方案具有不同的预期收入和预期成本时，根据这两个备选方案间的差量收入与差量成本之间的差量损益进行最优方案的选择，此过程被称为差量分析法。

对于亏损产品，应综合考虑企业各种产品的经营状况、生产能力以及相关因素的影响，在变动成本法的基础上采用差量分析法进行计算后，进而做出停产、继续生产、转产或出租等最优选择。

在运用差量分析法时，首先应明确以下几个概念。

1. 差量，是指两个备选方案同类指标之间的数量差异。
2. 差量收入，是指两个备选方案预期收入之间的数量差异。
3. 差量成本，是指两个备选方案预期成本之间的数量差异。
4. 差量损益，是指差量收入与差量成本之间的数量差异。当差量收入大于差量成本时，其数量差异为差量收益；当差量收入小于差量成本时，其数量差异为差量损失。差量损益实际是两个备选方案预期收益之间的数量差异。

当差量损益确定后，即可进行方案的选择：如果差量损益为正（即为差量收益），比较方案可取；如果差量损益为负（即为差量损失），被比较方案可取。

差量分析法的相关概念如表 3-19 所示。

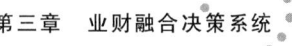

表 3-19　　　　　　　　　　　　差量分析的相关概念

方案 A	方案 B	差量（方案 A - 方案 B）
预期收入	预期收入	差量收入
预期成本	预期成本	差量成本
预期损益	预期损益	差量损益

当差量损益 >0 时，A 方案可取；当差量损益 <0 时，B 方案可取。

亏损产品的决策过程需要考虑多种因素，主要为以下四点：

1. 如果亏损产品能够提供贡献毛益额，弥补一部分固定成本，除特殊情况（如存在更加有利可图的机会），一般不应停产。但如果亏损产品不能提供贡献毛益额，通常应考虑停产。

2. 亏损产品能够提供贡献毛益额，如果存在更加有利可图的机会（如转产其他产品或将停止亏损产品生产而腾出的固定资产出租），能够使企业获得更多的贡献毛益额，那么该亏损产品应停产。

在亏损产品停产之后，闲置的厂房、设备等固定资产可以出租时，只要出租净收入（指租金收入扣除合同规定的应由出租者负担的某些费用后的余额）大于亏损产品所提供的贡献毛益额，这时也应考虑停止亏损产品生产而采用出租的方案。

因此，在不改变生产能力的短期决策中，只需要比较各方案的贡献毛益额即可选择最优方案，但是值得注意的是专属固定成本必须考虑。

3. 在生产、销售条件允许的情况下，能够提供贡献毛益额的亏损产品，通过大力发展，达到扭亏为盈的目的，使企业的利润大大增加。

4. 对不提供贡献毛益额的亏损产品，也应做好停产判断。首先，可以努力降低成本，以期转亏为盈；其次，可以在市场允许的范围内适当提高售价实现扭亏为盈；最后，应考虑产品结构和社会效益的需求。

总之，亏损产品的决策涉及的因素很多，需要从不同角度设计方案并采用恰当的方法优选方案。

【例 3-9】A 公司生产甲、乙、丙三种产品，其中甲产品是亏损产品。有关盈亏按全部成本法计算如表 3-20 所示。

表 3-20　　　　　　　　　　　　盈亏计算表　　　　　　　　　　　　单位：元

产品 项目	甲	乙	丙	合计
销售收入	1500	2600	6900	11000
销售成本	1800	2200	5000	9000
利润	-300	400	1900	2000

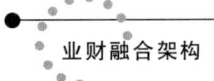

根据表 3-20 所示的资料可知，停止甲产品的生产是有利的（利润将上升到 2300 元）。但是否真正有利，还应参考其他资料才能确定。假设按变动成本法进行成本分解，得到的相关数据如表 3-21 所示。

表 3-21　　　　　　　　　　　　　成本分解表　　　　　　　　　　　　　单位：元

项目 \ 产品	甲	乙	丙
直接材料	700	550	2500
直接人工	400	200	500
制造费用	200	300	650
管理费用	130	250	350
财务费用	150	420	450
销售费用	220	480	550

从表 3-21 中可以看出，在按全部成本法计算的甲产品成本总额 1800 元中，有期间费用分摊额共计 500（130+150+220）元，而在变动成本法下，这部分费用均应在本期全数扣除。因此，在甲产品尚能提供贡献毛益额 200（1500-1100-200）元的情况下，停止甲产品生产不但不会增加 300 元利润，反而会减少 200 元利润（利润将降至 1800 元），具体见表 3-22。

表 3-22　　　　　　　　　　　　　差量分析表　　　　　　　　　　　　　单位：元

项目	继续生产甲产品	停止生产甲产品	差量
销售收入	11000	9500	1500
直接材料	3750	3050	700
直接人工	1100	700	400
制造费用	1150	950	200
管理费用	730	730	0
财务费用	1020	1020	0
销售费用	1250	1250	0
利润	2000	1800	200

（三）自制还是外购的决策

对具有机械加工能力的企业而言，常常面临所需零配件是自制还是外购的决策问题。由于所需零配件的数量对自制方案或外购方案都是一样的，因而这类决策通常只需要考虑自制方案和外购方案的成本高低,在相同质量并保证及时供货的情况下,就低不就高。

1. 外购不减少固定成本的决策。如果企业可以从市场上购买到企业自产的同款零配件,而且质量相当、供货及时、价格低廉,企业一般都会考虑是否停产转外购。自制转为外购,且其剩余生产能力不能利用(固定成本并不因停产外购而减少)的情况下,应将外购单位增量成本,即购买零配件的价格(包括购买价,单位零配件应负担的订购、运输、装卸、检验等费用),与自制单位增量成本相对比,单位增量成本低的即为最优方案。由于固定成本不因停产外购而减少,这样,自制时的单位变动成本就是自制方案的单位增量成本。所以,自制单位变动成本高于购买价格时,应该外购;反之,应该自制。

2. 自制增加固定成本的决策。不论企业所需零配件由外购转为自制或由自制转为外购时,自制方案的单位增量成本不仅包括单位变动成本,而且应包括单位专属固定成本,由于单位专属固定成本随产量的增加而减少,因此自制方案单位增量成本与外购方案单位增量成本的对比将会在某个产量点产生变化,即产量超过某一限度时自制有利,产量低于该限度时外购有利。因此,可以通过确定该产量限度点(利用成本分界点的分析方法),并对产量进行区域划分,进而确定在何种区域内哪个方案最优。

在成本按性态分类基础上,任何方案的总成本都可以用 $y = a + bx$ 表述。所谓成本无差别点,是指在该业务量水平上,两个不同方案的总成本相等,但当低于或高于该业务量水平时,不同方案则具有不同的业务量优势区域。利用不同方案的不同业务量优势区域进行最优化方案选择的方法,称为成本无差别点分析法。

设 x 为成本无差别点业务量;a_1,a_2 为方案Ⅰ、方案Ⅱ的固定成本总额;b_1,b_2 为方案Ⅰ、方案Ⅱ的单位变动成本;y_1,y_2 为方案Ⅰ、方案Ⅱ的总成本,则:

$y_1 = a_1 + b_1 x$

$y_2 = a_2 + b_2 x$

根据成本无差别点上两个方案总成本相等的原理,令:

$y_1 = y_2$

则:

$a_1 + b_1 x = a_2 + b_2 x$

变形得:

$x = (a_1 - a_2)/(b_2 - b_1)$

这时,整个业务量被划分为两个区域:$0 \sim x$ 及 $x \sim \infty$,其中 x 则为成本无差别点。具体见图 3-4 所示。

业财融合架构

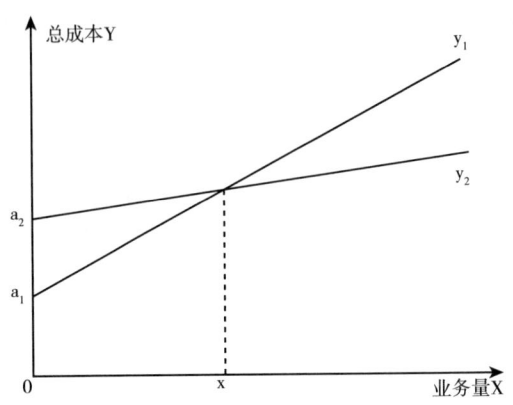

图 3-4 成本无差别点分析图

在成本无差别点上,方案Ⅰ和方案Ⅱ的总成本相等,两个方案都可取;而当低于或高于成本无差别点时,方案Ⅰ和方案Ⅱ就具有不同的选择价值。在进行方案选择时,应通过选取数据代入 y_1、y_2 公式来确定。

【例 3-10】 A 公司每年需用 B 零件 900 件,以前一直外购,购买价格为每件 9 元。现该公司有多余生产能力可以用来生产 B 零件,但每年将增加专属固定成本 1000 元。自制时,单位变动成本 5 元。试进行方案选择。

设 x 为 B 零件年需求量,则:

外购增量成本 $y_1 = 9x$

自制增量成本 $y_2 = 1000 + 5x$

外购增量成本与自制增量成本相等时的年需求量,即为成本无差别点:

$9x = 1000 + 5x$

$x = \dfrac{1000}{9-5} = 250$(件)

所以,成本无差别点的计算公式也可以为:

$$\text{成本无差别点} = \frac{\text{自制增加的专属固定成本}}{\text{购买价格} - \text{自制单位变动成本}}$$

利用上述公式确定成本分界点只是将整个需求量划分为 250 件以内和 250 件以上两个范围,要确定这两个范围中哪个方案有利,还需将某一设定值代入 y_1 或 y_2 进行试算。

假设产量为 100 件,则:

$y_1 = 9 \times 100 = 900$(元)

$y_2 = 1000 + 5 \times 100 = 1500$(元)

可见,在 250 件以内时外购有利,在 250 件以上时自制有利。

3. 外购时有租金收入的决策。在零配件外购并且腾出的剩余生产能力可以转移的情况下（如出租、转产其他产品），由于出租剩余生产能力能获得租金收入，转产其他产品能提供贡献毛益额，因此将自制方案与外购方案对比时，必须把租金收入或转产产品的贡献毛益额作为自制方案的一项机会成本，并构成自制方案增量成本的一部分。这时，应将自制方案的变动成本与租金收入（或转产产品的贡献毛益额）之和与外购成本相比，择其低者。

4. 半成品（或联产品）是否进一步加工。当半成品可以对外销售时，存在一个将产品加工到什么程度（卖半成品还是产成品）的问题。对这类问题，决策时只需考虑进一步加工后增加的收入是否超过增加的成本，如果前者大于后者，则应进一步加工为产成品出售；反之，则应作为半成品销售。在此，进一步加工前的收入和成本都与决策无关，不必予以考虑。

（1）半成品是否进一步加工。产品作为半成品出售，其售价和成本都低于进一步加工后作为产成品出售的售价和成本。是否进一步加工，可按下列公式计算、确定：

①应进一步加工的条件。

进一步加工后产成品的销售收入 − 半成品的销售收入 > 进一步加工后产成品的成本 − 半成品的成本

②应出售半成品的条件。

进一步加工后产成品的销售收入 − 半成品的销售收入 < 进一步加工后产成品的成本 − 半成品的成本

另外，进一步加工后的产成品成本包括追加的变动成本和专属固定成本。

（2）联产品是否进一步加工。在同一生产过程中生产出来的若干种经济价值较大的产品，称为联产品。有些联产品可在分离后出售，有的则可以在分离后继续加工出售，分离前的成本属于联合成本，要按售价等标准分配给各种联产品，联产品在分离后继续加工的追加变动成本和专属固定成本，称为可分成本。联合成本是沉没成本，决策时可以不考虑；可分成本是与决策相关的成本，决策时应考虑。联产品是否进一步加工，可按下列公式计算、确定。

①应进一步加工。

进一步加工后的销售收入 − 分离后的销售收入 > 可分成本

②分离后即出售。

进一步加工后的销售收入 − 分离后的销售收入 < 可分成本

三、产品组合优化决策

产品组合优化决策主要适用于多品种产品生产的企业。在企业生产多品种产品的过程中，离不开必要的条件或因素，如机器设备、原材料、人工等，而其中有些因素可以用于不同产品的生产，而这些因素又是有限的，因此，当各种产品共用一种或几种因素时，就应使各种产品的生产组合达到最优化的结构，才能有效、合理地使用这些限制因素。产品组合优化决策就是通过计算、分析进而作出各种产品应生产多少，才能使各个生产因素得到合理、充分的利用，并能获得最大利润的决策。

进行产品组合优化决策一般采用逐次测算法。逐次测算法是根据企业生产条件、产品情况及各种限制因素等数据资料，分别计算单位限制因素所提供的贡献毛益，并加以比较，然后在此基础上经过逐步测试，使各种产品达到最优组合。

【例 3-11】A 企业生产甲、乙两种产品。甲产品单位产品所需设备工时为 3 小时，人工工时为 5 小时，单位贡献毛益额为 45 元；乙产品单位产品所需设备工时为 5 小时，人工工时为 6 小时，单位贡献毛益额为 60 元。两种产品共用设备工时总数为 16000 小时，共用人工工时总数为 21000 小时。经过市场调查，预测市场销售量：甲产品为 3000 件，乙产品为 2000 件。

1. 计算并比较两种产品单位限制因素所提供的贡献毛益额，如表 3-23 所示。

表 3-23　　　　　　　　　甲产品和乙产品的基础数据

项目	甲产品	乙产品	限制因素（小时）
单位设备工时贡献毛益（元）	15	12	16000
单位人工工时贡献毛益（元）	9	10	21000

比较两种产品的贡献毛益额可知，甲产品每单位设备工时的贡献毛益额多于乙产品，而乙产品每单位人工工时贡献毛益额多于甲产品。

2. 进行第一次测试。假设优先安排甲产品生产，剩余因素再安排乙产品的生产。根据市场调查，甲产品销售量预测为 3000 件，则安排最大生产量为 3000 件。此次测试的结果如表 3-24 所示。

表 3-24　　　　　　　　　第一次生产安排测试表

项目	产量（件）	所用设备工时（小时）		所用人工工时（小时）		贡献毛益（元）	
		总产量	单位产量	总产量	单位产量	总产量	单位产量
甲产品	3000	9000	3	15000	5	135000	45
乙产品	1000	5000	5	6000	6	60000	60
合计		14000		21000		195000	
限制因素		16000		21000			
剩余因素		2000		0			

以上测试结果表明，按照这种组合方式所确定的生产量来进行生产，获得的贡献毛益总额为 195000 元，机器设备工时剩余 2000 小时。

3. 由于乙产品单位所用设备工时多于甲产品单位所用设备工时，为充分利用各项因素，可再进行第二次测试，将乙产品的生产安排先于甲产品，即先满足乙产品的生产，然后再用剩余资源生产甲产品。由于乙产品的市场销售量预测为 2000 件，则安排的最大生产量也应为 2000 件。第二次测试的结果具体见表 3 – 25。

表 3 – 25　　　　　　　　　第二次生产安排测试表

项目	产量（件）	所用设备工时（小时）		所用人工工时（小时）		贡献毛益（元）	
		总产量	单位产量	总产量	单位产量	总产量	单位产量
乙产品	2000	10000	5	12000	6	120000	60
甲产品	1800	5400	3	9000	5	81000	45
合计		15400		21000		201000	
限制因素		16000		21000			
剩余因素		600		0			

通过将两次测试的结果进行分析比较可知，采用第二次测试的产品组合方式比采用第一次测试的产品组合方式多获贡献毛益 6000 元，同时又提高了设备利用率，即减少了剩余设备工时，使之由原来的剩余设备工时 2000 小时减少到剩余设备工时 600 小时。因此，第二次测试的产品组合，即生产甲产品 1800 件、乙产品 2000 件，是最优产品组合。

四、生产组织决策

（一）最优生产批量决策

产品生产并非批量越大越好。在全年产量已定的情况下，生产批量与生产批次成反比，生产批量越大，生产批次越少；反之，生产批量越小，生产批次越多。生产批量、生产批次与生产准备成本、储存成本相关，最优的生产批量应是生产准备成本与储存成本总和最低时的生产批量。

生产准备成本是指每批产品生产前，进行准备工作而产生的成本，如调整机器、准备工卡模具、布置生产线、清理现场、领取原材料等发生的工资费用、材料费用等。正常情况下，每次变更产品生产所发生的生产准备成本基本上是相等的，因此，年准备成本总额与生产批次成正比，与生产批量成反比。生产批次越多，年准备成本就越高；反之，就越低。

储存成本是指为储存零部件及产品而发生的仓库及其设备的折旧费、保险费、保管人员工资、维修费、损失等费用的总和。储存成本与生产批量成正比，与生产批次成反比。

结合生产准备成本、储存成本的特点可以看出：若要降低年准备成本，应减少生产批次，但减少批次则会增加批量，与批量成正比的年储存成本也会提高；若要降低年储存成本，就应减少生产批量，但减少生产批量则会增加批次，那么与批次成正比的年准备成本会被提高。最优生产批量决策就是指使产品的生产准备成本与储存成本之和最小的生产批量，又称经济生产批量决策。

1. 一种零配件分批生产的经济批量决策。最优生产批量通常可以采用公式法计算确定。年成本合计可计算如下：

每批生产终了时的最高储存量 $= Q\left(1 - \dfrac{Y}{X}\right)$

年平均储存量 $= \dfrac{1}{2}Q\left(1 - \dfrac{Y}{X}\right)$

年储存成本 $= \dfrac{1}{2}Q\left(1 - \dfrac{Y}{X}\right)C$

年准备成本 $= \dfrac{A}{Q} \cdot S$

年成本合计 $T = \dfrac{1}{2}Q\left(1 - \dfrac{Y}{X}\right)C + \dfrac{AS}{Q}$

其中：A 为全年产量；Q 为生产批量；A/Q 为生产批次；S 为每批准备成本；X 为每日产量；Y 为每日耗用量（或销售量）；C 为每单位零配件或产品的年储存成本；T 为年储存成本和年准备成本之和（简称年成本合计）。

另外，经济批量的确定也可以利用数学模型计算求得，可利用微分法求 T 为极小值时的 Q 值（推导计算过程略），相关计算公式如下：

经济批量 $Q^* = \sqrt{\dfrac{2AS}{C\left(1 - \dfrac{Y}{X}\right)}}$

最优批次 $= \dfrac{A}{Q^*} = \sqrt{\dfrac{AC\left(1 - \dfrac{Y}{X}\right)}{2S}}$

最低年成本合计 $T^* = \sqrt{2ASC\left(1 - \dfrac{Y}{X}\right)}$

保险储存量部分的储存成本不包括在上述公式计算范围内，保险储存量对任何批量的方案都是一样的，决策时可不予考虑。

【例 3-12】A 公司生产某产品每年需用甲零件 6000 件，专门生产甲零件的设备每日能生产 50 件，每日因组装该产品耗用甲零件 25 件，每批生产准备成本为 250 元，每件甲零件年储存成本为 6 元。试计算经济批量、最优批次、最低年成本合计。

$$经济批量 Q^* = \sqrt{\frac{2 \times 6000 \times 250}{6 \times \left(1 - \frac{25}{50}\right)}} = 1000 \text{（件）}$$

$$最优批次 = \frac{A}{Q^*} = \frac{6000}{1000} = 6 \text{（批）}$$

$$最低年成本合计 T^* = \sqrt{2 \times 6000 \times 250 \times 6 \times \left(1 - \frac{25}{50}\right)} = 3000 \text{（元）}$$

2. 几种零部件轮换分批生产的经济批量决策。上面介绍的是分批生产一种零部件或产品时经济批量的确定方法。但如果用同一台设备轮换生产几种零部件或产品时，就不能简单地采用上述方法计算，而应首先根据各种零部件或产品的年准备成本之和与年储备成本之和相等时年成本合计最低的原理，确定各种零部件或产品共同的最优生产批次，然后再据以分别计算各种零部件或产品各自的经济生产批量。共同最优生产批次的计算公式如下：

$$共同最优生产批次 N^* = \sqrt{\frac{\sum_{i=1}^{n} A_i C_i \left(1 - \frac{Y_i}{X_i}\right)}{2 \sum_{i=1}^{n} S_i}}$$

某种零部件的最优生产批量（经济批量）则可以按下列公式计算：

$$某种零部件的经济批量 = \frac{该零部件全年产量}{共同最优生产批次} = \frac{A_i}{N^*}$$

此外，如果在一条生产线上分批轮番生产几种产品，而且销售合同规定各种产品应每日均衡发货，这时，也可以运用上述方法计算各种产品的共同最优生产批次，进而确定各种产品的经济生产批量。

（二）生产工艺决策

生产工艺是指加工制造产品或零件所使用的机器、设备及加工方法的总称。同一种产品或零件往往可以按不同的生产工艺进行加工。当采用某一生产工艺时，可能固定成本较高，但单位变动成本较低；而采用另一生产工艺时，则可能固定成本较低，但单位变动成本较高。因此，合理采用生产工艺使该产品或零件的总成本最低很重要。

一般而言，生产工艺越先进，其固定成本越高，单位变动成本越低；而生产工艺落后时，其固定成本较低，但单位变动成本较高。在固定成本和单位变动成本的消长变动组合中（体现为单位成本），产量成为最佳的判断标准。这时，只要确定不同生产工艺的成本

业财融合架构

分界点（不同生产工艺总成本相等时的产量点），就可以根据产量确定选择何种生产工艺最为有利。

（三）根据成本分配生产任务的决策

当一种零部件或产品可以由多种设备加工，或由多个车间生产时，在面临多种选择的情况下，根据相对成本或单位变动成本分配生产任务，可以降低生产费用。

1. 根据相对成本分配生产任务。实际工作中，有些零部件可以在不同类型、不同精密度的设备上生产。于是，在更换品种、变更生产计划的情况下，常常会用比较先进、比较大型或比较精密的设备加工技术要求较低或较小的零部件，从而使相同的零部件在不同车间或设备上具有不同的单位成本。

为了保证企业在完成任务的同时降低成本，可以运用相对成本分析方法，将各种零部件的生产任务分配给各个车间或各种设备，从而降低各种零部件的总成本。

所谓相对成本，是指在一种设备上可以加工几种零部件时，以一种零部件的单位成本为基数（一般为1），将其他各种零部件的单位成本逐一与之相比而得到的系数（倍数）。

这样，同一种零部件对于不同的设备就会有不同的相对成本。一般而言，零部件应该交由相对成本较低的设备加工。

2. 根据单位变动成本分配增产任务。在实际工作中，生产同一种产品的各个车间（或分厂）的成本水平是有差异的，当生产任务增加，而各车间的生产能力又有剩余时，就存在如何将增产任务在各车间分配的问题。为了达到使总成本最低的目的，应以单位变动成本作为判断标准，将增产任务分配给单位变动成本最低的车间。

需要强调的是，不应以单位成本作为判断标准，将增产任务分配给单位成本最低的车间。这是因为按全部成本法计算的单位成本中包括各车间的固定成本，作为与决策无关的成本不应予以考虑，否则可能导致错误的决策。

五、定价决策

（一）定价决策的目标及影响因素

1. 定价决策的目标。企业生产经营过程中，盈利是它的总目标，但在不同阶段、不同时期或不同经营环境下，该目标的呈现方式会有所不同，这种不同将直接反映到企业定价决策目标上。具体体现在以下三个方面。

（1）以获取最大利润为定价目标。实现这一定价目标的方法是通过提高产品价格，扩大产品的盈利额,追求利润最大化。以利润为定价目标通常将企业经营目标和销售目标结合起来,原因在于以利润为定价目标的定价过程中,企业需根据利润水平或投资利润率、预计销售量、单位产品成本而推算出单位产品价格。

(2)以提高市场占有率为定价目标。企业以提高市场占有率为定价目标,直接体现为降低产品销售价格。这一举措一方面可使竞争产品进入市场,另一方面可占有其他原有同类产品生产企业的部分市场,达到薄利多销、提高企业总利润的目的。但是这一举措会对企业长期营运目标的实现带来很大的风险性。

(3)以适应或避免竞争为定价目标。企业以适应或避免竞争为定价目标,也就是说企业以安全营运为定价目标,在这一定价目标下,企业在指定产品价格时,为适应或避免竞争,需要广泛收集与竞争者有关的价格方面的资料进行比较。通常企业既不会因成本上升、供给量减少等因素而率先提价,也不会因市场不景气,或为提高产品竞争力和市场占有率而主动降低价格,始终将产品价格维持同类产品的一般水平。

2. 影响产品定价的因素。一般产品价格制定是否适当,往往决定了该产品能否被市场所接受,并直接影响该产品在市场中的竞争地位及市场占有率。一般来讲,影响产品定价的因素主要包括:成本耗费、市场供求状况、产品竞争的激烈程度、科学技术的发展、产品的质量、产品所处的生命周期、消费者的支付能力与心理状态、政策法规等。

(二)产品定价策略

企业在进行产品定价时,既要运用计算分析方法,也要讲究定价策略。企业在定价时常用的定价策略如下。

1. 新产品定价策略。新产品定价策略有两种:撇脂法和渗透法。

(1)撇脂法。撇脂法是指初期投放市场的尚未形成竞争的新产品通过高价销售,以保证初期高额获利,随着市场销售量的提高和市场竞争的加剧而逐渐降价的方法,又叫先高后低策略,该种方法主要着眼于短期利益,是一种短期定价策略。

(2)渗透法。渗透法是指先以较低的价格为新产品开拓市场,争取顾客,赢得竞争优势后再逐步提高价格的方法,又叫先低后高策略。该策略有利于迅速打开市场,能有效排斥竞争者的加入,从长远看,仍可获得可观的盈利,这是一种长期定价策略。

对于那些同类竞争产品差异性较大、能满足较大市场需要、弹性小、不易仿制的新产品最好按撇脂法定价;而对于那些与同类产品差别不大、需求弹性大、易于仿制、市场前景光明的新产品则应考虑按渗透法定价。

2. 系列产品定价策略。系列产品可以是包装规格不同的产品,也可以是配套使用的产品。对于包装规格不同的产品,有些产品小包装销路好,有些产品大包装销路好,在定价时对于销路好的产品可以适当提价。对于成套使用的商品可规定两组价格，即成套价格和单件价格，一般情况下，成套价格应低于单件价格之和，可促成一次成交。

3. 折扣定价策略。折扣定价策略是指在一定条件下，以降低商品的销售价格来刺激购买者，从而扩大商品销售量的定价策略，具体有以下四种方式。

（1）商业折扣。这是一种按购买数量给予相应价格折扣的方法。购买者购买数量越多，折扣越大，其目的在于鼓励购买者大量或集中向本企业购买。

（2）现金折扣。这是一种按购买者付款期限长短所给予相应价格折扣的方法，目的在于鼓励购买者尽早偿还货款，以加速企业资金周转。

（3）季节性折扣。这是一种对购买者在商品淡季购买所给予的价格折扣。这样做，既鼓励了购买者提早采购，减轻了企业的仓储压力，又加速了企业资金周转，充分发挥了企业的生产能力。

（4）交易折扣。这是一种对不同的购买者给予不同折扣的定价策略。根据各类中间商在市场营销中所负担的功能不同，给予不同的折扣。例如，给予批发商折扣较大，给予零售商折扣较小。

4. 分期收款定价策略。分期收款定价策略主要针对价格偏高的耐用消费品进行定价，如汽车、住房等。各期收款的价格中应包括延期付款的利息在内。采用分期收款定价策略，可促进销售，避免产品大量积压。

5. 心理定价策略。心理定价策略主要是零售企业针对顾客消费心理而采取的定价策略，常用的方法主要有以下三种。

（1）尾数定价。消费者购物时，往往偏重于价格的整数部分，而忽视价格的零数。比如定价为9.9元而不定价为10元，虽然只有0.1元之差，但消费者却认为这两种价格差别很大。尾数定价法则利用了消费者的这种心理，采取非整数定价形式，进而激发消费者的购买欲望。这种方法适用于价值较小、销售量大、购买次数多的中低档日用消费品。

（2）声望定价。有名望的商店出售的商品，其价格比一般商店要高；同类商品中，名牌商品要比非名牌商品价格高。这种以商品或商品的声望来定价的方法就是声望定价，如高级手表、高级轿车、名牌套装等的定价。由于声望定价商品的购买者多是以商品能否显示其身份和地位为目的，因而往往采用整数高位定价，以满足消费者的心理需要。

（3）心理折扣定价。心理折扣定价是利用消费者求廉务实的心理特点而采取的降价促销措施，即标明原价后再打折销售。这样会给消费者带来物美价廉的感觉，从而吸引消费者购买商品，这种定价方法对市场接受程度低或销路不好的商品比较有效。

6. 单一价格策略与变动价格策略。在单一价格策略下，卖主对购买相同数量的同一类型顾客，采用同一价格。如有让价、折扣等优惠，也一视同仁，不讨价还价。

运用变动价格策略时，对于购买相同数量的同一类型的顾客，采用不同的价格，一般通过讨价还价成交。卖主可能为争取某一主顾而给予一定的折扣。

7. 综合定价策略。这种策略是指定价时，将有关产品销售的全部因素都包括进去。例如，产品附有额外配件、运送服务及修理服务等，这些都要支付费用。定价时要进行综合研究，决定将哪些因素包括在基本价格之内，以便做好相应的宣传工作，开拓市场。

（三）成本定价决策

成本是企业生产和销售产品所发生的费用总和，是价格的最低经济界限。以成本为基础制定产品价格，不仅能保证生产中的耗费得到补偿，而且能保证企业必要的利润。凡是新产品的价格制定，都可以采用成本为导向的定价决策。

1. 完全成本加成定价法。完全成本加成定价法是指在完全成本的基础上，以预计某种产品的总成本加上一定比例的目标利润来确定销售价格的方法，其定价模型为：

产品单价 = 预计单位全部成本 × (1 + 利润加成率)

完全成本加成定价法是大多数公司所采用的方法。一方面，产品的完全成本会在企业对外报告的资料中呈现，收集信息的成本较低；另一方面，从长期来看，产品或劳务的价格必须补偿全部成本并应获得正常利润。但是，由于完全成本不是以成本习性分类为基础，所以不便于进行本量利分析，很难预测价格和销售量的变化对利润的影响。

2. 边际成本定价法。边际成本是指每增加单位产品销售所增加的总成本，而边际收入则指每增加单位产品销售所增加的总收入。边际收入与边际成本的差额，称为边际利润，表示每增加单位产品销售所增加的利润。当边际成本与边际收入相等或近似相等，边际利润等于零或接近于零时，如果再增加产品销售量，使得边际收入小于边际成本，将不能再为企业提供新增利润，因此，企业利润总额不会增加反而减少。由此可见，这时的价格和销售量，就是最优价格和最优销售量。利用边际成本等于边际收入时利润最大的原理制定产品价格的方法，被称为边际成本定价法。

【例 3 - 13】B 企业销售的甲产品，固定成本为 2800 元，单位变动成本为 6 元。甲产品在不同价格水平时的销售数据如表 3 - 26 所示。

表 3 - 26　　　　　　　　甲产品在不同价格水平时的销售数据

销售量（件）	价格（元）	销售收入（元）
100	100	10000
125	95	11875
150	90	13500

续表

销售量（件）	价格（元）	销售收入（元）
175	85	14875
200	80	16000
225	75	16875
250	70	17500
275	65	17875
300	60	18000
325	55	17875

根据上述资料通过计算，可以得到如下数据，如表3-27所示。

表3-27　　　　　　　　　　边际计算表　　　　　　　　　　单位：元

销售量（件）	价格	销售收入	边际收入	总成本	边际成本	边际利润	利润
100	100	10000		3400			6600
125	95	11875	1875	3550	150	1725	8325
150	90	13500	1625	3700	150	1475	9800
175	85	14875	1375	3850	150	1225	11025
200	80	16000	1125	4000	150	975	12000
225	75	16875	875	4150	150	725	12725
250	70	17500	625	4300	150	475	13200
275	65	17875	375	4450	150	225	13425
300	60	18000	125	4600	150	-25	13400
325	55	17875	-125	4750	150	-275	13125

通过边际计算可知，随着销售量的不断增加，边际收入将逐步下降，甚至出现负数，以致边际利润不断减少。当边际利润为负数时，企业的利润总额就不会是最高的利润额。由此可见，甲产品最优价格应在60元至65元之间。如果把275件至300件的销售量区域进一步进行细分，即可确定最优价格。具体计算结果如表3-28所示。

表3-28　　　　　　　　　　细分区间边际计算表　　　　　　　　　　单位：元

销售量（件）	价格	销售收入	边际收入	总成本	边际成本	边际利润	利润
275	65	17875		4450			13425
280	64	17920	45	4480	30	15	13440
285	63	17955	35	4510	30	5	13445
290	62	17980	25	4540	30	-5	13440
295	61	17995	15	4570	30	-15	13425
300	60	18000	5	4600	30	-25	13400

由表 3-28 可知，当产品销售量是 285 件、价格为 63 元时，边际收入最接近边际成本，此时的利润总额最大，为 13445 元，因此，甲产品每件定价 63 元为最优价格。

（四）以需求为导向的定价决策

以需求为导向的定价方法又称按需定价法，这种方法优先考虑的是消费者对价格的接受程度，企业定价时，应考虑企业的产品销量既要符合社会需要，又能给企业带来最佳效益。

1. 弹性定价法。市场供求关系的变化，是影响企业产品价格的一个重要因素，因此，企业制定价格最需要考虑的因素是需求价格弹性。需求价格弹性，是指需求数量变动率与价格变动率之比，反映价格变动引起需求变动的方向和程度。需求价格弹性的大小取决于产品的需求程度、可替代性和费用占消费者收入的比重等。企业掌握了某种产品的需求价格弹性后，就可以利用需求弹性系数来预测价格变动的最优方向和幅度。其公式为：

$$需求弹性系数 = \frac{需求变动数/基期产品需求量}{价格变动数/基期产品价格}$$

2. 反向定价法。企业可以不以成本为依据，而是在预测市场可接受的限度内，逆向预测和制定批发价格、出厂价格及生产成本，该方法关键在于确定市场可销零售价。其他资料可以根据市场同类商品的有关资料确定，总的原则是根据市场需求，按消费者愿意接受的水平确定。其公式为：

$$单位批发价格 = 市场可销零售价 - 批零差价 = \frac{市场可销零售价}{1 + 批零差价率}$$

$$单位批发价格 = 批发价格 - 进销差价 = \frac{批发价格}{1 + 进销差价率}$$

$$单位批发价格 = 出厂价格 - 利润 - 税金 = \frac{出厂价格 \times (1 - 税率)}{1 + 利润率}$$

反向定价法的关键在于确定市场可销零售价，这需要根据产品的市场需求、消费者的接受意愿、同类产品竞争、产品质量等多种因素综合考虑。该方法以市场需求为定价出发点，力求使价格为消费者所接受，但往往需要进行大量市场调研，明确产品的市场定位和市场需求。该方法适用于需求弹性大、花色品种翻新快的商品价格制定。分销渠道中的批发商和零售商多采用这种定价方法。

（五）非标准产品的合同定价法

企业有时会因客户需要生产一些非标准产品，非标准产品由于没有类似的市场价格参考，通常只能采用在成本的基础上签订合同，协商价格，所以称为合同定价法。依据买卖

双方签订合同的类型一般可分为以下几类:

1. 固定价格合同。经买卖双方协商,在合同中订立双方同意的固定价格作为今后结算的依据,而不考虑实际发生的成本是多少。如果实际生产成本低于合同中签订的结算价格,则卖方获利,相反如果实际生产成本超过了合同签订的价格,则卖方亏损。因此在订立这种合同时,卖方必须对自己生产的产品成本进行可靠的估计。这种定价可以促使卖方努力降低成本。例如,买卖双方在合同中规定以每件产品价格60000元作为今后结算的依据。

2. 成本加成合同。买卖双方在合同中规定成本可在双方同意的合理范围内实报实销,并以实际发生的成本为基础,加上合同规定的成本利润率计算的利润作为今后结算的价格。例如,若卖方制造某产品完工后实报实销成本为10000元,合同规定卖方的成本利润率为20%,则该产品的卖方价格为$10000 \times (1 + 20\%) = 12000$元。由此可见,实际成本越高,卖方获利越高。因此这种定价方法容易造成卖方故意抬高成本,使买方蒙受损失,故此种方法在实际中较少采用。

3. 成本价固定费用合同。成本价固定费用合同即买卖双方在合同中规定价格由实际成本加固定费用组成。成本实报实销,而固定费用则由合同明确规定,与实际成本高低无关。如果实际成本包括卖方生产的全部成本,则固定费用相当于卖方的营业净利润;如果实际成本只包括生产领域中的制造成本,则固定费用相当于卖方的毛利数额。这种方法可以避免卖方抬高成本的缺点,反而能促使卖方努力降低成本。例如,买卖双方在合同中规定,产品的价格为制造某种产品发生的全部制造成本加上固定费用60000元组成。

4. 奖励合同。买卖双方在合同中规定预算成本和固定费用的金额,并约定当实际成本超过预算成本时,可以实报实销,但若实际成本低于预算成本时,节约额则由买卖双方按一定比例共享。这种定价方法可以促使卖方努力降低成本,但是买方必须对预算成本比较熟悉,否则也很容易引起卖方抬高预算成本,以享受不应获得的节约奖励。

第四节

投 资 决 策

这里的投资决策主要是指长期投资决策,相对于经营决策而言,投资决策面对的是长期资产的取得问题,涉及的资金支出数额通常较大甚至巨大,一般还具有风险大、周期长、不可逆转等特征,可以说,长期投资决策的正确与否对企业的生死存亡具有决定性作用。因此,实现业财融合,可以为企业做出正确投资决策提供准确信息和依据,有利于加强企业的经营管理能力,提高经济效益,降低成本,防范投资风险。

一、投资决策的基础

投资决策一般需要在若干个备选方案中进行分析、评价和选择,最终确定最优方案。在具体选择过程中,首先需要对项目各个时点的现金流量做出预测,选择恰当的资本成本,然后依据投资决策指标来对投资方案做出评判。货币的时间价值,资本成本作为投资决策的基础,会使决策者做出不同的选择。

(一)货币时间价值

1. 货币时间价值的概念。货币时间价值,是指货币经过一定时间的投资与再投资后所增加的价值,也称资金时间价值。在市场经济中,今天的1元钱和1年后的1元钱的经济价值是不相等的,或者说经济效用是不同的。例如,将今天的1元钱存入银行,1年后可得到1.10元(假设存款年利率为10%)。这1元钱经过1年时间的投资增加了0.10元,这就是货币的时间价值。货币的时间价值从量的规定性来看,是没有风险和没有通货膨胀条件下的社会平均资金利润率。由于不同时点的单位货币价值不相等,所以,不同时点的货币收入不宜直接进行对比,而是需要把它们换算到相同的时点上,然后才能进行大小对比,并计算比率。由于货币随时间的增长与利息的增值在数值上相似,因此,货币时间价值是评价投资方案的基本标准。只有投资报酬率高于货币时间价值时,该项目才具备财务可行性。

2. 货币时间价值的计算。货币时间价值的计算一般涉及两个概念:第一,现值(P)又称本金,是指资金现在的价值。第二,终值(F)又称本利和,是指资金经过若干时期后,由本金和时间价值构成的未来价值,货币时间价值体现在资金的终值和现值之间的差额。

(1)单利。单利计息是只对初始本金计算利息的一种计息方式。换句话说,就是本金在存款期限满后所获得的利息,不管时间多长,均不加入本金重新计算利息,每期的计息基础始终不变。目前我国银行定期存款采用的计息方就是单利计息法。

①单利终值的计算。

单利终值的计算公式为:

$$F = P \times (1 + i \times n)$$

式中：P——本金，又称期初金额或现值；

　　　i——利率，通常指每年利息与本金之比；

　　　F——本金和利息之和，又称本利和或终值；

　　　n——时间，通常以年为单位。

②单利现值的计算。

在现实生活中，有时需要根据终值来确定其现在的价值，即现值。

单利现值的计算公式为：

$$P = \frac{F}{1 + i \times n}$$

（2）复利。复利计息是对初始本金计息的同时也对此前产生的利息进行计息的一种计息方式。每经过一个计息期，要将所产生的利息加入本金再计利息，逐期滚算，俗称"利滚利"。复利计息的情况下，每期的计息基础是不断变化的。

复利计息法比单利计息法计算过程更复杂、计算难度更大，它不仅考虑了初始资金的时间价值，还考虑了由初始资金产生的时间价值，能更好地反映出资金的时间价值。因此，长期投资决策中货币时间价值的计算，一般采用复利计息法进行计算。

①复利终值。如果在某一特定时点上一次性存入银行一笔资金，经过一段时间后再将该项资金的本利和一次性取出，当时的本金为复利现值，记作P，存款期满后取出的本利和称为该项资金的复利终值，记作F。

在已知现值P、利率i，求n期后的终值F时，复利终值可按下式计算：

$$F = P \times (1 + i)^n$$

其中：$(1+i)^n$被称为复利终值系数或1元的复利终值，用（F/P,i,n）表示。

例如，（F/P,10%,5）表示利率为10%时5期复利终值的系数。为了便于计算，可通过"复利终值系数表"获得相关系数值。

②复利现值。复利现值是指未来一定时间的特定资金按复利计算的现在价值，或者说是为了取得将来一定本利和现在所需要的本金。复利现值可按式（3-2）计算：

$$P = \frac{F}{(1 + i)^n} \tag{3-2}$$

式（3-2）中的$(1+i)^{-n}$是把终值折算成为现值的系数，称为复利现值系数，用符号（P/F,i,t）来表示。例如，（P/F,10%,5）表示利率为10%时5期的复利现值系数，可查复利现值系数表。该表的使用方法与"复利终值系数表"相同。

（3）年金。年金是收付款项的特殊形式，它指在一定时期内每隔相同时间（如一年）就发生相同数额的系列收付款项，也称等额系列款项。例如，分期付款赊购、分期偿还贷款、发放养老金、分期支付工程款、每年相同的销售收入等都属于年金收付形式。年金一般应同时满足两个条件，一是连续性，即在一定期间内每隔一段时间必须发生一次收（付）款业务，形成系列款项，不得中断；二是等额性，即各期发生的款项必须在数额上相等。

年金包括普通年金、先付年金、递延年金和永续年金等多种形式。其中，普通年金应用最为广泛，其他几种年金均可在普通年金的基础上推算出来。因此应着重掌握普通年金的计算。

①普通年金。普通年金是指各期期末收付的年金，又称后付年金。

a. 普通年金终值的计算。从第一年至第t年，每年年末以等额资金投入，到第t年末，年利率i，求这笔等额资金的终值，即年金终值。普通年金终值计算公式为：

$$F = \frac{A \times [(1+i)^n - 1]}{i}$$

式中 $[(1+i)^n - 1]/i$ 是普通年金为1元、利率为i、经过n期的年金终值，记作（F/A,i,n）。

b. 普通年金现值的计算。普通年金现值是指为了在每期期末取得相同金额的款项，现在所需要投入的金额。普通年金现值计算公式为：

$$P = \frac{A \times [1 - (1+i)^{-n}]}{i}$$

式中的 $[1-(1+i)^{-n}]/i$ 是普通年金为1元、利率为i、经过n期的年金现值，记作（P/A,i,n）。可查阅附表"年金现值系数表"。

c. 偿债基金。偿债基金是指为了使年金终值达到既定金额，每年所需要支付的年金数额。

根据普通年金终值的计算公式：

$$F = \frac{A \times [(1+i)^n - 1]}{i}$$

可知：

$$A = F \cdot \frac{i}{(1+i)^n - 1}$$

式中的 $i/[(1+i)^n - 1]$ 是年金终值系数的倒数，称为偿债基金系数，记作（A/F,i,n）。它把年金终值折算成每年需要支付的金额。

d. 投资回收系数。普通年金现值系数的倒数称为投资回收系数，表示每年收回多少现金才能偿还初始投资。

根据普通年金现值的计算公式：

$$P = \frac{A \times [1 - (1+i)^{-n}]}{i} = A \times (P/A, i, n)$$

可知：

$$A = \frac{P}{(P/A, i, n)} = P \times \frac{i}{1 - (1+i)^{-n}}$$

式中的 $i/[1-(1+i)^{-n}]$ 是投资回收系数，记作 $(A/P, i, n)$，其含义为现在投资1元，当利率为 i 时，在今后的 n 期内每期末可得到的投资报酬数（即年金）。

②永续年金。永续年金通常指无限期支付的年金。如优先股，其股利支付是固定的，而且无到期日，所以可以将优先股股利看作是永续年金。

永续年金的计算公式可根据普通年金现值的计算公式求导计算为：

$$P = \frac{A \times [1 - (1+i)^{-n}]}{i}$$

当 n 趋向于 ∞ 时，$(1+i)^{-n}$ 的极限为0，故上式可写为：$P = \frac{A}{i}$

③预付年金。预付年金是指在每期期初支付的年金，又称即付年金或先付年金。

a. 预付年金终值的计算公式为：

$$F = A(1+i) + A \times (1+i)^2 + \cdots + A \times (1+i)^n$$

由于上式为等比数列，根据等比数列的求和公式可知，首项为 $A(1+i)$，公比为 $(1+i)$，其和可表示为：

$$F = \frac{A \times [(1+i)^n - 1]}{i} + A(1+i)^{n+1} - A$$

$$= A\left[\frac{(1+i)^{n+1} - 1}{i} - 1\right]$$

式中的 $\frac{(1+i)^{n+1} - 1}{i} - 1$ 是预付年金终值系数，或称1元的预付年金终值。它和普通年金终值系数相比，期数加1，而系数减1，也可利用"年金终值系数表"查得 $(n+1)$ 期的值，减去1后得到1元预付年金终值。

b. 预付年金现值计算。

预付年金现值的计算公式：

$$P = A + A \times (1+i)^{-1} + A \times (1+i)^{-2} + \cdots + A \times (1+i)^{-(n-1)}$$

式中各项为等比数列，首项是 A，公比是 $(1+i)^{-1}$，根据等比数列求和公式：

$$F = \frac{A \times [1 - (1+i)^n]}{i} + A - A(1+i)^{n+1}$$

$$= A\left[\frac{1 - (1+i)^{-(n-1)}}{i} + 1\right]$$

式中的 $\frac{1-(1+i)^{-(n-1)}}{i}+1$ 是预付年金现值系数，或称 1 元的预付年金现值。它和普通年金现值系数相比，期数要减 1，而系数要加 1，也利用"年金现值系数表"查得（n-1）期的值，然后加 1，得出 1 元的预付年金现值。

④递延年金。递延年金是指在最初若干时期没有收付款项的情况下，后面若干时期等额的系列收付款项。

a. 递延年金终值的计算

递延年金终值计算方法与普通年金终值计算方法相同。计算公式为：

$$F = \frac{A \times [(1+i)^n - 1]}{i}$$

b. 递延年金现值的计算

递延年金现值计算有两种方法。

方法一，是把递延年金先视为 n 期的普通年金，求出递延期 m 期末的现值，然后将该现值作为终值，再折现到 m 期期初。计算公式为：

$$P = A \times \frac{[1-(1+i)^{-n}]}{i} \times \frac{1}{(1+i)^m} = A \times (P/A, i, n) \times (P/F, i, m)$$

方法二，是假设递延期内也发生年金，先求（m+n）期普通年金现值，然后扣除实际上并未支付的递延期 m 期的年金现值，即可求得递延年金的现值。计算公式为：

$$P = A \times \left\{ \frac{[1-(1+i)^{-(n+m)}]}{i} - \frac{[1-(1+i)^{-m}]}{i} \right\}$$

$$= A \times [(P/A, i, n+m) - (P/A, i, m)]$$

（4）名义利率与实际利率。利息率简称利率，是资金的增值同投入资金的价值比，也是衡量资金增值量的基本单位。按债权人取得报酬不同，利率可以分为实际利率和名义利率。当利息在 1 年内要复利几次的时候，给出的年利率称为名义利率。

实际利率与名义利率之间的关系：当计息周期为一年时，名义利率与实际利率相等；计息周期短于一年时，实际利率大于名义利率。

名义利率越大，计息周期越短，实际利率与名义利率差异就越大。

假设在一年中计算利息 m 次，实际利率 i 与名义利率 r 关系式为：

$$1 + i = (1 + r/m)^m$$

名义利率不能完全反映货币时间价值，实际利率才真正反映货币时间价值。

（二）现金流量

1. 现金流量的含义及作用。现金流量是长期投资决策分析中的又一重要因素，对投资项目的效益进行评价分析就是建立在现金流量基础上的,所以,对投资项目各期现金流量的估计是否准确将直接关系到投资方案评价的可靠性。

在业财融合模式下,我们可以借助管理会计的相关理论理解现金流量,现金流量是指由一项长期投资项目引起的,在该项目寿命期内所发生的各项现金流入量与现金流出量的统称。在长期投资决策分析中,通常需要计算的是投资项目寿命期内预计各年发生的净现金流量。净现金流量又称现金净流量,是指项目寿命期内,每年的现金流入量与现金流出量之间的差额,它是计算投资项目决策评价指标的重要依据。其理论计算公式为:

$$NCF_t = CI_t - CO_t \ (t=0,1,2,\cdots,n)$$

式中:NCF_t 为第 t 年的净现金流量;

CI_t 为第 t 年的现金流入量;

CO_t 为第 t 年的现金流出量。

在长期投资决策分析中,通常是用现金流量来评价投资项目的价值。现金流量在评价长期投资项目中的作用:一是有利于正确评价投资项目的经济效益;二是使投资决策更符合客观实际;三是有利于科学应用货币时间价值。

2. 确定现金流量应考虑的因素。在确定现金流量时,不能仅计算投资项目本身的现金流量,必须计算增量现金流量,即接受一个投资项目后整个企业的总现金流量所发生的变动。在确定增量现金流量时,还应该考虑以下的因素。

(1) 对企业其他部门或产品的影响。对企业而言,接受一个投资项目后,该项目可能会对企业的其他部门或产品产生影响,并可能减少现有产品的销售。例如,企业有一个生产新产品的投资项目,这种产品也许会对企业现有产品构成竞争。因而在确定与该新产品投资相关的现金流量时,应该考虑新产品推出后使企业现有产品销售减少的后果。如果销售只是从企业的一种产品转到另一种产品,则实质上没有给企业带来新的现金流量增量。但如果销售是从其他竞争对手那里争夺而来,则会给企业带来相关的现金流量增量。所以,在投资决策分析中,应将企业作为一个整体,通过比较接受新投资项目前后的现金流量变动状况,进而确定新投资项目的现金流量增量。

(2) 营运资金的需求。在正常情况下,当企业实施一项新的投资项目且销售量也因此扩大时,对应收账款和存货等流动资产的需求也会随之增加,同时企业也可能占用供应商的部分资金,如应付账款,导致流动负债也同时增加。营运资金的需求就是指增加的流动资产与增加的流动负债之间的差额。对营运资金的需求应视为新投资项目的现金流出。此外,当投资项目的寿命期结束时,企业将与该项目有关的存货出售且不再补充,而应收账款也可被转为现金,流动负债也随之偿还。由此而收回的营运资金即可作为一项现金流入。

除了增加营运资金外,实施新的投资项目也可能会增加一些费用支出,如新项目发生的筹建费用、生产人员和销售人员的重新培训费用等支出,这些支出应作为该项目的现金流出。

(3) 全投资假设。在评价投资项目和确定现金流量时,要以全投资假设为前提,将投资决策和筹资决策分开。也就是说,应将投资资金全部视为自有资金,即使接受投资项目需要举债来筹集资金,与筹集的资金相关的利息支出及债务本金的偿还不应看作是该项目的现金流量增量。这是因为当使用企业要求的收益率作为折现率对投资项目的现金流量进行折现时,该折现率中已经包含了此项目的融资成本。

在对长期投资项目进行评价时,除了考虑以上因素外,与短期决策一样,也应该考虑投资项目的机会成本,同时要牢记沉没成本不是现金流量增量。

3. 现金流量的估计。一个投资项目的现金流量一般由初始现金流量、营业现金流量和终结现金流量三部分构成。

(1) 初始现金流量。初始现金流量是指投资项目开始投资时所发生的现金流量,一般包括以下部分。

①固定资产投资,一般包括厂房的建造成本、机器设备的购买价格以及运输费用、安装费用等。

②增加的营运资金,一般包括对原材料、在制品、产成品、现金和应收账款等流动资产的垫支。

③其他投资费用,是指与长期投资项目相关的谈判费、注册费等筹建费用以及员工的培训费。

④原有固定资产的出售收入,是指在固定资产更新时,变卖原有旧资产所得的现金收入,属于现金流入量。

(2) 营业现金流量。营业现金流量是指投资项目建成投产后,在其经济寿命期内,由于开展生产经营活动所带来的现金流入量和现金流出量。一般按年度进行计算。营业现金流量一般包括以下三个部分。

①营业收入,是指项目投产后,在其经济寿命期内每年实现的销售收入或业务收入。它是生产经营阶段主要的现金流入量。作为现金流入项目,本应按当期现销收入额与收回前期应收账款的合计数确认。但为了简化计算,可假定正常经营年度内每年发生的赊销额与收回的应收账款大体相等。

②付现成本,是指在项目寿命期内为满足正常生产经营需要而动用现金支付的成本费用。它是生产经营阶段最主要的现金流出量。付现成本通常等于当年的总成本费用扣除该年的折旧费用、无形资产和开办费的摊销额等项目后的差额。这是因为总成本费用中包含

了一部分非现金流出的内容,这些项目大多与固定资产、无形资产和开办费等长期资产的价值转移有关,不需要动用现金支出。

③各项税款,是指项目投产后依法缴纳、单独列示的各项税款,包括消费税、所得税等。新建项目通常只估算所得税。

根据上述内容,有关营业净现金流量的计算公式如下:

各年营业净现金流量(NCF_t) = 该年营业收入 − 该年付现成本 − 该年所得税　　(3−3)

式(3−3)也可简化为:

各年营业净现金流量(NCF_t) = 该年税后净利润 + 该年折旧额 + 该年摊销额　　(3−4)

如果营业现金流出量中不考虑所得税因素,则简化公式(3−4)中的利润应为该年营业利润。

(3)终结现金流量。终结现金流量是指投资项目寿命期结束时所发生的各项现金回收。主要包括以下两部分。

①固定资产最终残值,是指在投资项目寿命期结束时,对固定资产进行报废清理所回收的价值,属于现金流入量。

②收回垫支的流动资金,是指在投资项目寿命期结束时,对不再发生新的替代投资而回收的原垫支的全部流动资金额,也属于现金流入量。

(三)资本成本

企业在评价投资方案时要考虑资本成本,资本成本在企业投资决策中具有重要作用,当采用净现值指标决策时,常以资本成本作为折现率,此时净现值为正,投资项目可行,否则不可行;当以内部收益率指标决策时,资本成本是决定项目取舍的一个重要标准。只有当项目的内部收益率高于资金成本时,项目才可能被接受,否则就必须放弃。

资本成本是指企业为筹措和使用资金必须支付的各种费用,通常会包括资金使用费用和筹资费用两部分。资金使用费是指企业在生产经营、投资过程中因使用资金而付出的代价,例如:向股东支付的股利、向债权人支付的利息等。筹资费用是指企业在筹集资金的过程中支付的费用,如借款手续费,股票、债券需支付的发行费等。不同的资金来源,成本不同,如银行借款筹集资金需要支付利息和借款手续费,发行股票筹集资金要向股东支付股息、发行时向券商、中介机构支付相关发行费用等。在实际经营活动中企业获取长期投资资金的来源不同,因此资本成本也就不同,关于不同来源资本成本的计算本章节不一一介绍,本章节仅以综合资本成本为例,对企业的资本成本的计算进行介绍。

企业的筹资方式往往不是单一的,因此,企业总的资本成本应是各类资本成本的综合,即综合资本成本,也称为加权平均资本成本。综合资本成本是以各类资本在全部资本

中所占的比重为权数,对各类资本成本进行加权平均后得到的,其计算公式如下:

$$K_W = \sum_{j=1}^{n} K_j W_j$$

式中:K_w——综合资本成本;

K_j——第 j 类个别资本成本;

W_j——第 j 类个别资本占全部资本的比重。

在计算综合资本成本时,最关键的问题是如何确定各类资本成本的权数。各类资本成本权数的确定通常有三种方法,即账面价值权数法、市场价值权数法和目标价值权数法。

1. 账面价值权数法。账面价值权数法的主要优点是资料容易取得,但是由于资本的账面价值常常与市场价值差别较大,特别是股票、债券等的市场价格变动较大,如果用账面价值作为权数进行计算,其结果将会与实际有很大的差别。

2. 市场价值权数法。市场价值权数法以股票、债券的市场价格为基础,确认各类资本的权数,用此方法计算出的综合资本成本与实际较为接近。但由于股票、债券的市场价格变动频繁,因此有时也采用它们的市场平均价格作为确认权数的基础。

3. 目标价值权数法。账面价值权数法和市场价值权数法计算基于资本过去或现在的价值,有时为了反映企业将来预期的资本结构,也可以采用股票、债券未来预计的目标市场价值计算权数,这种确定权数的方法就叫作目标价值权数法。不过,这种方法的最大问题是很难客观合理地确定股票、债券的目标价值,因此推广使用就有一定难度。

【例 3-14】B 企业现有长期资本总额 1000 万元,其中长期借款 200 万元,长期债券 250 万元,优先股 150 万元,普通股 300 万元,留存收益 100 万元;各种长期资本成本率分别为 4%,6%,10%,15% 和 16%。试计算该企业综合资本成本率。

第一步,计算各种长期资本的比例:

长期借款资本比例 = $\frac{200}{1000}$ = 0.2

长期债券资本比例 = $\frac{250}{1000}$ = 0.25

优先股资本比例 = $\frac{150}{1000}$ = 0.15

普通股资本比例 = $\frac{300}{1000}$ = 0.3

留存收益资本比例 = $\frac{100}{1000}$ = 0.1

第二步:测算综合资本成本率:

K_W = 4% × 0.2 + 6% × 0.25 + 10% × 0.15 + 15% × 0.3 + 16% × 0.1 = 9.9%

二、长期投资决策的分析方法

长期投资决策分析的方法有很多,大体上可分为静态评价法和动态评价法两类。静态评价法不考虑货币时间价值,通常直接以投资项目的现金流量来计算评价指标并进行决策分析,常见的有回收期法和投资报酬率法。动态评价法是指对投资项目的现金流量按货币时间价值折算到同一时点上以后,再计算评价指标进行决策分析的一类方法,主要有净现值法、现值指数法和内部报酬率法三种方法。

(一) 静态评价法

1. 回收期法。回收期法指的是自投资方案实施至收回初始投入资本所需的时间,即能够使与此方案相关的累计现金流入量等于累计现金流出量的时间。该方法表示收回投资所需要的年限越短,方案越有利。静态回收期通常包括含建设期的投资回收期(PP)和不含建设期的投资回收期(PP′)两种情况。回收期可以分别采用公式法和列表法进行计算。

(1) 公式法。如果项目的投资均集中在建设期内,投产后一定时期内每年经营净现金流量相等,且其合计大于或等于原始投资额,可按以下公式直接求出含建设期的回收期:

$$PP' = \frac{原始投资合计}{投产后前若干年每年相等的净现金流量}$$

$$PP = PP' + 建设期$$

(2) 列表法。当项目各年的净现金流量不符合公式法的条件时,应该采用列表法进行回收期计算。计算时可通过计算"累计净现金流量",来确定含建设期的回收期PP。其公式为:

$$PP = 最后一项为负值的累计净现金流量对应的年数 + \frac{最后一项为负值的累计净现金流量的绝对值}{下一年度净现金流量}$$

【例3-15】A企业某项目的现金净流量如表3-29所示。试计算该项目的投资回收期。

表3-29　　　　　　　　某项目现金净流量表　　　　　　　　单位:万元

年度 项目	0	1	2	3	4	5
NCF_t	-1500	425	425	425	395	895

首先计算该项目的累计现金净流量如表3-30所示。

表 3-30 某项目累计现金净流量表 单位：万元

年度 项目	0	1	2	3	4	5
$\sum NCF_t$	-1500	-1075	-650	-225	170	1065

由表 3-30 可知，该项目的投资回收期在 3-4 年，因此：

$$PP = 3 + \frac{|-225|}{395} = 3.57 \text{（年）}$$

2. 投资报酬率法。投资报酬率（ROI）指的是年平均净利润占总投资的百分比，其公式为：

$$投资报酬率 = \frac{年平均净利润}{总投资额} \times 100\%$$

如果投资项目的投资报酬率大于企业要求的最低收益率或无风险报酬率，则该项目可行，否则，该项目不可行。在多个项目的互斥决策中，项目的投资报酬率越高，说明该项目的投资效果越好，企业应该选择投资报酬率高的项目。

【例 3-16】B 企业拟建一条生产线，有甲、乙两个投资方案，基本情况如表 3-31 所示。假设无风险报酬率为 6%，该企业应如何选择？

表 3-31 甲、乙两个投资方案资料表 单位：万元

年度	项目	甲方案		乙方案	
		投资额	净利润	投资额	净利润
第 1 年		60	2	100	5
第 2 年			5		10
第 3 年			10		12

根据以上资料：

甲方案年平均净利润 = (2 + 5 + 10) ÷ 3 = 5.67（万元）

乙方案年平均净利润 = (5 + 10 + 12) ÷ 3 = 9（万元）

甲方案的投资报酬率 = 5.67 ÷ 60 × 100% = 9.45%

乙方案的投资报酬率 = 9 ÷ 100 × 100% = 9%

由此可知，甲、乙两个方案的投资报酬率都大于 6%，其中甲方案的投资报酬率大于乙方案的投资报酬率。如果该企业采用投资报酬率法进行决策，则应选择甲方案。

（二）动态评价法

与静态投资决策指标不同，动态投资决策指标是在考虑货币时间价值的基础上，对方

案的优劣取舍进行判断,动态评价法主要有净现值法,现值指数法和内部报酬率法。

1. 净现值法。净现值(NPV)指的是在方案的实施运行过程中,按预先设定的贴现率计算的各年净现金流量现值的代数和。

当经营期各年的净现金流量相等时,可运用年金法简化计算 NPV,具体计算可分为以下几种情况。

(1) 全部投资在建设起点一次性投入,建设期为零,投产后各年的净现金流量均相等,则构成普通年金的形式。

净现值 = - 原始投资额 + 投产后各年净现金流量 × 年金现值系数

【例 3-17】B 企业某投资项目需要投资 200 万元引进一条生产线,该生产线有效期为 10 年,采用直线法折旧,期满无残值。计划生产线当年投产,预计每年可获净利润 20 万元。如果该项目行业基准贴现率为 6%,试计算其净现值。

原始投资额 = 200 万元

每年折旧额 = 200 ÷ 10 = 20(万元)

投产后各年相等的净现金流量(NCF_i) = 20 + 20 = 40(万元)

NPV = -200 + 40 × (P/A,6%,10) = -200 + 40 × 7.3601 = 94.40(万元)

(2) 全部投资在建设起点一次性投入,建设期为零,投产后各年的净现金流量均相等,但终点第 n 年有回收额,此时的净现值具体计算如下:

净现值 = - 原始投资额 + 投产后各年现金净流量 × 年金现值系数 + 回收额
　　　　× 复利现值系数

【例 3-18】按【例 3-17】资料,假设该生产线有期末残值 50 万元,其他条件不变,则应如何计算?

原始投资额 = 200 万元

每年折旧额 = (200 - 50) ÷ 10 = 15(万元)

投产后各年相等的现金净流量(NCF_i) = 20 + 15 = 35(万元)

NPV = -200 + 35 × (P/A,6%,10) + 50 × (P/F,6%,10)

　　　= -200 + 35 × 7.3601 + 50 × 0.5584

　　　= 85.52(万元)

(3) 全部投资在建设起点一次性投入,建设期为 s,投产后各年的净现金流量(NCF_t,t = s+1,s+2,…,n)均相等,此时的净现值具体计算如下:

净现值 = - 原始投资额 + 投产后各年净现金流量 × [(P/A,i,n) - (P/A,i,s)]

【例 3-19】按【例 3-17】资料,假设建设期为 1 年,其他条件不变,应如何计算?

NPV = -200 + 40 × [(P/A,6%,11) - (P/A,6%,1)] = 77.74(万元)

(4) 全部投资在建设期内分次投入,建设期为 s,投产后各年的净现金流量(NCF$_t$,t = s + 1, s + 2, …, n)均相等,此时的净现值具体计算如下:

净现值 = - ∑ 原始投资额 × (P/F, i, s) + 投产后各年净现金流量 × [(P/A, i, n) - (P/A, i, s)]

【例 3 - 20】按【例 3 - 17】资料,假设建设期为 1 年,第一年年初、年末各投资 100 万元,其他条件不变,应如何计算?

NPV = -100 - 100 × (P/F, 6%, 1) + 40 × [(P/A, 6%, 11) - (P/A, 6%, 1)]

= -100 - 100 × 0.9434 + 40 × (7.8869 - 0.9434)

= 83.4(万元)

采用净现值法进行长期投资决策时,决策规则为:当单一投资项目的净现值大于或等于零时,该项目具有财务上的可行性,可以进行投资。否则,会损害企业价值,不宜进行投资。当在投资额相同且净现值均大于零的多个项目中进行最优项目的选择时,应优先选择净现值大的方案。

2. 盈利指数法。盈利指数法(PI)是指在方案的实施运行过程中,按预定贴现率折算的各年净现金流量的现值合计与原始投资的现值合计,其又称为获利指数,或现值指数法。其公式为:

$$现值指数 = \frac{\sum_{t=S+1}^{n} \frac{NCF_t}{(1+i)^t}}{\left| \sum_{t=0}^{n} \frac{NCF_t}{(1+i)^t} \right|}$$

盈利指数的经济意义是指每 1 元投资在未来获得的现金流入量的现值数与投资额的净现值之比。

【例 3 - 21】B 企业某投资项目的建设期为 1 年,经营期为 5 年,其净现金流量如表 3 - 32 所示,贴现率为 10%,试计算该项目盈利指数,并作出评价。

表 3 - 32   某投资项目净现金流量表   单位:万元

项目\年度	0	1	2	3	4	5	6
NCF$_t$	-100	-60	70	70	70	70	70

根据表 3 - 32 资料,该项目的盈利指数为:

$$PI = \frac{70 \times (P/A, 10\%, 5) \times (P/F, 10\%, 1)}{100 + 60 \times (P/F, 10\%, 1)} = \frac{70 \times 3.791 \times 0.909}{100 + 60 \times 0.909} = 1.561$$

由此可见，该项目的盈利指数大于1，该项目可行。

采用盈利指数法进行长期投资决策时，决策规则为：对单一投资项目而言，如果该项目的盈利指数大于或等于1，该项目具备财务可行性，可以接受；在对多个已具备财务可行性的投资项目进行评判和选择时，盈利指数大的方案更具投资价值。

3. 内部报酬率法。内部报酬率法（IRR）反映的是方案本身实际达到的报酬率，又称为内含报酬率或内部收益率。它是在方案的实施过程中，当所有现金净流入年份的现值之和与所有现金净流出年份的现值之和相等时方案的报酬率，即能够使项目的净现值为零时的报酬率。其公式为：

$$\sum_{t=0}^{n} \frac{NCF_t}{(1+r)^t} = 0$$

式中，NCF_t为第t年的现金净流量；r为内部报酬率；n为项目计算期。

根据投资方案净现金流量的不同情况，内部报酬率的求解方法如下。

（1）如果投资方案各年的现金流量相等，同时原始投资于建设起点一次性投入，可用年金计算方法。

第一步：计算年金现值系数

$$年金现值系数 = \frac{原始投资额}{NCF}$$

第二步：查年金现值系数，在相同的期数内，找出与上述系数相邻的两个临界系数值。

第三步：根据上述两个系数和已求得的年金现值系数，采用插值法计算出该方案的内部报酬率。

（2）如果投资方案各年的现金流量（NCF）不同，则用逐步测试法求解。其具体步骤是：先设一个贴现率，计算其净现值，如果净现值为零，所设的贴现率就是项目的内部报酬率，测试结束。如果净现值为正，则提高贴现率再测试；如果净现值为负，则降低贴现率再测试。经过反复测试，直到找到两个净现值接近于零的贴现率，再用插值法计算其精确的内部报酬率。

【例3-22】B企业准备购入一台设备，现有甲、乙两个方案以供选择。甲方案需投资200万元，使用寿命为5年，采用直线法提折旧，5年后设备无残值。5年中每年的销售收入为120万元，每年的付现成本为60万元。乙方案需投资240万元，同样采用直线法提折旧，使用寿命也为5年，5年后有残值收入40万元。5年中每年的销售收入为160万元，付现成本前3年为60万元，后2年为68万元，另需垫支营运资金60万元。假设所得税率为25%，方案建设期为0。试计算两个方案的内部报酬率。

(1) 计算甲、乙两方案各年的折旧额。

甲方案每年折旧额 = 200÷5 = 40（万元）

乙方案每年折旧额 = (240-40)÷5 = 40（万元）

(2) 计算甲乙两方案各年 NCF。

甲方案各年 NCF

NCF_0 = -200 万元

NCF_{1-5} = (120-60-40)×(1-25%)+40 = 55（万元）

乙方案各年 NCF

NCF_0 = -(240+60) = -300（万元）

NCF_{1-3} = (160-60-40)×(1-25%)+40 = 85（万元）

NCF_4 = (160-68-40)×(1-25%)+40 = 79（万元）

NCF_5 = (160-68-40)×(1-25%)+40+40+60 = 179（万元）

由于甲方案每年的 NCF, 原始投资等于建设起点投入。因此, 可用其内部报酬率为：

-200+55×(P/A,r,5) = 0

年金现值系数 (P/A,r,5) = 200÷55 = 3.6364

查年金现值系数, 与 3.6364 相邻的年金现值系数在 10%—12%, 用插值法可得：

贴现率	年金现值系数
10%	3.7908
r	3.6364
12%	3.6048

$$\frac{r-10\%}{12\%-10\%} = \frac{3.6364-3.7908}{3.6048-3.7908}$$

由此可得甲方案的内部报酬率 r = 11.66%

乙方案的每年 NCF 不相等, 因此, 需要逐次进行测算。

NPV = -300+85×(P/A,r,3)+79×(P/F,r,4)+179×(P/F,r,5)

第一次测试, 设 r = 12%

查表可知 NPV = 55.85（万元）

第二次测试, 设 r = 16%

查表可知 NPV = 19.77（万元）

由于本次测试结果 NPV > 0, 下次测试时应继续提高折现率。

第三次测试, 设 r = 20%

查表可知 NPV = －10.91（万元）

本次测试结果 NPV＜0，虽然折现率 16% 使 NPV 大于 0。折现率 20% 使 NPV 小于 0，但是还是没有用找到最接近 0 的折现率，如果此时进行插值法计算，结果将不够精准。因此，需要继续进行测试。

第四次测试，设 r = 18%

查表可知 NPV = 3.80 万元

经测试，乙方案的内部报酬率应在 18%—20%，用插值法计算可得：

贴现率	净现值
18%	3.80
R	0
20%	－10.91

$$\frac{r-18\%}{20\%-18\%}=\frac{0-3.80}{-10.91-3.80}$$

由此可得乙方案的内部报酬率 r = 18.5%。

内部报酬率的计算比较复杂，通常采用逐步测算法，经过多次运算才能求得其近似值。

采用内部报酬率法进行长期投资决策时，决策规则为：进行单一方案的投资决策时，一般认为，如果该方案的内部报酬率大于或等于预期的投资报酬率或资本成本，则该项目具备财务可行性，可以考虑投资该方案。

在多个已经具备财务可行性的投资方案中选择最优的方案进行投资时，内部报酬率最高的方案能够为企业带来更高的报酬率，更具有投资价值。

三、投资决策中的敏感性分析

敏感性分析是决策分析中常用的技术方法。它主要研究与决策相关的某个或某些因素发生变动对预期结果的影响。长期投资决策中的敏感性分析主要研究的是长期投资决策的影响因素发生变动时，对长期投资方案可行性的影响。

运用前面的各种决策分析方法进行分析，可以确定一些可行方案或较优方案。但是，决策分析的这种判断其实是建立在一定的假设条件基础上的。即企业假定未来的现金流量、固定资产的使用年限等因素，将如企业预计的那样成为现实。然而一个长期投资方案的可行性受到许多因素的影响，这些因素并不像企业想象的那样固定不变。它们的变动无疑会对决策分析结果产生影响。如果某项因素在很小幅度内发生变动并对决策结果产生影响，则表明该因素的敏感性强；如果某项因素在较大幅度内发生变动才会对决策结果产生影响，则表明该因素的敏感性弱。长期投资决策中的敏感性分析，主要研究以下两方面的问题。

（一）净现金流量或固定资产使用年限变动对净现值的影响

通过敏感性分析，可以揭示出不影响原投资方案可行性的净现金流量或固定资产使用年限的变动幅度。如果净现金流量或固定资产使用年限变动超过了这个幅度，原投资方案就会变得不再可行。掌握这个变动幅度，企业可以加强净现金流量、固定资产管理及控制的预见性和针对性，有利于提高经济效益。

【例3-23】① 假定B企业将投资甲项目，该项目的总投资额为150000元，建成后预计可使用5年，每年可收回的净现金流入量为40000元，折现率为10%。

该方案的净现值，如果按折现率10%计算：

净现值 = $40000 \times (P/A, 10\%, 6) - 150000 = 1632$（元）

由此可见，净现值大于0，说明该方案的投资报酬率大于预定的贴现率，该方案可行。但是，如果方案的年净现金流入量或使用年限发生变化，方案的可行性就将随之发生变化。敏感性分析就是要解决这两个因素可以在多大的范围内变化，而该方案的投资报酬率仍然大于预定贴现率10%的问题。

1. 年现金流入量的下限，假定使用年限认为5年，每年净现金流入量的下限就是使该方案的净现值为0时的年净现金流入量，即：

年净现金流入量下限 = $\dfrac{150000}{(P/A, 10\%, 6)} = \dfrac{150000}{4.3553} = 34440.80$（元）

由此可见，在使用年限不变的情况下，年净现金流入量下降34440.80元时，方案仍然可行，但如果年净现金流入量小于34440.80元，方案的净现值就将小于0，方案便不可行。

2. 方案有效使用年限的下限。假定方案在有效使用年限的年净现金流入量不变，仍然保持在40000元的水平，有效使用年限的下限即使该方案的净现值为0时的有效使用年限，即当 $40000 \times (P/A, 10\%, n) - 150000 = 0$ 时：

$(P/A, 10\%, n) = \dfrac{150000}{40000} = 3.75$

---

① 参考于马元驹，李百兴. 管理会计学模拟实验教程（第三版）. 北京：人民大学出版社，2016.

查表可得：n=4 时，(P/A,10%,n)=3.1699；n=5 时，(P/A,10%,n)=3.7908。可见有效使用年限的下限在 4—5 年。

用内插法可得，有效使用年限的下限 n 为：

$$n = 4 + \frac{3.75 - 3.1699}{3.7908 - 3.1699} = 4 + 0.94 = 4.94 \text{（年）}$$

可见，在年净现金流入量不变的情况下，有效使用年限下降至 4.94 年时，方案仍然可行；但如果有效使用年限少于 4.94 年，方案的净现值就将小于零，方案便不可行。

从上述计算可知，这两个因素都可影响方案的净现值，但它们的影响程度无法通过上述计算得知。能够反映影响程度的指标是敏感系数。

下面将以敏感系数分析方法来进行以内含报酬率为基础的敏感性分析。

(二) 内含报酬率变动对净现金流量或固定资产使用年限的影响

如果一个投资方案的内含报酬率变动，可以观察它将对其净现金流量或固定资产使用年限产生的影响。

【例 3-23】中方案的内含报酬率为：

$$40000 \times (P/A, i, 6) - 150000 = 3.75$$

$$(P/A, i, 6) = \frac{150000}{40000} = 3.75$$

查年金现值系数表可知，方案的内含报酬率在 14%—16%。

但是内含报酬率为 14% 时，(P/A,14%,6)=3.8887；内含报酬率为 16% 时，(P/A,16%,6)=3.6847。

采用内插法计算，内含报酬率 i 为：

$$i = 14\% + \frac{(16\% - 14\%) \times (3.8887 - 3.75)}{3.8887 - 3.6847} = 14\% + 1.36\% = 15.36\%$$

年净现金流入量和有效使用年限对内含报酬率的影响程度可以用敏感系数表示，敏感系数是目标值的变动百分比与变量值的变动百分比的比值，其公式为：

$$\text{敏感系数} = \frac{\text{目标值变动百分比}}{\text{变量值变动百分比}}$$

敏感系数越大，表明该变量对目标值的影响越大，该变量因素为敏感因素；反之则相反。

上例中，年净现金流入量对内含报酬率的敏感系数为：

$$\text{敏感系数} = \frac{(15.36\% - 10\%)/15.36\%}{(40000 - 34440.80)/40000} = 2.51$$

有效使用年限对内含报酬率的敏感系数为：

$$敏感系数 = \frac{(15.36\% - 10\%)/15.36\%}{(6 - 4.94)/6} = 1.98$$

由此可见，年净现金流入量的敏感系数比有效使用年限的敏感系数大，说明年净现金流入量对内含报酬率的影响比有效使用年限大。从百分比来看内含报酬率以 2.51 倍的速率随净现金流入量变化，而以 1.98 倍的速率随有效使用年限变化。但是由于它们的敏感系数都大于 1，因此都属于敏感因素。

此外，当内含报酬率降低至 5.36%（即 15.36% - 10%）时，会使年净现金流入量减少 5559.2 元（40000 - 34440.80），而使有效使用年限减少 1.06 年（6 - 4.94）。

总之，敏感性分析有助于企业管理者更可靠地作出决策，更主动地实施防范措施，减少失误和损失。

四、投资决策中的风险分析

项目投资涉及的时间越长，其未来现金流入和现金流出越具有不确定性，很难准确预测，因此项目投资具有很大的风险。上述的投资评价方法并未考虑项目的投资风险，因此在投资评估时，也应将风险因素考虑其中，可以利用风险条件下相应的一些投资评估方法进行评估，风险条件下的投资评估方法有很多，这里主要介绍两种方法：风险调整贴现率法和风险调整现金流量法。

（一）风险调整贴现率法

风险调整贴现率法是指按照特定投资项目风险的大小来调整贴现率，并根据风险调整贴现率来进行投资项目评价的决策分析方法。项目投资风险越大，贴现率越高，未来净现金流量的贴现值就越低。如果根据风险调整贴现率计算投资项目的净现值小于零，则该投资项目不可行。确定风险调整贴现率主要有两种方法：资本资产定价模型和风险收益率模型。

1. 资本资产定价模型（CAPM）。资本资产定价模型（CAPM）认为，在一个高度发达的资本市场，任何投资视为购买某种证券的行为，证券价值（价格）的波动是投资者承担的风险。这一模型的主要特点，是将资产的预期收益率与 β 系数的风险值相关联。

其公式为：$K_i = K_{rf} + \beta_i(K_m - K_{rf})$

式中：K_i——项目 i 的风险调整贴现率或项目的必要收益率；

K_{rf}——无风险报酬率；

β_i——项目 i 的不可分散风险比值;

K_m——所有项目的平均贴现率或平均必要收益率。

资本资产定价模型反映了一个特定资产的风险与预期收益率的关系。公式右边的第一项表示投资的机会成本补偿,用无风险报酬率表示,第二项表示投资的风险补偿,用对于市场风险溢价调整以后的数据表示。

【例 3-24】 A 企业某项目的 β 系数为 1.20,无风险报酬率为 8%,市场平均收益率为 14%。根据资本资产定价模型,试计算出该项目资金成本。

该项目资金成本为:$K_i = 8\% + 1.2 \times (14\% - 8\%) = 15.2\%$

2. 风险收益率模型。项目投资贴现率的风险调整主要是确定无风险收益率和风险收益率,经风险调整后贴现率应该等于无风险收益率加上风险收益率,即:

$$K_i = K_{rf} + \theta$$

式中:K_i——项目 i 的风险调整贴现率或项目的必要收益率;

K_{rf}——无风险收益率;

θ——项目 i 的风险收益率。

在确定项目的风险收益率时通常要考虑以下三个因素。

(1) 投资决策层对项目本身风险的认识。如决策层对项目本身出现各种结果的概率估计,以及每种结果的预期现金流量等。

(2) 投资决策层的风险偏好。如果决策层喜欢做高风险的投资,则风险收益率的估计就会偏低。相反,如果决策层厌恶风险投资,则风险收益率的估计就会偏高。

(3) 企业承受风险的能力。如果企业能够承受高风险,则对风险收益率的估计就会偏低;反之如果企业承受风险的能力很差,则对风险收益率的估计就会偏高。

(二) 风险调整现金流量法

风险调整现金流量法,是指先对投资项目进行风险分析,然后将投资项目各年不确定的现金流量按照一定的系数(通常称为约当系数),将未来不确定的现金流量调整为确定的现金流量。然后据此对投资决策方案的可行性与优劣进行评价。

约当系数是可确定的现金流量与同期不确定期望现金流量的比值,用 α 表示,当现金流量确定时,可取 $\alpha = 1.00$;当现金流量的风险很小时,可取 $0.80 \leq \alpha < 1.00$;当现金流量的风险一般时,可取 $0.40 \leq \alpha < 0.80$;当现金流量的风险很大时,可取 $0 < \alpha < 0.40$。

风险调整现金流量等于投资项目期望的现金流量与约当系数的乘积。确定了投资项目的风险调整现金流量后,用无风险报酬率进行贴现求得净现值,进而评价项目的可行性。

本章参考文献

[1] 崔歆悦. 业财融合下蒙牛集团管理会计转型实践分析及启示 [J]. 现代商贸工业, 2021, 42 (06): 105-106.

[2] 王琼. 信息化时代业财融合模式下管理会计探讨 [J]. 中国市场, 2020 (32): 134-135, 138.

[3] 丁宁. 企业战略管理（第4版）[M]. 北京: 北京交通大学出版社, 2019.

[4] 孙茂竹, 张玉周. 管理会计（微课版）[M]. 北京: 人民邮电出版社, 2019.

[5] 孙茂竹, 支晓强, 戴璐. 管理会计学（第8版）[M]. 北京: 中国人民大学出版社, 2018.

[6] 赵贺春, 于国旺, 洪峰. 管理会计 [M]. 北京: 清华大学出版社, 2017.

[7] 王吉凤, 程腊梅, 王忠. 财务管理 [M]. 北京: 清华大学出版社, 2016.

[8] 舒辉. 企业战略管理（第2版）[M]. 北京: 人民邮电出版社, 2016.

[9] 马元驹, 李百兴. 管理会计学模拟实验教程（第三版）[M]. 北京: 人民大学出版社, 2016.

[10] 王满, 耿云江. 管理会计 [M]. 北京: 人民邮电出版社, 2016.

[11] 于永梅, 孙俊尧. 管理会计 [M]. 北京: 中国铁道出版社, 2015.

[12] 曹慧民. 管理会计（新编）（第三版）[M]. 上海: 立信出版社, 2013.

[13] 王积田, 温薇. 财务管理 [M]. 北京: 人民邮电出版社, 2012.

[14] 袁建国, 周丽媛. 财务管理（第三版）[M]. 大连: 东北财经大学出版社, 2008.

[15] 刘志远. 管理会计 [M]. 北京: 北京大学出版社, 2007.

第四章　业财融合生产控制系统

业财融合以财务手段为基础，以市场需求为基准，借助信息化手段结合企业内外部市场环境对业务进行生产、销售等的管控。本章主要围绕业财融合中采购、仓储以及制造等业务流程控制展开分析。生产控制包括生产业务控制、生产成本控制、生产费用控制和存货控制。生产活动是企业开展制造业务的起点。

第一节　生产业务控制

业财融合要求业务管理与财务管理二者相辅相成，融为一体。在生产流程中，需要对采购业务、仓储业务和制造业务等活动进行合理规划，为后期财务决算提供基础。

一、采购业务

采购业务是指企业为保证生产及经营活动的正常开展，从市场获取产品或服务作为企业资源的一项经济活动。

购买与采购虽然词义相近，但还是有差别的。购买通常是指需求的主体，用自身的劳动收益，通过货币交换，获取衣、食、住、行、用等生活资料。采购是指需求的主体，从众多的备选客体中，有选择地通过合同方式，有偿取得所需要的物资、工程或服务。不难看出，采购有两层含义：一层是"采"，就是要有选择；二层是"购"，就是通过商品交易的手段，将选中对象的所有权从其所有者手中，转移到自己手中。采购有更大的社会意义，采购主体、客体等都与购买不同。

（一） 制订采购计划

1. 采购计划的定义。采购计划是指企业管理人员在了解市场供求情况，认识企业生产经营活动过程和掌握物料消耗规律的基础上，对计划期内物料采购控制活动所做的预见性的安排和部署。采购计划根据生产部门或其他使用部门的计划制订，包括采购物料、采购数量、需求日期等内容的计划表格。采购是企业经营环节中的一个基础环节，对整个公司的经营活动起着至关重要的作用。制订采购计划是采购作业的第一步[①]。

采购计划为企业组织采购提供依据。通过制订计划，一方面有利于资源的合理配置，取得最佳的经济效益；另一方面起到规避风险，减少损失的目的。采购计划属于生产计划中的一部分，也是公司年度计划与目标的一部分，所以一旦制订不能随意改变。但随着经营要素的调整和经营战略等内部条件发生改变，以及由于政治、经济环境、目标顾客群、供货源等外部环境出现变化，采购计划也需要做出调整。

2. 采购计划的内容和目标。

（1） 采购计划的内容。采购计划主要包括：采购对象（货物、工程或服务）、采购规模（数量）、采购预算、采购方式、采购周期（包括时间、进度表）、采购文件等。

（2） 采购计划的目标。采购控制的总目标是确保企业生产经营中的物资供应，具体包括以下四点：

①确保供应物资的质量。质量是产品的生命。唯有质量合格的原材料、外协件，才能生产出合格的产品。如果原材料、外协件不合格，入库前作退货处理，将造成采购过程中的人力、财力的浪费；如果制造出成品推向市场后，因质量问题造成退货，会进一步增加生产过程中各种资源的浪费。

②确保供应物资的供货时间。企业为加速资金周转，减少资金占用时间，大大缩短备料的提前期。通常根据市场的需求组织生产，安排原材料供应，对于到货准时性的要求越来越高。时间上的延误将影响企业的生产经营，产生不利的经济后果。

③确保供应物资的数量。一方面企业生产经营需要准备生产所需要的原材料、产成品，另一方面要注意控制成本，所以这种准备既不能过多，也不能过少，应维持适当的水平。

④采购应实现合理的价格。采购价格是影响采购成本的重要因素。因此，能以适当的价格完成采购任务，是采购控制的主要目标之一。

---

① 李恒兴，鲍钰主编. 采购管理 [M]. 北京：北京理工大学出版社，2018.

（二）采购流程

主要介绍采购流程步骤，采购组织和采购决策。

1. 采购的流程。采购的流程大体上分为9步，依次为用料部门上报材料需求、汇总申报单形成采购计划、选择供应商、采购谈判、签订合同、货物运输、验收入库、货款支付、购后评价。

（1）用料部门上报材料需求。用料单须有用料的详细说明，如物料的名称、规格、型号、数量、交货日期及其他特殊要求。

（2）汇总申报单形成采购计划。采购部门对申报采购的物料，根据需要，汇总平衡后，做出采购决策，包括品种决策、数量决策、批量决策、时间决策、采购方式决策，最后形成采购计划。

（3）选择供应商。供应商选择是采购的基本环节，优秀的供应商群体是采购目标实现的基础。要通过供应商的调查、供应商的审核认证、供应商的考核，选择优秀的供应商作为合作伙伴。

（4）采购谈判。无论采取何种采购方式，都离不开与供应商的谈判。谈判要坚持正确的原则，要讲究谈判策略，大宗货物的采购谈判要由有经验的谈判者承担。谈判关乎采购的全局，不可有任何闪失。

（5）签订合同。谈判的成果、供需双方的权利义务及所达成的其他共识，要通过合同的形式确立下来，以提供法律上的保障。

（6）货物的运输。货物的运输通常由供应商组织，有时由采购方自行组织。在采购方自行组织的情况下，有多种运输方式可供选择，究竟选择何种运输方式，要依据货物的性质、运费的高低、时间的急缓、货损的大小、运输的安全等进行综合考虑，做出正确决策。

（7）货物验收入库。货物验收入库是采购业务操作的最后一个环节，也是一个关键性环节。验收包括品种、规格、质量、数量等方面。对验收中发现的问题要依照规定妥善处理。不合格品不得入库，更不能进入生产过程。否则，不仅造成人力、财力资源的巨大浪费，一旦生产成品进入市场，还会损害消费者的利益，有损企业的形象，不利企业的长远发展。

（8）货款的支付。货物检查合格入库后，必须按合同的规定及时支付货款。货款结算的方式有支票、汇票、本票、异地托收承付、委托银行收款和信用卡支付等多种。市场经济要讲究诚信，不讲诚信的企业，必将被市场淘汰。

（9）购后评价。购后评价有两方面内容：一方面是对采购绩效做总结，发扬优点，克服不足，进一步提高采购质量；另一方面是对采购人员的表现做总结，表扬先进，找出差距，做好今后工作。

2. 采购组织。采购组织是指为了完成企业的采购任务，保证生产经营活动顺利进行，由采购人员按照一定的规则，组建的一种采购团队。采购组织的结构和职责设计直接影响企业的采购效率、成本、质量和风险。

（1）采购组织的功能。

①凝聚功能。凝聚功能，是采购组织凝聚力的表现。凝聚力来自于目标的科学性与可行性。采购组织要发挥其凝聚功能，就必须明确采购目标及任务；建立良好的人际关系与群体意识；发挥采购组织中领导的导向作用。

②协调功能。协调功能，是指正确处理采购组织中复杂的分工协作关系。这种协作功能主要包括以下两方面：协调组织内部的纵向、横向关系，使之密切协作，和谐一致；协调组织与环境关系，采购组织能够依据采购环境的变化，调整采购策略，以提高对市场环境变化的适应能力和应变能力。

③制约功能。制约功能主要表现在：采购组织是由一定的采购人员构成的，每一成员承担着相应的职能，同时，也有相应的权利、义务和责任。通过这种权利、义务和责任组成的结构系统，对组织内每一个成员的行为起到制约作用。

④激励功能。激励功能，是指在一个有效的采购组织中，创造一种良好的环境，充分激励每一个采购人员的积极性、创造性和主动性。采购组织应高度重视采购人员在采购中的作用，通过物质和精神的激励，使其才能得到最大限度的发挥，以提高采购组织的工作效率，确保采购任务的完成。

（2）采购组织的类型。采购组织的基本类型有分权式采购组织、集权式采购组织、混合式采购组织和跨职能型采购小组。

①分权式采购组织。分权式采购组织属于平行式管理组织。物料采购作业，采用分散平行的体系。企业把与采购相关的职责与工作分别授予不同的部门来执行。

②集权式采购组织。集权式采购组织是指对所有生产或经营的物料、商品进行集中采购与供应，即将采购相关的职责或工作集中授予一个部门来执行。

③混合式采购组织。混合式采购组织吸收了集权式采购和分权式采购的优点，一个健全的采购组织应该是决策集中，执行分散，集权与分权协调运用，最终在集权与分权的采购中建立一种有效的平衡。

④跨职能型采购小组。跨职能采购小组较为新颖，此种采购组织的构建与赋予它的职能有直接的关系。

3. 采购决策。

（1）采购决策。采购决策是指根据企业经营目标的要求，提出各种可行方案，对方案进行评价和比较，按照满意性原则，对可行方案进行抉择并加以实施和执行的管理过程。

业财融合架构

采购决策是企业决策中的重要组成部分,它具有以下特点:

①预测性。是指对未来的采购工作做出推测,并且应建立在对市场预测的基础之上。

②目的性。是指任何采购决策的目的都是为了达到一定的采购目标。

③可行性。是指被选择的决策方案应是企业切实可行的,否则就会失去决策的意义。

④评价性。是指通过对各种可行方案进行分析评价,选择满意方案。

(2)采购方法与数量。

①定期订货法。指按预先确定的订货间隔期进行采购补充库存的一种方式。这是从时间上控制采购周期,从而达到控制库存量的目的。适用于:消费金额高,需要实施严格管理的重要物品;根据市场的状况和经营方针,需要经常调整生产或采购数量的物品;需求量变动幅度大,而且变动量有周期性,可以对需求量做出正确判断的物品;建筑工程原材料、出口产品原材料等可以确定的物品;设计变更风险大的物品;多种商品采购可以节省费用的情况;同一品种物品分散保管,同一品种向多家供货商订购,批量订购分期入库等订购、保管、入库不规则的物品;需要定期制造的物品等。

定期订货间隔区间的确定,减少了库存登记费用和盘点次数和工作量,提高了效率;多种货物可同时采购,降低订单处理成本及运输成本;库存管理的计划性强,有利于工作计划的安排,实行计划管理。

定期订货法缺点在于遇有突发性大量需求,易造成缺货。因此,需设定较高的库存水平;订货的批量不固定,无法制定出经济订货批量,因而运营成本较高,经济性较差。该方法只适用于在库存管理 ABC 分类法中的 A 类物资,即重点物资的库存控制。

②定量订货法。指当库存量下降到预定的最低库存数量(采购点)时,按规定数量进行补充采购的一种方式。定量订货法适用于以下各种物品的采购:单价比较便宜,而且不便于少量订购的物品;需求预测比较困难的物品;品种数量多,库存管理事务量大的物品;消耗量计算复杂的物品;通用性强、需求总量比较稳定的物品等。

定量订货法的优点:管理简便,订购时间与订购量均不受人为影响,库存管理准确性高;订购量一定,便于安排作业,节约理货费用;便于按照经济订购批量订购,节约库存成本,提高经济效益。

定量订货法的缺点:需要严格控制订货点库存,随时掌握库存动态,因此需要耗费大量的人力物力;订货时间不能预先确定,不易于后续工作安排;受单一品种订货的限制。

二、仓储业务

仓储物流是制造型业财融合必须重视的一个环节。入库、在库与出库作业都要符合规范的流程,做到取用方便,使财务工作也得以顺利开展。通过业财融合能够大大提高仓储工作及财务工作的效率。在具体的仓储业务实施过程中,重点需要仓储工作人员的配合,他们除了要懂得仓储业务的知识外,还必须懂得财务知识,以便与同样具备仓储知识的财务人员配合工作。

(一) 仓储业务的含义

1. 仓储的定义。仓储是商品流通的重要环节之一,也是物流活动的重要支柱。"仓"称为仓库,是存放物品的建筑物和场地,具有存放和保护物品的功能。"储"表示收存以备使用,具有收存、保管、交付使用的意思。"仓储"就是利用仓库存放、储存未即时使用或将使用物品的行为[①]。概括说来,仓储就是在特定的场所储存物品的行为。

仓储承担储存功能、保管功能、加工功能、整合功能、分类和转运功能、支持企业市场形象的功能、市场信息的传感器、提供信用的保证、现货交易的场所[②]。

2. 仓储业务的含义。仓储业务需要对仓库及仓库内的物资进行管理,是仓储机构为了充分利用所具有的仓储资源提供高效的仓储服务所进行的计划、组织、控制和协调过程。其基本任务就是满足客户的需求,科学合理地做好物品的入库、保管保养和出库等工作,为客户创造价值,为企业创造利润。

(二) 仓储业务的主要内容

1. 入库作业。

(1) 入库作业的定义。入库作业是指仓储部门按照存货方的要求合理组织人力、物力等资源,按照入库作业程序,认真履行入库作业各环节的职责,及时完成入库任务的工作过程。入库作业也叫收货作业,它是仓储业务的开始,也是基础环节。

(2) 入库作业的流程。商品入库作业的整个过程包括入库前准备、商品接运、商品入库验收、办理入库交接手续等一系列业务活动。

①入库前准备。入库前准备包括编制仓库物资入库计划、货位准备、核对凭证、大数点收等内容。

②商品接运。商品接运是指仓库对于通过铁路、水运、公路、航空等方式运达的商品,进行接收和提取的工作。接运的主要任务是准确、齐备、安全地提取和接收商品,为入库验收和检查做准备。

---

① 欧阳振安,严石林主编. 仓储管理 [M]. 北京:对外经济贸易大学出版社,2010.
② 吴新燕,工常伟主编. 仓储管理实务 [M]. 南京:东南大学出版社,2016.

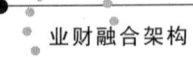
业财融合架构

接运的方式主要有：车站码头提货，铁路专用线接车，自动提货和库内提货。

③商品入库的验收。商品的入库验收，要进行数量点收和质量检验。数量点收，主要是根据商品入库凭证清点商品数量，检查商品包装是否完整，数量是否与凭证相符。质量检验，主要是按照质量规定标准，检查商品的质量、规格和等级是否与标准符合，对于技术性强，需要用仪器测定分析的商品，须有专职技术人员进行。

④办理入库手续。入库手续主要是指交货单位与库管员之间所办理的交接工作。手续主要包括：商品的检查核对、事故的分析和判定（如有）、双方认定，在交库单上签字。仓库一面给交货单位签发接收入库凭证，并将凭证交给会计，统计入账、登记；一面安排仓位，提出保管要求。

2. 在库作业。

（1）在库作业的定义。在库作业是指对在库物品进行理货、堆码、苫垫、维护保养、检查盘点等保管工作。为了确保物品的数量和质量完好无损，减少出入库的操作时间，提高效率，方便拣选和搬运，必须重视在库作业和保管过程。在库作业管理中，根据入库时间确定发货的时间，采用先进先出法，从而避免不必要的损耗。

（2）货位编号与堆码作业。货位编号也称方位制度，是指对仓储企业划分的货区、库房、货棚、货位按地点、位置顺序编号的管理方法。货位编号的方法，应按仓库不同条件和需要，灵活运用平面、垂直或立体的纵横方向序列，以各种简明符号与数码和文字结合，编制货区仓位号别。可整个仓库统一顺序编号，也可分不同库房、货棚、货场各自编号。为了掌握货位的情况，除标示货位编号外，可制作活动卡标明货位的使用和空闲情况的平面图，悬挂在仓库明显处或保管员办公地点，以便能迅速办理商品出入库。通过货位编号，可以提高仓库收发货效率，减少串号和收发货差错现象，便于仓储商品的统计和检查监督，促进账货相符。

常见的货位编号方法有：

①地址编号法：利用保管区的参考单位，例如，建筑物的第几栋、第几层等进行编号。

②区段编号法：将保管区分为几个区段，再对每个区段进行编码。

③品类群编号法：把相关物品集合后分成几个品类群，再对每个品类群进行编码。

堆码也称码垛，就是将存放的商品整齐、有规划地摆放成货垛的作业。也就是根据商品的包装外形、重量、数量、性能和特点，结合地坪负荷、储存时间，将商品分别堆成各种垛形。合理堆码有利于确保商品完好无损，提高仓容利用率，安全而快速地作业。进行商品堆码时，必须对堆码的方式、形状、高度等进行科学的研究和必要的计算。

【例4-1】B企业为一仓储企业，为拓展业务，需要建设一个综合型仓库，计划用两种储存方法：一是就地堆码，其货物的最高储存量为1000吨，这种货物的仓容物资储存定额是5吨每平方米；另一种是货架储放，其货物最高储存量为1104吨，货架长10米、宽1.5米、高4米，货架容积充满系数为0.8，货架储存定额是200公斤每立方米，若该仓库的面积利用系数是0.5，则：需要货架多少？设计此仓库的有效面积是多少？使用面积是多少？

①每个货架可能存放的重量 = 货架体积 × 容积系数 × 储存定额 = (10 × 1.5 × 4) × 0.8 × 0.2 = 9.6（吨）

所需货架数量 = 货架储存总量/每个货架可存重量 = 1104/9.6 = 115（个）

②堆码的面积 = 总量/储存定额 = 1000/5 = 200（平方米）

货架所占面积 = 每个货架的面积 × 货架数量 = 10 × 1.5 × 115 = 1725（平方米）

有效面积 = 堆码的面积 + 货架所占面积 = 200 + 1725 = 1925（平方米）

③使用面积 = 有效面积/面积利用系数 = 1925/0.5 = 3850（平方米）

3. 出库作业。

（1）出库作业的定义。出库是仓储作业的最后一步，也是最重要的一步，是仓储企业进行货物流转的终点站。其对外作业主要是从客户手里取得货物订单，然后按照客户的订货要求进行订单处理、分拣、组配、发货并将货物实际运送至客户手中为止。商品入库检验与出库检验的方法应该保持一致，以免造成人为的库存盈亏。

（2）出库作业的流程。出库业务主要包括接受出库指令、签出库单、备货、货物包装标识、货物复核、货物出库、货物登账七个过程。

三、制造业务

制造业务是整个生产活动的核心过程，包含设备的选择、使用、维护与更新，产品生产，产成品入库与产品质量控制。产品在制造中需要重点关注规范性，并且遵循严格的作业流程，对各项数据进行有效记录，与财务共同协作，分享数据，提高工作效率。

（一）设备选择、使用、维护、更新

1. 设备的选择。

（1）设备的分类。选择设备时，首先要对选择目的进行反复研究，避免盲目选择，使设备投资效益得以充分发挥。根据设备选择的目的进行划分，设备选择可分为以下几种类型：

①更新型。更新型又称替换型，它是指同类设备的替换，即以高效率、高性能、高精度的新设备，替换落后陈旧的老设备。其目的是提高效率，提高产品质量，降低消耗，增

加利润，实现技术进步。这类选择应从设备更新的需要出发。

②开发型。开发型又称产品开发型，它是指在发展新产品或改进老产品方面对设备进行选择。其目的是通过产品开发来降低产品成本，扩大产量，增加利润，并在产品发展的带动下实现技术进步。这类选择应从产品开发的需要出发。

③扩张型。扩张型是指因扩大生产规模而需增加设备的选择。其目的是使同类产品能以更大的规模进行生产，增加企业的利润。它一般不能带来技术进步。这类选择要考虑到生产规模扩大以后，产品是否有销路。

（2）设备选购需考虑因素。选购设备应遵循技术上先进、经济上合理、生产上实用的原则，具体考虑以下因素。

①生产性。生产性是指设备的生产效率，通常表示为设备在单位时间内生产的产品数量。设备的生产率主要是由设备的功率、行程、速度等一系列技术参数决定的。企业在进行设备选型时，要根据自身条件和生产需要，对这些方面提出适当的要求。

②可靠性。可靠性是指设备对产品质量或工程质量的保证程度，它主要是由设备本身的精度、精确度的保持性及零件耐用性等技术参数决定的。企业应选择能生产高质量的产品且可靠度高的设备。

③安全性。安全性是指设备对生产安全的保障能力，随着设备生产效率的不断提高，往往会带来一些新的不安全因素。因此，在选择设备时，必须考虑设备的安全性，如设备是否安装自动控制装置和必要的安全保护装置，以防止设备在操作失误后发生事故。

④可修性。可修性是指设备维修时的难易程度。企业选择的设备要便于维修，为此应尽可能地获取设备的有关资料、数据，或取得供方维修服务的保证。选择维修性好的设备，有利于减少设备维修的劳动量，缩短设备维修周期，节约维修费用。所谓维修性好的设备，是指设计结构简单，零部件组合合理，标准化、通用化程度较高，维修时容易拆装的设备。

⑤成套性。成套性是指设备在性能方面的配套水平。成套设备是机械、装置及其有关的其他要素的有机组合体，选择配套程度高的设备有利于提高生产效率。引进设备时要考虑设备的成套性，尽量成套购买。

⑥节能性。节能性是指设备节约能源、原材料资源消耗的性能。企业在保证产品质量的前提下，尽可能选择那些能源消耗量较低，原材料加工利用程度比较高的设备。

⑦环保性。环保性是指设备的环保指标达到规定的程度。随着工业现代化的发展，环境污染问题已成为社会发展的一个重要问题，企业选用设备的时候，应考虑噪声与"三废"排放较少，能达到国家有关法规性文件规定的环保要求的设备。

⑧灵活性。灵活性是指设备的通用性、多能性及适应性。工作环境易变、工作对象可

变的企业在设备选型时应着重考虑这一因素。

⑨时间性。时间性包括设备的自然寿命和技术寿命。优质的设备使用期限较长，技术上较先进，不易在短期内被淘汰，企业应尽可能选用。

2. 设备的使用。合理地使用设备，可以减轻磨损，保持良好的性能和应有的精度，从而充分发挥设备应有的生产效率。所以，企业要想合理使用机器设备，应做好以下几点：

（1）恰当地安排设备任务。企业设备主管人员应会同技术人员分析设备的特点，恰当地安排生产任务。

各种设备的结构、性能、精度、用途都各不相同，根据每种机器设备的技术条件来安排工作任务，才能保证机器设备正常运转，保证生产安全，延长使用年限，减少维修次数及费用。

（2）合理配备操作人员。设备管理人员应和生产主管人员协商为设备配备操作人员，并要求操作者熟悉并掌握设备的结构、性能、加工范围和维护保养技术。

（3）创造良好运转环境。设备管理人员应保障良好的运转环境。不仅对高精度设备的温度、湿度、防尘、防震等工作条件应有严格的控制，对于普通精度的设备也要创造适当的条件。

（4）严格执行作业制度。设备管理人员应制定并严格执行设备操作的有关规章制度。规章制度是指导操作人员按正常程序操作维护和检修设备的技术法规。正确地制定和贯彻执行这些规章制度，是合理使用设备的重要保证。

3. 设备的维护。

（1）设备维护的类型。生产设备能否在其生命周期内良好地运转，除了合理使用外在很大程度上还取决于设备的维护，如果维护工作做得扎实就能减少修理的次数和工作量。设备的维护也称保养。目前较多的企业实行"三级保养制"，即日常维护保养、一级保养和二级保养。

日常维护保养为每天的例行保养，操作人员班前班后认真检查，擦拭设备各个部位和注油，机器紧固件检查、皮带松动检查、开关（安全装置）检查、放气排水检查等，发生故障及时予以排除，并做好交接班记录。

一级保养。当设备累计运转500小时可进行一次，保养停机时间约8小时。以操作人员为主、维修人员为辅对设备进行局部解体，清洗检查及定期维护，更换消耗性零部件。

二级保养。相当于小修，设备累计运转2500小时可进行一次，停修时间约为32小时。维修人员为主、操作人员参加共同对设备进行部分解体、检查和局部修理及全面清洗，大的故障若本企业解决不了，还应请专业的保养公司实施。

（2）设备维护的重点。设备维护的主要目的是使设备经常保持整齐、清洁、润滑、安全，以保证设备的使用性能和延长修理间隔期，而不是恢复设备的精度，其重点是润滑、防腐与防泄漏。

①润滑管理，设备的润滑管理应认真执行润滑"五定"（定点、定质、定量、定期、定人），有效地减少摩擦阻力和磨损，保护金属表面，使之不锈蚀、不损伤。这是保证设备正常运转、延长使用寿命、提高设备效率和工作精度的必要措施。

②防泄漏，是维修保养工作的重要内容之一。认真治理和防止设备的跑风、冒气、滴水、漏油，是一切设备管理的共同要求。

③防腐蚀，设备的腐蚀会引起效率和使用寿命的降低，影响安全运行，甚至会造成设备事故。

4. 设备的更新。

（1）设备寿命周期。主要关注初始故障期、偶发故障期和劣化故障期。

①初始故障期。在初期故障期，一般会出现较高频率的故障，然而因为是设备刚进入运转期，人的关注也较其他时期来得密切，加上此阶段设备处于保修期，在专家的支援下，对故障筛除效果甚佳，这段时期不是很长。

②偶发故障期。经过初期故障期的过滤，设备渐渐趋向正常，零件间完好的调整与磨合状态出现；执行日常点检与周期预防保养，其运转都会达到预期的功效输出，充分发挥维护的效应。这个时候，无论是操作还是维护人员的技术也已经熟练，故障系属偶发，其原因为人员的疏忽，设备潜在的缺点在经过长时间运转才会显现，较难预测的不明原因故障也会出现。这段时间设备已趋稳定，生产顺畅，此时设备设计的可靠性，在这段时间就显露无遗了。

③劣化故障期。此期间进入性能劣化期，零部件经长时间运转造成的磨耗、疲劳、污损等问题累积，虽经大量的维护投入，性能却仍然显著减退，或者因为长期在超负荷下运转而加速老化，导致生产产量降低、品质恶化，设备的生命也很快终结。

（2）设备更新的方式。设备更新要合理地把握设备的大修理、技术改造和更新的界限，做到三者之间的有机结合。对于陈旧落后的设备，即耗能高、性能差、使用操作条件不好、排放污染严重的设备，应当限期淘汰，由比较先进的新设备予以取代。

设备更新重点应考虑的是经济效益，不能简单地按役龄来画线。根据中国国情和企业自身能力进行修复，是比较合理的，不急于更新，可以修中有改。改进设备后能满足要求的，也不要盲目更新。只需要更换个别关键零部件的，就不要更新整机；只需要增加生产线上个别设备的，就不要更新整条生产线。设备更新一般有两种方式：

①原样更换，指把使用多年、大修多次、再修复已不经济的设备更换一台同型号的新

设备。这种方式只能满足工艺要求，在没有新型号设备可以替换的情况下采用。

②技术更新，用质量好、效率高、能耗少、环保好的新型设备，替换技术性能落后又无法修复改造或者修理、改造不经济的老设备。这是设备更新的主要方式。

（3）设备更新的时机。设备更新必然要考虑经济效益。那么什么时候更新在经济上最有利，就选择其为更新的时机。设备更新时机应考虑四个方面：宏观环境给予的机会或限制；微观环境中出现的机遇；企业生产经营的迫切需要；设备的经济寿命。由于设备使用到经济寿命时再继续使用，经济上不合算。因此该设备更新时机应以其经济寿命年限为佳，其前提条件是在设备达到经济寿命年限以前，不存在技术上提前报废问题。

（二）产品生产

1. 产品生产的定义。产品生产过程是指从原材料投入到成品出产的全过程，通常包括工艺过程、检验过程、运输过程、等待停歇过程和自然过程[①]。工艺过程是生产过程的最基本部分。产品生产出来之后还需要进行品质检验，从质量控制的观点上看，要保证合格的产品，首先要保证稳定的生产过程。

可将生产过程划分为以下四个过程。

（1）技术准备过程。产品设计、工艺设计、工艺装备的设计与制造、标准化工作、定额工作、调整劳动组织和设备的平面布置、原材料与协作件的准备等。

（2）基本生产过程。与构成产品直接有关的生产活动。如毛坯制造、零部件制造、整机装配。

（3）辅助生产过程。为保证基本生产而进行的。如动力工具的生产，设备维修以及维修用备件的生产等。

（4）生产服务过程。物流工作。如：供应、运输、仓库等管理活动。

2. 产品生产的种类。

（1）大量大批生产类型：产品的种类少而产量大。

（2）成批生产类型：产品品种较多而各类产品的产量大小不一。

（3）单件小批生产类型：产品品种多，每种产品的数量很少。

3. 安全生产与环保。

（1）安全生产。安全生产是指在生产经营活动中，为了避免造成人员伤害和财产损失的事故而采取相应的事故预防和控制措施，使生产过程在符合规定的条件下进行，以保证从业人员的人身安全与健康，设备和设施免受损坏，环境免遭破坏，保证生产经营活动得

---

① 谢合明主编. 生产过程管理［M］. 重庆：重庆大学出版社，2004.

以顺利进行的相关活动。

（2）环保。环保，全称环境保护，是指人类为解决现实的或潜在的环境问题，协调人类与环境的关系，保障经济、社会的持续发展而采取的各种行动的总称。在产品的生产过程中，应该践行绿色环保的理念，以节能、降耗、减污为目标，以管理和技术为手段，实施工业生产全过程污染控制，使污染物的产生量最少化。

（三）产成品入库与产品质量控制

1. 产成品入库。产成品是指企业已经完成全部生产过程并已验收入库合乎标准规格的技术条件，可以按照合同规定的条件送交订货单位，或者可以作为对外销售的产品。如果是购进的产品，进货价格就是入库的成本价，若是自己生产的产品，则按照产成品与在产品的分配确定。

2. 产品质量控制的内涵。

（1）产品质量控制的定义。产品质量控制是企业为生产合格产品、提供顾客满意的服务以及减少无效劳动而进行的控制工作。进行产品质量控制的目的是确保产品的质量能满足顾客、法律法规等方面所提出的质量要求，如适用性、可靠性、安全性，涉及产品质量形成全过程的各个环节，如设计过程、采购过程、生产过程、安装过程等[1]。

产品质量控制围绕产品质量形成全过程的各个环节，对影响工作质量的人、机、料、法、环五大因素进行控制，并对质量活动的成果进行分阶段验证，以便及时发现问题，采取相应措施，防止不合格重复发生，尽可能地减少损失。因此，质量控制应贯彻预防为主与检验把关相结合的原则。

（2）强化产品质量管理的措施。以企业质量管理体系为准则强化产品质量管理。

①强化原材料管理，为产品质量控制奠定坚实基础。企业采购的所有原材料在进入工厂前必须进行抽检，在原材料质量管理方面可以引进先进的管理系统。判断原材料质量是否合格依据采购合同中的规定、行业标准和国家标准。企业内部与生产过程直接相关的部门都可以通过系统查询原材料抽样检查结果，并对结果有监督的义务。

②加强产品生产过程监控。企业在生产产品时，一方面要对工艺参数进行严格控制，确保产品质量的稳定性。另一方面也要对产品质量进行抽检、化验。ISO9001质量管理体系中，对企业生产产品质量的抽检要求和过程进行了严格控制，企业在实践过程中必须严格按照ISO9001质量管理体系中的相关要求来执行。利用先进的管理系统对产品质量测评结果进行管理，每次抽检完成后将相关结果上传到管理系统中，企业内部相关人员可以在

---

[1] 王淑君. 生产过程质量控制 [M]. 北京：中国标准出版社，1997.

系统中查看抽检结果，所有人员都可以对产品质量进行监督。

③强化最终产品质量控制，提升客户满意程度。在对产品进行抽检时，如果发现存在不合格的产品，需要对该产品的前后批次产品进行单独隔离，并对这些批次产品进行全面的分析和筛查，找出全部不合格产品，坚决防止不合格产品流入市场。企业还需要成立专门的监督部门，对这些不合格产品产生的原因进行追根溯源，并追究相关责任人和责任部门的责任。同时需要对此问题提出针对性的预防措施，避免下次再出现此类问题，导致产品质量不合格。

第二节 生产成本控制

生产成本是指生产活动的成本，即生产单位因生产产品或提供劳务而发生的各项生产费用，包括各项直接支出和制造费用。生产成本控制是企业为了降低成本，对各种生产消耗和费用进行限制和监督，使其不超过计划和定额，保证企业经营能够盈利。生产成本一般从成本预测、核算、分析、决策几个方面来进行管理。

一、成本预测

（一）成本预测

成本预测是指运用一定的科学方法，综合考虑各种因素，对未来成本水平及其变化趋势作出科学的估计。通过成本预测，掌握未来的成本水平及其变动趋势，有助于减少决策的盲目性，使经营管理者易于选择最优方案，作出正确决策。成本预测是正确进行成本决策的基础，是编制成本计划的依据，是改善企业经营管理的重要工具，为成本决策和成本控制提供信息。

成本预测的步骤可以分为以下六个部分。

1. 根据企业的经营总目标，提出初选的目标成本。
2. 初步预测在当前生产经营条件下成本可能达到的水平，并找出与初选目标成本的差距。
3. 目标成本的分解，作为各部门、各单位制定成本方案的基础。

4. 各部门、各单位提出各种降低成本方案。

5. 对比、分析各种成本方案的经济效果。

6. 选择成本最优方案并确定正式目标成本。

（二）成本预测的方法

1. 定量预测法。定量预测法是指根据历史资料以及成本与影响因素之间的数量关系，通过建立数学模型来推断未来成本的各种预测方法的统称。主要包括简单平均法、加权移动平均法、指数平滑法。

2. 定性预测法。定性预测法是预测者根据掌握的专业知识和丰富的实际经验，运用逻辑思维方法对未来成本进行预算的方法的统称。主要包括技术测定法、类比分析法、目标成本法。

3. 因果预测法。因果预测法是根据成本与其相关影响因素之间的内在联系，建立数学模型并进行分析预测的各种方法。因果预测法包括本量利分析法、投入产出分析法、回归分析法等。

4. 成本预测的高低点法。成本预测的高低点法是指根据企业一定期间产品成本的历史资料，按照成本习性原理和 $y = a + bx$ 直线方程式，选用最高业务量和最低业务量的总成本之差（Δy），同两种业务量之差（Δx）进行对比，先求 b 的值，然后再代入原直线方程，求出 a 的值，从而估计推测成本发展趋势。

二、成本核算

（一）成本核算的流程

从生产费用发生开始，到算出完工产品总成本和单位成本为止整个成本计算的步骤。成本核算程序一般分为以下几个步骤。

1. 生产费用支出的审核。对发生的各项生产费用支出，应根据国家、上级主管部门和该企业的有关制度、规定进行严格审核，以便杜绝不符合制度和规定的费用，以及各种浪费、损失或追究经济责任。

2. 确定成本计算对象和成本项目。企业的生产类型不同，对成本管理的要求不同，成本计算对象和成本项目也就有所不同，应根据企业生产类型的特点和对成本管理的要求，确定成本计算对象和成本项目，并根据确定的成本计算对象开设产品成本明细账。

3. 进行要素费用的分配。对发生的各项要素费用进行汇总，编制各种要素费用分配表，按其用途分配计入有关的生产成本明细账。对能确认某一成本计算对象耗用的直接计入费用，如直接材料、直接工资，应直接记入"生产成本——基本生产成本"账户及其有关的产品成本明细账；对于不能确认耗用对象的费用，则应按其发生地点或用途进行归集分配，分别记入"制造费用""生产成本——辅助生产成本"和"废品损失"等综合费用账户。

4. 进行综合费用的分配。对记入"制造费用""生产成本——辅助生产成本"和"废品损失"等账户的综合费用，月终采用一定的方法进行分配，并记入"生产成本——基本生产成本"以及有关的产品成本明细账。

5. 进行完工产品成本与在产品成本的划分。通过要素费用和综合费用的分配，所发生的各项生产费用均已归集在"生产成本——基本生产成本"账户及有关的产品成本明细账中。没有在产品的情况下，产品成本明细账所归集的生产费用即为完工产品总成本；有在产品的情况下，就需将产品成本明细账所归集的生产费用按一定的划分方法在完工产品和月末在产品之间进行划分，从而计算出完工产品成本和月末在产品成本。

6. 计算产品的总成本和单位成本。在品种法、分批法下，产品成本明细账中计算出的完工产品成本即为产品的总成本；分步法下，则需根据各生产步骤成本明细账进行顺序逐步结转或平行汇总，才能计算出产品的总成本。以产品的总成本除以产品的数量，就可以计算出产品的单位成本。

（二）产品成本的归集和分配

1. 间接费用的归集和分配。

（1）辅助生产费用的归集和分配。企业的辅助生产车间主要为基本生产车间和有关部门提供产品和劳务，如供水、供气、供电、模具、维修等。按每个辅助生产车间设辅助生产成本明细账进行费用的归集。

辅助生产费用，通常采用的分配方法有直接分配法和交互分配法。

直接分配法：是指各辅助生产车间发生的费用，直接分配给除辅助生产车间以外的各受益产品、单位，而不考虑各辅助生产车间相互提供产品或劳务情况。

交互分配法：交互分配法是辅助生产车间先进行一次相互分配，然后再将辅助生产费用对辅助生产车间外部各受益对象进行分配的一种辅助生产费用的分配方法。

（2）制造费用的归集和分配。制造费用的归集和分配指企业各生产单位为组织和管理生产而发生的各项间接费用，包括工资和福利费、折旧费、修理费、办公费、水电费、机物料消耗、劳动保护费、租赁费、保险费、排污费以及其他制造费用的归集分配。

2. 完工产品和在产品的成本分配。完工产品和在产品的成本分配方法有以下六种。

（1）不计算在产品成本法。当企业期末在产品很少或期初期末在产品数量基本相等，计算在产品成本对完工产品成本影响不大时，可以不计算期末在产品成本。

这种方法适用于各月末在产品数量很少，价值很低，并且各月在产品数量比较稳定的情况。

（2）在产品按固定成本计算法。在产品按固定成本计价法，是指各月末在产品的成本固定不变，某种产品本月发生的生产成本就是本月完工产品的成本。但在年末，在产品成本不应再按固定不变的金额计价，否则会使按固定金额计价的在产品成本与其实际成本产生较大差异，影响产品成本计算的正确性。

这种方法适用于月末在产品数量较多，但各月变化不大的产品或月末在产品数量很小的产品。

（3）在产品按所耗直接材料成本计价法。在产品按所耗直接材料成本计价法，是指月末在产品只计算按所耗直接材料成本。这种方法适用于各月月末在产品数量较多，各月在产品数量变化也较大，直接材料成本在生产成本中所占的比重较大且材料在生产开始时一次性全部投入的产品。

（4）约当产量法。约当产量法是将生产费用合计数以完工产品数量、在产品约当产量作为分配标准进行分配，分别确定完工产品成本和期末在产品成本。这里的生产费用合计包括期初在产品成本及本期发生的各项生产费用。

这种方法适用于产品数量较多，各月在产品数量变化也较大，且生产成本中直接材料成本和直接人工成本等加工成本的比重相差不大的产品。

（5）在产品成本按定额成本计算。在产品成本按定额成本计算是指期末在产品成本按定额计算，在产品实际成本与定额成本的差额由完工产品成本承担。

这种方法适用于在产品数量稳定或者数量较少，并且制定了比较准确的定额成本。

（6）定额比例法。定额比例法是指产品的生产费用合计按照成本项目，以完工产品和月末在产品的材料定额消耗量或定额费、定额工时为标准进行分配，确定完工产品成本及期末在产品成本。通常，材料费用按定额消耗量比例分配，而其他费用按定额工时比例分配。

这种方法适用于定额管理基础比较好，各项消耗量定额或费用定额比较准确、稳定，各月末在产品数量变动较大的产品。

3. 联产品和副产品的成本分配。

（1）联产品加工成本的分配。联产品是指使用同种原料，在同一生产过程中生产出来的两种或两种以上的主要产品。联产品加工成本的分配方法通常有分离点售价法、可变现净值法和实物数量法。

①分离点售价法。联产品在经过同一生产过程后,是在某一个"点"被分别确认的,通常称这个点为分离点,分离后的联产品,有的直接对外销售,有的进一步加工后再出售。分离前发生的成本称为联合成本。

分离点售价法是指按分离点的销售价格比例分配联合成本。这种方法一般适用于分离后不再加工的联产品。

联合成本分配率 = 待分配联合成本/(A产品分离点的总售价 + B产品分离点的总售价)

A产品应分配联合成本 = 联合成本分配率×A产品分离点的总售价

B产品应分配联合成本 = 联合成本分配率×B产品分离点的总售价

②可变现净值法。可变现净值法是指按各联产品的可实现净值比例分配联合成本的方法。可实现净值是指产品的最终销售价值减去其可分成本的余额。

如果这些联产品尚需要进一步加工后才可供销售,可采用可变现净值进行分配。

【例4-2】某公司生产联产品C和D,1月份C产品和D产品在分离前发生联合加工成本为400万元。C产品和D产品在分离后继续发生的单独加工成本分别为300万元和200万元,加工后C产品的销售总价为1800万元,D产品的销售总价为1200万元。

采用可变现净值法分配联合成本:

C产品的可变现净值 = 1800 - 300 = 1500（万元）

D产品的可变现净值 = 1200 - 200 = 1000（万元）

联合成本分配率 = 400/(1500 + 1000) = 0.16

C产品应分配的成本 1500×0.16 = 240（万元）

D产品应分配的成本 1000×0.16 = 160（万元）

③实物数量法。实物数量法是以产品的实物数量或重量为基础分配联合成本的方法。

(2) 副产品加工成本的分配。副产品是指在同一生产过程中,使用同种原料,在生产主要产品的同时附带生产出来的非主要产品。由于副产品价值相对较低,因而可以采用简化的方法确定其成本,然后从总成本中扣除,其余额就是主产品的成本。

在分配主产品和副产品的加工成本时,通常先确定副产品的加工成本,然后确定主产品的加工成本。

即:主产品成本 = 总成本 - 副产品成本

(三) 产品成本核算的方法

1. 作业成本法。作业成本法又称ABC成本法。作业成本法体现了业财融合的思想,它不仅是一种成本计算方法,更是成本计算与成本管理的有机结合。作业成本法的指导思想是:"成本对象消耗作业,作业消耗资源",其计算方法基于资源耗用的因果关系进行成本分配。该方法根据作业活动耗用资源的情况，将资源耗费分配给作业；再依照成本对象消耗作业的情况，把作业成本分配给成本对象。

作业成本法把直接成本和间接成本（包括期间费用）作为产品（服务）消耗作业的成本同等地对待，拓宽了成本的计算范围，使计算出来的产品（服务）成本更准确真实。作业是成本计算的核心和基本对象，产品成本或服务成本是全部作业的成本总和，是实际耗用企业资源成本的终结。

（1）资源。资源是企业生产耗费的原始形态，是成本产生的源泉。企业作业活动系统所涉及的人力、物力、财力都属于资源。一个企业的资源包括直接人工、直接材料、间接制造费用等。

（2）作业。作业，是指在一个组织内为了某一目的而耗费资源的动作，它是作业成本计算系统中最小的成本归集单元。作业贯穿产品生产经营的全过程，从产品设计、原料采购、生产加工，直至产品的发运销售。在这一过程中，每个环节、每道工序都可以视为一项作业。

（3）成本动因。成本动因，亦称成本驱动因素，是指产生成本的因素，即成本的诱因。成本动因通常以作业活动耗费的资源来进行度量，如质量检查次数、用电度数等。在作业成本法下，成本动因是成本分配的依据。成本动因又可以分为资源动因和作业动因。

（4）作业中心。作业中心又称成本库，是指构成一个业务过程相互联系的作业集合，用来汇集业务过程及其产出的成本。换言之，按照统一的作业动因，将各种资源耗费项目归结在一起，便形成"作业中心"。作业中心有助于企业更明晰地分析一组相关的作业，以便进行作业管理以及企业组织机构和责任中心的设计与考核。

成本管理是按照现行的会计制度，依据一定的规范计算材料费、人工费、管理费、财务费等的一种核算方法。这种管理法有时不能反映出所从事的活动与成本之间的直接联系。而ABC成本法相当于一个滤镜，它对原来的成本方法做了重新调整，使得人们能够看到成本的消耗和所从事工作之间的直接联系，这样人们可以分析哪些成本投入是有效的，哪些成本投入是无效的。

ABC成本法主要关注生产运作过程，加强运作管理，关注具体活动及相应的成本，同时强化基于活动的成本管理。

2. 标准成本法。标准成本法是指以预先制定的标准成本为基础，将标准成本与实际成本进行比较，核算和分析成本差异的一种产品成本计算方法，它的核心是按标准成本记录和反映产品成本的形成过程和结果，以实现对成本的控制，是加强成本控制、评价经济业绩的一种成本控制制度。

标准成本有两种含义：一种含义是指"单位产品的标准成本"，它是根据产品的标准消耗量和标准单价计算出来的。单位产品标准成本＝单位产品标准消耗量×标准单价,它又被称为"成本标准"。

另一种含义是指"实际产量的标准成本",它是根据实际产品产量和成本标准计算出来的,即：标准成本＝实际产量×单位产品标准成本。标准成本是目标成本的一种。

目标成本是一种预计成本,是指产品、劳务、工程项目等在生产经营活动前,根据预定的目标所预先制定的成本。将预计成本与目标管理的方法结合起来,即为目标成本。目标成本表现形式很多,有计划成本、定额成本、标准成本和估计成本等,而标准成本相对来讲是一种较科学的目标成本。

计划成本是根据计划消耗定额计算的,表示计划期预定成本;定额成本是根据使用的定额计算的。企业应通过各项措施,有步骤地降低现行定额,以求达到计划中所规定的成本水平。

目标成本管理是目标管理的重要组成部分,而制定目标成本是实行目标成本管理必不可少的基础。推行目标成本管理可以促使企业加强成本管理,推动全体职工人人关心成本,形成民主管理,从而能够更好地贯彻经济责任制,进一步降低成本。

（1）标准成本的分类。

①标准成本按其制定所依据的生产技术和经营管理水平,分为理想标准成本和正常标准成本。理想标准成本是现有生产条件所能达到的最优水平成本,这种成本难以实际运用；正常标准成本是根据正常的工作效率,正常的生产能力利用程度和正常价格等条件制定的标准成本,它一般只用来估计未来的成本变动趋势。在标准成本系统中广泛使用正常标准成本。

②标准成本按其适用期,分为现行标准成本和基本标准成本。由于基本标准成本不按各期实际修订,不宜用来直接评价工作效率和成本控制的有效性。现行标准成本,是根据适用期合理的耗费量,合理的耗费价格和生产能力可能利用程度等条件制定的切合适用期实际情况的一种标准成本,标准成本法一般采用这种标准成本。

（2）标准成本法的适用性。标准成本法适用于产品品种较少的大批量生产企业,而对于单件、批量小和试制性生产的企业比较少用。

标准成本法可以简化存货核算的工作量,对于存货品种变动不大的企业尤为适用。

标准成本法关键在于标准成本的制定,标准成本制定的合理性、确实可行性,要求有高水平的技术人员和健全的管理制度。

标准成本法适用于标准管理水平较高而且产品的成本标准比较准确、稳定的企业。我国工业企业的产品成本不能采用标准成本法计算；如果平时按标准成本计算,月末必须调整为实际成本。

（3）标准成本的制定。产品成本一般由直接材料、直接人工和制造费用三大部分构成，标准成本也应对这三大部分分别确定。

①直接材料成本。直接材料成本是指直接用于产品生产的材料成本，它包括标准用量和标准单位成本两方面。材料标准用量，首先要根据产品的图纸等技术文件进行产品研究，列出所需的各种材料以及可能的代用材料，并说明这些材料的种类、质量以及库存情况。其次，通过对过去用料经验的记录进行分析，采用其平均值，或最高与最低值的平均数，或最节省的数量，或通过实际测定，或技术分析等数据，科学地制定用量标准。

②直接人工成本。直接人工成本是指直接用于产品生产的人工成本。在制定产品直接人工成本标准时，首先要对产品生产过程加以研究，研究有哪些工艺，有哪些作业或操作、工序等。其次要对企业的工资支付形式、制度进行研究，以便结合实际情况来制定标准。

③制造费用。制造费用可以分为变动制造费用和固定制造费用两部分。这两部分制造费用都按标准用量和标准分配率的乘积计算，标准用量一般都采用工时表示。

上述标准成本的制定，可以通过编制标准成本单来进行。

在制定时，其中每一个项目的标准成本均应分为用量标准和价格标准。其中，用量标准包括单位产品消耗量、单位产品人工小时等，价格标准包括原材料单价、小时工资率、小时制造费用分配率等。具体计算如下：

直接材料标准成本 = 单位产品的用量标准 × 材料的标准单价

直接工资标准成本 = 单位产品的标准工时 × 小时标准工资率

变动制造费用标准成本 = 单位产品直接人工标准工时 × 每小时变动制造费用的标准分配率

其中：变动制造费用标准分配率 = 变动制造费用预算总数/直接人工标准总工时

固定制造费用标准成本 = 单位产品直接人工标准工时 × 每小时固定制造费用的标准分配率

其中：固定制造费用标准分配率 = 固定制造费用预算总数/直接人工标准总工时

3. 成本差异的计算和分析。

（1）直接材料成本差异分析。直接材料实际成本与标准成本之间的差额，是直接材料成本差异。该项差异形成的基本原因有两个：一个是材料价格脱离标准（价差），另一个是材料用量脱离标准（量差）。有关计算公式如下：

材料价格差异 = 实际数量 ×（实际价格 − 标准价格）

材料数量差异 =（实际数量 − 标准数量）× 标准价格

直接材料成本差异 = 价格差异 + 数量差异

材料价格差异是在采购过程中形成的，采购部门未能按标准价格进货的原因主要有：供应厂家价格变动、未按经济采购批量进货、未能及时订货造成的紧急订货、采购时舍近求远使运费和途耗增加、不必要的快速运输方式、违反合同被罚款、承接紧急订货造成额外采购，等等。

材料数量差异是在材料耗用过程中形成的，形成的具体原因有：操作疏忽造成废品和废料增加、工人用料不精心、操作技术改进而节省材料、新工人上岗造成多用料、机器或工具不适用造成用料增加等。有时多用料并非生产部门责任，如购入材料质量低劣、规格不符也会使用料超过标准；又如加工工艺变更、检验过严也会使数量差异加大。

（2）直接人工成本差异分析。直接人工成本差异，是指直接人工实际成本与标准成本之间的差额。它也被分为"价差"和"量差"两部分。价差是指实际工资率脱离标准工资率，其差额按实际工时计算确定的金额，又称为工资率差异。量差是指实际工时脱离标准工时，其差额按标准工资率计算确定的金额，又称人工效率差异。有关计算公式如下：

工资率差异 = 实际工时 × (实际工资率 − 标准工资率)

人工效率差异 = (实际工时 − 标准工时) × 标准工资率

直接人工成本差异 = 工资率差异 + 人工效率差异

工资率差异形成的原因，主要包括直接生产工人升级或降级使用、奖励制度未产生实效、工资率调整、加班或使用临时工、出勤率变化等。直接人工效率差异形成的原因主要包括工作环境不良、工人经验不足、劳动情绪不佳、新工人上岗太多、机器或工具选用不当、设备故障较多、作业计划安排不当、产量太少无法发挥批量节约优势等。

（3）变动制造费用的差异分析。变动制造费用的差异，是指实际变动制造费用与标准变动制造费用之间的差额。它也可以分解为"价差"和"量差"两部分。价差是指变动制造费用的实际小时分配率脱离标准，按实际工时计算的金额，称为变动费用耗费差异。量差是指实际工时脱离标准工时，按标准的小时费用率计算确定的金额，称为变动费用效率差异。有关计算公式如下：

变动费用耗费差异 = 实际工时 × (变动费用实际分配率 − 变动费用标准分配率)

变动费用效率差异 = (实际工时 − 标准工时) × 变动费用标准分配率

变动费用成本差异 = 变动费用耗费差异 + 变动费用效率差异

变动制造费用的耗费差异是部门经理的责任，他们有责任将变动费用控制在弹性预算限额之内。

变动制造费用效率差异形成原因与人工效率差异相同。

（4）固定制造费用的差异分析。

①二因素分析法。二因素分析法将固定制造费用差异分为耗费差异和能量差异。

固定制造费用耗费差异 = 固定制造费用实际数 − 固定制造费用预算数

固定制造费用能量差异＝固定制造费用预算数－固定制造费用标准成本

＝（生产能量－实际产量标准工时）×固定制造费用标准分配率

②三因素分析法。三因素分析法是将固定制造费用的成本差异分为耗费差异、效率差异和闲置能量差异三部分。耗费差异的计算与二因素分析法相同。不同的是将二因素分析法中的"能量差异"进一步分解为两部分：一部分是实际工时未达到标准能量而形成的闲置能量差异；另一部分是实际工时脱离标准工时而形成的效率差异。有关计算公式如下：

耗费差异＝固定制造费用实际数－固定制造费用预算数

＝固定制造费用实际数－固定制造费用标准分配率×生产能量

闲置能量差异＝固定制造费用预算－实际工时×固定制造费用标准分配率

＝（生产能量－实际工时）×固定制造费用标准分配率

效率差异＝（实际工时－实际产量标准工时）×固定制造费用标准分配率

三、成本分析

（一）成本性态分析

成本性态是指成本总额与特定业务量之间的数量依存关系，又称为成本习性。全部成本按其性态分类，可以分为固定成本、变动成本和混合成本。

1. 固定成本。固定成本是指成本总额在一定时期和一定业务量范围内，不受业务量增减变动影响而能保持不变的成本。

固定成本通常可区分为约束性固定成本和酌量性固定成本。

（1）约束性固定成本。约束性固定成本是指为维持企业提供产品和服务的经营能力而必须支付的成本，如厂房和机器设备的折旧、财产税、房屋租金、管理人员的工资等。由于这类成本与维持企业的经营能力相关联，也称为经营能力成本。这类成本的数额一经确定，不能轻易加以改变，因而具有相当程度的约束性。

（2）酌量性固定成本。酌量性固定成本是指企业管理当局在会计年度开始前，根据经营、财力等情况确定的计划期间的预算额而形成的固定成本，如新产品开发费、广告费等。由于这类成本的预算数只在预算期内有效，企业领导可以根据具体情况的变化，确定不同预算期的预算数，所以，也称为自定性固定成本。这类成本的数额不具有约束性，可以斟酌不同的情况加以确定。

2. 变动成本。变动成本是指那些成本的总发生额在相关范围内随着业务量的变动而呈线性变动的成本。直接人工、直接材料都是典型的变动成本，在一定期间内它们的发生总额随着业务量的增减而成正比例变动，但单位产品的耗费则保持不变。

变动成本又可以根据其发生的原因，分为技术性变动成本和酌量性变动成本。

（1）技术性变动成本。技术性变动成本是指单位成本由技术因素决定而总成本随着消耗量的变动而成正比例变动的成本，通常表现为产品的直接物耗成本。

（2）酌量性变动成本。酌量性变动成本是指可由企业管理当局决策加以改变的变动成本。

3. 混合成本。混合成本是指介于固定成本和变动成本之间，其总额既随业务量变动又不成比例的那部分成本。

混合成本与业务量之间的关系比较复杂，按照混合成本变动趋势的不同，可以分为半固定成本、半变动成本和延期变动成本。

（1）半固定成本。半固定成本又称阶梯式混合成本，其总额会随产量呈阶梯式变动的成本。这类成本的特点是在一定业务量范围内其成本不随业务量的变动而变动，类似固定成本，当业务量突破这一范围，成本就会跳跃上升，并在新的业务量变动范围内固定不变，直到出现另一个新的跳跃为止。如企业化验员、保养工、质检员、运货员等人员的工资等就属于这类成本。

（2）半变动成本。半变动成本又称为标准式混合成本，是指总成本虽然受产量变动的影响，但是其变动的幅度并不与产量的变动保持严格的比例。半变动成本是一种同时包含固定成本和变动成本的混合成本。这类成本的固定部分是不受业务量影响的基数成本，变动部分则是在基数成本的基础上随业务量的增长而正比例增长的成本。如企业的通讯费、水费、电费、煤气费、机器设备维修保养费等就属于这类成本。

（3）延期变动成本。延期变动成本又称低坡式混合成本，是指在一定产量范围内总额保持稳定，超过特定产量则按比例随产量增长的成本。例如，在正常产量情况下给员工支付固定月工资，当产量超过正常水平后则需支付加班费，这种人工成本就属于延期变动成本。

（二）变动成本法

变动成本法又称直接成本法，是指在组织常规的成本计算过程中，以成本性态分析为前提条件，将产品成本只包括产品生产过程中所消耗的直接材料、直接人工和变动制造费用，而把固定性制造费用作为当期的期间成本，全额列入损益表，作为当期销售收入的一个扣减项目。

1. 变动成本法的优点。

变动成本法的优点主要包括：

①营业利润随销售量的增加或减少而升降，这是企业经理人员所想要的会计信息。

②便于进行本量利分析,有利于销售预测。变动成本法的基本理论和程序揭示了成本、业务量、利润之间的内在关系。

③有利于促使企业管理当局重视销售,防止盲目生产。

④有利于短期经营决策。

⑤有利于编制弹性预算。弹性预算实际上是根据变动成本法的原理编制的,在企业采取以销定产,可以随业务量的变化而机动地调整,具有弹性。

⑥有利于成本控制和业绩考核。

⑦有利于产品成本的计算工作。

2. 变动成本法与完全成本法的区别。

(1) 理论依据不同。变动成本法的理论依据:固定制造费用与特定会计期间相联系,和企业生产经营活动持续经营期的长短成比例,并随时间的推移而消逝。其效益不应递延到下一个会计期间,而应在其发生的当期,全额列入损益表,作为该期销售收入的一个扣减项目。而传统的完全成本法则强调成本补偿的一致性,其理论依据是:固定制造费用发生在生产领域,与产品生产直接相关,其与直接材料、直接人工和变动制造费用的支出并无区别,应当将其作为产品成本的一部分,从产品销售收入中得到补偿。

(2) 应用前提与成本构成的内容不同。变动成本法是在成本性态分析的基础上,对产品成本按其与产量变动间的线性关系划分为变动成本与固定成本,并进行粗略估计。其中,变动成本包括直接材料、直接人工、变动性制造费用和变动性销售及管理费用;固定成本包括固定性制造费用和固定性销售及管理费用。而完全成本法将成本按其用途分成生产成本与非生产成本两大类。其中,生产成本包括直接材料、直接人工和制造费用,非生产成本包括销售和管理费用等期间费用。

(3) 产品成本构成内容不同。由于上述两个方面的差异,使两种成本计算方法在产品成本构成内容方面也有所不同:完全成本法下,产品成本中包含直接材料、直接人工和为生产产品而耗费的全部制造费用(包括变动制造费用和固定制造费用),成本随着产品的流转而结转;而变动成本法则将制造费用中的固定部分视作当期的期间费用,随同销售和管理费用一起全额扣除,而与期末是否结余存货无关,产品成本中只包含直接人工、直接材料和变动制造费用。

(4) 存货估价及成本流程不同。采用变动成本法,无论是对产品、库存产成品还是已销产品,其成本都只包含变动成本,故期末结余存货只按变动成本计价而不包括固定成本。

采用完全成本法,将固定性制造费用作为产品成本的一部分参与期末成本的分配,这样,已销产品、库存产成品及在产品均"吸收"了一定份额的固定性制造费用。可见,完全成本法下的存货计价必然高于变动成本法下的存货计价。

(5) 损益表的基本结构不同。由于对固定性制造费用的处理不同,导致两种计算方法下损益表的基本结构也有所差异。在变动成本法下:固定制造费用与特定会计期间相联系,和企业生产经营活动持续经营期的长短成比例,并随时间的推移而消逝。其效益不应递延到下一个会计期间,而应在其发生的当期,全额列入损益表,作为该期销售收入的一个扣减项目。

传统的完全成本法:固定制造费用发生在生产领域,与产品生产直接相关,其与直接材料、直接人工和变动制造费用的支出并无区别,应当将其作为产品成本的一部分,从产品销售收入中得到补偿。

3. 盈亏临界点。确定盈亏临界点是进行本量利分析的关键。所谓盈亏临界点,就是指使得贡献毛益与固定成本恰好相等时的销售量。此时,企业处于不盈不亏的状态。本量利分析在第二章已作讲解,这里省略。

盈亏临界点可以采用下列两种方法进行计算:

按实物单位计算,其公式为:盈亏临界点的销售量(实物单位)=固定成本/单位产品贡献毛益

其中:单位产品贡献毛益=单位产品销售收入-单位产品变动成本

按金额综合计算,其公式为:盈亏临界点的销售量(用金额表现)=固定成本/贡献毛益率

其中:贡献毛益率=贡献毛益/销售收入

贡献毛益=销售收入-变动成本

在进行本量利分析时,应明确认识下列基本关系:

①在销售总成本已定的情况下,盈亏临界点的高低取决于单位售价的高低。单位售价越高,盈亏临界点越低;单位售价越低,盈亏临界点越高。

②在销售收入已定的情况下,盈亏临界点的高低取决于固定成本和单位变动成本的高低。固定成本越高,或单位变动成本越高,则盈亏临界点越高;反之,盈亏临界点越低。

③在盈亏临界点不变的前提下,销售量越大,企业实现的利润便越多(或亏损越少);销售量越小,企业实现的利润便越少(或亏损越多)。

④在销售量不变的前提下,盈亏临界点越低,企业能实现的利润便越多(或亏损越少);盈亏临界点越高,企业能实现的利润便越少(或亏损越多)。

(三) 成本分析的内容

产品成本分析,可以借助于企业内部成本报表中的产品成本报表和成本计划等相关资

料进行分析。可分为：全部产品成本分析、可比产品成本分析、主要产品成本分析。

1. 全部产品成本分析。全部产品成本计划完成情况的分析，可分别按产品类别分析和按成本项目分析。

（1）按产品类别分析。按产品类别分析是指按每种产品的成本所进行的分析。在按产品类别进行分析时，应计算如下几个指标，即全部商品产品成本降低额和降低率，可比产品成本和不可比产品成本降低额和降低率，每种产品成本的降低额和降低率。

计算公式：

成本降低额＝按实际产量计算的实际成本－按实际产量计算的计划成本

成本降低率＝成本降低额/按实际产量计算的计划成本×100%

（2）按成本项目进行分析。按成本项目分析是指将按成本项目反映的全部商品产品的实际总成本与按成本项目反映的实际产量计划总成本相比较，计算每个成本项目成本降低额和降低率对总成本的影响，计算公式：

某成本项目实际成本比计划成本降低额＝该成本项目实际成本－该成本项目按实际产量计算的计划成本

某成本项目实际成本比计划成本降低率＝该成本项目实际成本比计划成本降低额/该成本项目按实际产量计算的计划成本×100%

某成本项目降低额对总成本的影响＝该成本项目实际成本/按实际产量计算的全部商品产品计划成本×100%

2. 可比产品成本分析。可比产品是指企业过去生产过并且有着完整的成本资料的产品。计算可比产品成本降低任务的完成情况，可以检查企业成本降低工作的成绩。可比产品成本分析包括可比产品成本降低任务的完成情况和变动的原因两个方面。

可比产品成本降低任务完成情况分析所需各项指标的计算公式为：

可比产品成本实际降低额＝$\sum$实际产量×（上年实际单位成本－本年实际单位成本）＝实际产量按上年实际单位成本计算的总成本－实际产量按本年实际单位成本计算的总成本

可比产品成本计划降低额＝$\sum$实际产量×（上年实际单位成本－本年计划单位成本）＝计划产量按上年实际单位成本计算总成本－计划产量按本年计划单位成本计算的总成本

可比产品成本实际降低率＝可比产品成本实际降低额/实际产量按上年实际单位成本计算的总成本×100%

可比产品成本计划降低率＝可比产品成本计划降低额/计划产量按上年实际单位成本计算的总成本×100%

分析：

降低额＝可比产品成本实际降低额－可比产品成本计划降低额

降低率＝可比产品成本实际降低率－可比产品成本计划降低率

影响可比产品成本降低任务完成情况的因素包括：产品产量、产品品种结构和产品单位成本三个方面。

（1）产品产量变动的影响。由于可比产品成本降低任务是根据可比产品计划产量计算的，而实际完成的成本降低额和降低率又是根据各种可比产品的实际产量计算的。从这一计算过程中可以看出，当产品的品种构成和单位成本不变时，产品产量的变动会引起成本降低额发生同比例的变动，但不影响成本降低率的变动。

（2）产品品种结构变动的影响。产品品种结构是指各种产品数量在全部产品数量总和中所占的比重。由于各种可比产品成本降低率在一般情况下是不相等的，因而，产品产量不是同比例增长，就会使降低额和降低率同时发生变动。如果实际产量中成本降低率大的产品比重提高，就会使全部可比产品成本降低额和降低率增长；反之，则减小。

在进行可比产品成本分析时，一般是用某产品的成本占全部产品成本的比重作为产品品种结构进行分析，其计算公式如下：

某产品的品种构成＝某产品的产量×该产品上年（计划或实际）单位成本／[每种产品产量×该产品上年（计划或实际）单位成本]×100%

（3）产品单位成本变动的影响。可比产品成本降低任务中所规定的成本降低额和降低率，是根据本年计划单位成本和上年实际单位成本进行比较计算的，而实际成本降低额和降低率则是根据本年实际单位成本和上年实际单位成本进行计算的。因此，当本年实际单位成本发生变动时，必然会引起可比产品成本降低额和降低率的变动。

产品单位成本变动对成本降低额和降低率的影响，可按以下计算公式：

产品单位成本变动对成本降低额的影响＝∑（实际产量×计划单位成本）－∑（实际产量×实际单位成本）

产品单位成本变动对成本降低率的影响＝产品单位成本变动对成本降低额的影响／∑（实际产量×上年单位成本）×100%

3. 主要产品成本分析。全部产品成本分析和可比产品成本分析都是对企业成本计划执行情况进行总括分析。为深入分析企业成本升降原因，还应对主要产品的单位成本进行具体的分析，以便提出改进的措施。产品单位成本分析一般是先将产品单位成本的实际数与计划等指标进行比较，计算其差异额和差异率，在此基础上，分析直接材料、直接人工、制造费用等各主要成本项目产生差异的原因。

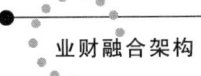
业财融合架构

（四）成本分析的方法

1. 对比分析法。对比分析法又称"指标对比分析法"。就是通过技术经济指标的对比，检查计划的完成情况，分析产生差异的原因，进而挖掘分析的方法。这种方法，具有通俗易懂、简单易行、便于掌握的特点，因而得到了广泛的应用，但在应用时必须注意各技术经济指标的可比性。

2. 因素分析法。因素分析法，又称连锁置换法或连环替代法。这种方法，可用来分析各种因素对成本形成的影响程度。在进行分析时，首先要假定众多因素中的一个因素发生了变化，而其他因素则不变，然后逐个替换，并分别比较其计算结果，以确定各个因素的变化对成本的影响程度。

3. 比率分析法。比率分析法，是指用两个以上的指标的比例进行分析的方法。它的基本特点是先把对比分析的数值变成相对数，再观察其相互之间的关系。

4. 相关成本分析法。相关成本分析法是指在短期经营决策中，当各备选方案的相关收入均为零时，通过比较各方案的相关成本指标，作出方案选择的一种方法。该方法实质上是相关损益分析法在相关收入为零时的特殊形式，以相关成本作为决定方案取舍的一种决策方法。

四、成本决策

（一）成本决策内容

成本决策是用决策理论，在预测、分析多个成本方案的基础上，选择最佳成本方案的行为，成本决策可分为宏观成本决策和微观成本决策。宏观成本决策主要是研究投资方向问题，微观成本决策主要是从追求最大成本利润率出发，在研究多种成本方案的基础上，为企业做出最有利的选择，本文探讨的是微观成本决策。成本决策是企业生产经营体系中的重要组成部分。成本决策所考虑的是企业资金耗费的经济合理性问题，因而成本决策具有较大的综合性，对其他生产经营决策起着指导和约束的作用。实现业财融合，可以使生产线上的业务操作人员衡量成本信息，动态更新企业生产链；也可以使财务人员增加业务知识，更能知晓如何有效降低成本。企业通过业财融合，实现业务流、资金流、信息流的整合，实现对企业各项活动的管理，实现企业价值的过程。

（二）成本决策的程序

成本决策的基本程序和要求如下。

1. 确定决策目标。成本决策的总体目标就是使生产经营活动中资金耗费水平达到最低，所取得的经济效益最大。在某一具体问题中，可采取各种不同的形式，但总的原则是必须兼顾企业目前与长远的利益，并且要通过自身努力能够实现。

2. 广泛搜集有关资料。广泛地搜集资料是决策是否可靠的基础。因此要求搜集的有关资料要全面、具体，以保证决策的正确。

3. 拟定可行性方案。进行决策，必须拟定多个可行方案，才能从比较中择优。拟定可行性方案时，一般应把握住两个原则：一是保持方案的全面完整性；二是满足方案之间的互斥性。

4. 作出选优决策。主要应把握两点：一是确定合理的优劣评价标准，包括成本标准和效益标准；二是选取适宜的选择方法，包括定量方法和定性方法。

（三）成本决策的方法

根据成本决策的类型，可以将成本决策方法分为：总额分析法、差量损益分析法、相关成本分析法、线性规划法和边际分析法。

1. 总额分析法。总额分析法以利润作为最终的评价指标，按照销售收入－变动成本－固定成本的算式计算利润，由此决定方案取舍的一种决策方法。之所以称为总额分析法，是因为决策中涉及的收入和成本是指各方案的总收入和总成本，这里的总成本通常不考虑它们与决策的关系，不需要区分相关成本与无关成本。这种方法一般通过编制总额分析表进行决策。此法便于理解，但由于将一些与决策无关的成本也加以考虑，计算中容易出错，从而会导致决策的失误，因此决策中不常使用。

2. 差量损益分析法。所谓差量是指两个不同方案的差额。差量损益分析法是以差量损益作为最终的评价指标，由差量损益决定方案取舍的一种决策方法。计算的差量损益如果大于零，则前一方案优于后一方案，接受前一方案；如果差量损益小于零，则后一方案为优，舍弃前一方案。差量损益这一概念常常与差量收入、差量成本两个概念密切相连。所谓差量收入是指两个不同备选方案预期相关收入的差异额；差量成本是指两个不同备选方案的预期相关成本之差；差量损益是指两个不同备选方案的预期相关损益之差。某方案的相关损益等于该方案的相关收入减去该方案的相关成本。可见决策中确定的差量收入、差量成本以及差量损益必须坚持相关性原则，凡与决策无关的收入、成本、损益均应予以剔除。

差量损益的计算有两个方法，一是依据定义计算，二是用差量收入减去差量成本计算，决策中多采用后一方式计算求得。差量损益分析法适用于同时涉及成本和收入的两个不同方案的决策分析，常常通过编制差量损益分析表进行分析评价。差量损益分析法可用于判断半成品是否深加工。

某些企业生产的成品,在完成一定的加工阶段时,既可以作为连续生产过程中的中间产品,也可以直接出售。如钢铁工业中的生铁,既可以进一步加工成钢或钢材,也可以直接向外出售。半成品立即出售,价格一般偏低,进一步深加工后再出售,价格一般较高,但需支付一定的深加工成本。究竟如何决策对企业更有利,这就要看对半成品深加工能否为企业带来一定的追加利润。由于深加工总是在已经完成的半成品的基础上进行的,所以,半成品阶段的加工成本与是否深加工的决策无关,属于决策的无关成本,应不予考虑。在决策分析时只要直接比较深加工阶段所需追加的成本和加工完成后所能增加的收入,即可判断出对半成品进行深加工是否对企业更为有利:当深加工后增加的收入大于深加工需要追加的成本时,深加工的方案较优;当深加工后增加的收入小于深加工需要追加的成本时,出售半成品的方案较优;当深加工后增加的收入等于深加工需要追加的成本时,两方案等价。

当半成品与产成品的投入和产出比不为1∶1时,还要考虑它们的相关产量。

【例4-3】某企业生产的甲半成品,年产量10000件,单位变动成本14元,单位固定成本6元,单位售价30元。若将其进一步深加工为乙产品再出售,预计单位售价可增加到42元,但需要追加直接材料6元、直接人工2元。

要求:就以下三种各不相关的情况,分别做出甲半成品是直接出售还是深加工后再出售的决策分析。

(1) 企业现已具备深加工10000件甲半成品的能力,不需追加专属成本,且深加工能力无法转移。

(2) 企业深加工需租用一台专用设备,年租金为50000元。

(3) 企业只具备深加工8000件甲半成品的能力,该能力可用于对外承揽加工业务,预计一年可获得贡献毛益35000元。

解:(1) 编制差量损益分析表,如表4-1所示。

表4-1　　　　　　　　　差量损益分析表　　　　　　　　　单位:件、元

项目	深加工为乙产品	直接出售甲半成品	差异额
相关收益	42×10000=420000	30×10000=300000	120000
相关成本	80000	0	80000
其中:加工成本	(6+2)×10000=80000	0	
差量损益			40000

由表可知,应继续对甲半成品进行深加工,企业可多获得利润40000元。

(2) 编制差量损益分析表,如表 4-2 所示。

表 4-2　　　　　　　　　　　　差量损益分析表　　　　　　　　　　　单位:件、元

项目		深加工为乙产品	直接出售甲半成品	差异额
相关收益		420000	300000	120000
相关成本		130000	0	130000
其中:加工成本		80000	0	
专属成本		5000	0	
差量损益				-10000

由于深加工出售乙产品比直接出售甲半成品少得利润 10000 元,因此,直接出售甲半成品对企业更为有利。

(3) 编制差量损益分析表,如表 4-3 所示。

表 4-3　　　　　　　　　　　　差量损益分析表　　　　　　　　　　　单位:件、元

项目		深加工为乙产品	直接出售甲半成品	差异额
相关收益		42×8000=336000	30×8000=240000	96000
相关成本		99000	0	99000
其中:加工成本		8×8000=64000	0	
机会成本		35000	0	
差量损益				-3000

由于直接出售甲半成品比深加工后再出售乙产品的利润多 3000 元,所以,这时应直接出售甲半成品。

3. 相关成本分析法。相关成本分析法是以相关成本作为最终的评价指标,由相关成本决定方案取舍的一种决策方法。相关成本是指与特定决策有关联、在决策时必须加以考虑的成本。相关成本越小,说明企业所费成本越低,因此决策时应选择相关成本最低的方案为优选方案。相关成本分析法适用于只涉及成本的方案决策,如果不同方案的收入相等,也可以视为此类问题的决策。决策方案涉及的成本项目和内容往往多种多样,有些成本与决策有关,而另一些成本则与决策无关,决策的基本原则是相关成本原则。哪些成本是相关的,取决于所要做的决策。辨别决策中的相关成本与非相关成本,对管理人员进行决策分析十分重要。相关成本与传统成本是两类不同的成本概念,区别在于:一是传统成本须在账簿中反映,而相关成本无需计入账内,只在决策过程中成为评价备选方案所必须加以考虑的因素;二是传统成本属于实际发生的费用支出,即实际成本,而相关成本大多属于未来可能的费用支出,是估计成本;三是传统成本的计算需遵守公认会计原则,故具有普

遍的适用性，而相关成本的计算无需遵循公认会计原则，只适用于决策这一特定范围。

（1）决策中的相关成本。相关成本的基本特点之一是相关成本是一种未来成本。由于决策是面向未来的，因此，只有未来将发生的成本才有可能导致决策方案的不同，过去已发生的成本不会影响决策结论的选择；特点之二是相关成本是一种有差别的未来成本。因为如果一个成本项目对任何决策备选方案都一样的话，其成本就不可能导致决策选择的差别。这样的成本显然与决策没有关系，在决策分析中无须考虑。一般来说，进行决策时需要考虑的相关成本主要包括以下5点。

①差别成本。差别成本是指可供选择的不同方案之间预期成本总额的差别，亦称差量成本。它包括增量成本和减量成本。差别成本既可以是固定成本，也可以是变动成本。同差别成本相对应的概念是差别收入，指各备选方案预期收入之间的差额。差别收入减去差别成本的余额反映了采用不同方案所形成的差别利润，是对有关方案进行对比选优的重要依据。

②机会成本。机会成本是为特定目的使用有限资源而放弃（或错过）的可获得的最大收益，是在对有限资源的利用进行决策分析时产生的概念。尽管机会成本不是一般意义上的成本，既不构成企业的实际支出，也不记入会计账簿，但它表明把资源用于某一方面可能取得的利益，是以放弃它用于其他方面可能取得的利益为代价的。因此，机会成本是在决策时必须认真考虑的一个现实因素，只有将落选方案所可能获得的"潜在收益"作为机会成本计入中选方案的相关总成本中，才能全面、合理地评价中选方案的经济效益。否则，就有可能造成决策失误。对于决策而言，机会成本是相关成本，并且与其他任何实际现金支出一样，具有相当的重要性。

③边际成本。从经济学的角度看，边际成本是指成本对业务量（产量）无限小变化的变动部分，即成本随业务量（产量）无限小变化的变动率。边际成本是总成本函数关于业务量（产量）的一阶导数。由于实际中，业务量（产量）的变化不可能是连续的，至少为一个单位，所以，边际成本是指业务量（产量）每增加或减少一个单位而引起的成本变动额。在生产能力的相关范围内，边际成本的表现形式就是增加或减少一个单位的差量成本，也就是单位生产成本。与边际成本相对应的概念是边际收入。边际收入是指业务量（产量）变动一个单位所引起的收入的变动数额。

④专属成本。专属成本是指固定成本中可以明确归属于某种、某批产品或某个部门等特定对象的成本，绝大多数变动成本均属于专属成本，没必要按此特性专门列示，所以，专属成本一般专指固定成本。例如，专门用于生产某种产品的专用设备的租金、保险费、折旧费等就是该产品的专属成本。

⑤可避免成本。可避免成本是指与特定备选方案相关联的成本，其发生与否，取决于

与其相关联的备选方案是否被选定。即某个备选方案如果被选定,与其相关联的某项成本就会发生。否则,该项成本就不会发生,即该项成本为可避免成本。

(2)非相关成本。非相关成本是指与特定决策无关的、在对决策进行分析评价时不必加以考虑的成本。由于过去已发生的成本不会因为未来的决策而产生任何变化,即它不具有导致未来决策结论产生差别的能力,因此,凡是历史成本均是与决策无关的成本。另外,在各个备选方案中,凡项目相同、金额相等的未来成本,也不会导致决策结论产生差异,也与决策无关。即无差别的未来成本也是决策的无关成本。非相关成本主要包括:

①沉没成本。沉没成本是指过去已经发生,不是目前或未来决策所能改变的成本。沉没成本有两个显著特征:一是过去已经发生;二是无论未来的决策结论怎样,其发生额均不会变化。从决策的相关性看,沉没成本是决策非相关成本,若决策时计入沉没成本,将使项目成本高估,从而得到错误的结论。

②共同成本。共同成本是指由几种、几批产品或几个部门共同负担的固定成本。共同成本的特点是:在一般情况下,无论选择哪一个决策方案,它都会发生且金额相同。所以,在通常情况下,它是决策方案的无差别成本,即不会导致决策差异,因此是无关成本。例如,企业管理人员的工资等。共同成本是与"专属成本"相对应的概念。

③不可避免成本。不可避免成本是与可避免成本相对应的成本概念。它是指在业务经营过程中必然发生的,其数额与决策活动无关的成本。例如,企业现有固定资产的折旧费、管理人员的工资等成本项目,无论企业在现有条件下是否改变经营方向,它们都必然发生,且成本数额不变。由于不可避免成本与备选方案没有关联,有关备选方案的取舍对其不存在影响,故在分析、评价有关备选方案时可以不予以考虑。

【例4-4】某零售商店主要有食品和日用品两个部门,由于食品部门亏损,商店经理想停止该部门的销售活动。具体情况如表4-4所示:

表4-4 相关成本分析表 单位:元

项目	食品	日用品	合计
销售额	5000	4000	9000
所销商品的变动成本与费用	4000	2800	6800
贡献毛益	1000	1200	2200
固定费用(工资、折旧、保险费、财产税等)			
可避免	750	500	1250
不可避免	300	500	800
固定费用总额	1050	1000	2050
营业收益	(50)	200	150

在这个决策中,哪些成本是经理应该考虑的?而哪些成本是不相关因而不需要考虑的?

如果停止食品部门,750 元的固定费用是可避免的,而 300 元的固定费用不可避免。所以,300 元的不可避免固定费用是不相关成本,不应考虑。决策应在比较停止食品部门会失去的贡献毛益 1000 元和可避免的固定费用 750 元的基础上进行,所以不应停止食品部门。如表 4-5 所示。

表 4-5　　　　　　　　　　　　相关成本分析表　　　　　　　　　　　　单位:元

项　目	停止食品部门	不停止食品部门
销售额	4000	9000
所销商品的变动成本与费用	2800	6800
贡献毛益	1200	2200
固定费用(工资、折旧、保险费、财产税等)	1300	2050
营业收益	(100)	150

4. 成本无差别点法。成本无差别点法是指对不同的备选方案,首先计算确定成本无差别点,然后把它作为数量界限来筛选最优方案的一种决策分析方法。成本无差别点,是指两个备选方案在总成本相等时(即能获得相同的利润)的产销量,其计算公式如下:

$$X = \Delta C / \Delta D$$

式中:Δ 表示成本无差别点时的产销量;ΔC 表示两个方案的固定成本总额差异(多支出数);ΔD 表示两个方案的单位变动成本差异(少支出数)。

【例 4-5】某企业生产一种产品有甲、乙两个备选方案,有关资料如表 4-6 所示。

表 4-6　　　　　　　　　　　　相关成本分析表　　　　　　　　　　　　单位:元

项　目	甲方案	乙方案	差量(甲-乙)
固定成本总额	33600	69600	-36000
单位变动成本	270	220	50
销售单价	400	400	0

根据表 4-6 资料所示,用成本无差别点分析法,作出在不同的产销量水平下,应当如何选取最优方案的决策。首先计算成本无差别点时的产销量。其计算如下:

x =(69600 - 33600)÷(270 - 220)= 720(件)

然后,把成本无差别点作为一个数量界限来筛选方案。如表 4-7 所示。

表 4-7　　　　　　　　　　　相关成本分析表　　　　　　　　　　单位：元

项目		产销量小于无差别点	成本无差别点	产销量大于无差别点
产销量：件		700	720	740
甲方案	销售收入	280000	288000	296000
	减：固定成本	33600	33600	33600
	变动成本	189000	194400	199800
	利润总额	57400	60000	62600
乙方案	销售收入	280000	288000	296000
	减：固定成本	69600	69600	69600
	变动成本	154000	158400	162800
	利润总额	56400	60000	63600

表 4-7 计算结果看出，当产销量达到成本无差别点的 720 件，甲、乙两方案所得的利润均为 60000 元。当产销量低于 720 件，甲方案所得利润较多。当产销量高于 720 件时，乙方案所得利润较多。因此，在决策时，如产销量较小，应重视固定成本节省的方案；如产销量较大，应重视变动成本较低的方案。

5. 线性规划法。线性规划法是数学中的线性规划原理在成本决策中的应用，此法是依据所建立的约束条件及目标函数进行分析评价的一种决策方法。其目的在于利用有限的资源，解决具有线性关系的组合规划问题。基本程序如下：

（1）确定约束条件。即确定反映各项资源限制情况的系列不等式。

（2）确定目标函数。它是反映目标极大或极小的方程。

（3）确定可能极值点。为满足约束条件的两方程的交点，常常通过图示进行反映。

（4）进行决策。将可能极值点分别代入目标函数，使目标函数最优的极值点为最优方案。

6. 边际分析法。边际成本是指每增加一单位的产量而产生的成本增加量。边际分析法是微分极值原理在成本决策中的应用，此法是依据微分求导结果进行分析评价的一种决策方法，主要用于成本最小化或利润最大化等问题的决策。

第三节　生产费用控制

生产费用控制主要包括费用归集与分配、成本费用控制设计等内容。

一、费用归集与分配

(一) 费用、成本与支出

1. 费用的分类及特征。

(1) 费用分类。按照《企业会计制度》界定,费用是指费用要素,费用要素包括生产费用、营业成本、营业税金、期间费用和所得税费用五个项目,这些费用要素源自企业的经营活动,通常意义上的经营活动是指采购活动、生产活动、销售活动及利润形成与分配活动。生产费用为生产活动形成,营业成本、营业税金为销售活动形成,期间费用可能是为采购活动、生产活动形成,也可能是为销售活动形成,所得税费用则为利润形成与分配活动形成。因此,这些费用要素可理解为企业经营活动中产生的费用,但不包括投资损失(投资活动)和营业外支出(经营活动之外)。其中,生产费用与其他几个项目具有不同的性质,生产费用并非直接抵减当期的收入,而是形成了存货—库存商品,最终通过销售转化为营业成本。

(2) 费用的特征。费用最终会减少企业的资源。这种减少具体表现为企业资产的减少或资源的耗费,从这个意义上讲,费用本质上是企业的一种资源流出,可以理解为流出概念。流出资源的具体形式可能是现金,也可能是其他非现金资产,还可能是提供劳务等。伴随资源流出产生的结果有两种:一种是在企业资源流出的同时有另一种资源流入(现金或债权等资产),并且流入资源的价值总是大于流出资源的价值(产生毛利);另一种是纯流出,即只有资源流出而没有资源流入,或流出与流入的因果关系难以确定。

费用最终会减少企业的所有者权益。通常企业的资金流入(收入)会增加企业的所有者权益,相反资金流出会减少企业的所有者权益,即形成企业的费用。根据会计恒等式,资产=负债+所有者权益,当企业的资源流出(资产减少)时,如果负债不变,必然会导致企业的所有者权益减少;或资产不变而负债增加时,也将会导致企业的所有者权益减少,这是企业发生费用的两种基本形式。但是,企业在生产经营过程中,有的资产减少是不应归入费用的,如偿债性资产减少,股利分配导致的资产减少等。

费用的发生是企业的主动行为。尽管费用的发生会减少企业的所有者权益,但它所取得的收入必须或者是发生的耗费,是决定收入的关键因素,没有耗费就没有所得,因此,为取得收入而发生的耗费行为,是企业日常活动的基点,是企业积极主动和预期的经营行为,这也是费用和损失的根本区别。虽然损失和费用都是与企业计算净收益相关的,都是当期收入的减去项目。但从理论上讲,收益的计算只能包括费用和收入的配比。损失是企业边缘性或偶发性的资源减少,它只是一种对收益的纯扣减而不属于企业所付出的努力。

2. 成本的分类及特征。

(1) 成本的分类。成本概念也有广义和狭义之分。广义成本是指为了取得资产或达到特定目的而发生或应发生的价值牺牲。它不仅包括产品成本,而且还包括期间成本;不仅包括耗费已发生的实际成本,而且还包括可能发生(应该发生)的预计成本、进行预测和决策所需的变动成本、固定成本、边际成本和机会成本。这个定义还提出了成本发生的目的性,即为了达到特定目的的价值牺牲。由此可见,这个定义主要是为了达到特定目的从整个价值牺牲去研究成本,不是单纯地从会计角度去看成本。因此,这个定义不只是为职能基础产品成本核算服务,主要是为管理服务,是广义的成本概念。广义成本概念的含义相当广泛,既包括财务会计的成本概念,又涵盖业财融合的各种成本概念,如变动成本和固定成本,直接成本和间接成本,可控成本和不可控成本,承诺成本和酌量成本,显性成本和隐性成本等。狭义成本是指为了生产产品或提供劳务而实际发生或应发生的价值牺牲,即生产产品和劳务成本(简称"生产成本")。它包含直接材料、直接人工、燃料及动力、制造费用及其他直接支出等。生产成本不包括期间费用(如管理费用、财务费用、销售费用),这个定义只是指生产成本或产品成本,是从会计角度来研究如何把为生产商品和提供劳务所发生的耗费和支出归集、计算出生产成本。所以说这个定义主要是为职能基础产品成本核算服务的,不是为成本管理服务的,是狭义的成本概念。

(2) 成本的特征。

①成本度量转化的资源。在商品经济社会里,企业要获得一项资源,必然要以牺牲另一资源为代价,这是价值规律的基本要求。那么,所获得的资源的入账价格是多少,现行制度(或准则)是以成本为计量基础的,即企业为取得这一资源付出了多少代价(成本),就是获得资源的入账价格(历史成本)。成本没有独立的存在形式,它必须依附于特定的资产或劳务而存在,离开了特定的资产或劳务来谈成本是没有意义的。成本只用来说明企业为获得一项资产或一项劳务而付出了多少代价,因此,成本是资源转化的量度。这也正好说明了为什么会计要素中没有成本要素的原因。

②成本不会减少所有者权益。由于成本是企业资源转化的量度,因此,企业发生成本,并没有发生资源的纯耗费,而是资源从一种形态转变成了另外一种形态,企业的总资源未发生变化,因而不会减少所有者权益。这是成本与费用的根本区别,也是"代价"和"耗费"的差异所在。

3. 支出的分类及特征。

(1) 支出的分类。支出泛指各项资产的减少,包括偿债性支出、成本性支出、费用性支出和权益性支出。其中偿债性支出属于筹资活动,成本性支出、费用性支出属于经营活动,权益性支出属于投资活动。偿债性支出是指用现金或非现金资产偿付各项债务的支出,它使资产和负债同时减少,如用银行存款归还长期借款等;成本性支出是指某一项现金或非现金资产的减少而引起另一项资产增加的支出,如用银行存款购入固定资产等,它使资产总额保持不变;费用性支出是指某一项现金或非现金资产的减少而引起费用增加的支出,它使资产和利润同时减少,如用现金支付业务招待费等;权益性支出是指某项现金或非现金资产的减少而引起利润以外其他所有者权益项目减少的支出,它使资产和所有者权益同时减少,如用银行存款购入库存股等。但是,并非所有资产的减少都属于支出,货币性资产项目的内部转化通常不被认为是支出,如应收账款收现存入银行,这里应收账款的减少就不属于支出。

(2)支出的特征。

①特定目的性。支出是企业为了实现特定经济目的而产生的资源流出(具有对外性的特征),即为了偿债、减资,或为了开展生产经营活动等。不管是哪项支出,均是在管理当局审慎决策下的理性行为,都是为了实现企业整体目标而开展的一系列活动中的有机组成部分。

②可计量性。支出的本质是资产流出企业,支出的多少是通过资产减少的金额来确定的,由于会计要素的确认标准之一是可计量性,即资产的可计量性,则必然导致支出的可计量性,因而支出的多少是可以计量的。

③多样性。不同的目的有不同的支出,会导致不同的结果,当然,并不是所有的资产内部转换行为都属于支出。

(二) 生产费用与产品成本的联系与区别

在多数情况下,"生产费用"与"产品成本"两词是通用的,但生产费用与产品成本仍然是两个不同的概念。

1. 两者的联系。生产费用是生产性消费的货币表现,由于生产产品而发生的生产性消费,理应由它所生产的产品来负担,即生产费用是形成产品成本的基础。产品成本是指企业为了生产产品而发生的各种耗费。产品成本是对象化的生产费用。由于期间的存在,企业在一定时期内所发生的生产费用和计入当期产品成本的生产成本并不完全相同。

2. 两者的区别。

(1)概念不同。生产费用是一定时期内生产经营活动所耗费的物化劳动和活劳动的总和。企业在生产过程中消耗的材料、人工、机器设备,这些都是为生产产品而发生的费用,是生产费用。生产费用是企业在某一时期进行生产所发生的全部费用,是企业在某一时期投入生产的 C、V 个别劳动耗费,是从"投入"来考查的。

生产成本是指生产活动的成本，即企业为生产产品而发生的成本，是为生产产品或提供劳务而发生的各项生产费用，即按一定种类归集计入生产产品中的生产费用。产品成本则是从"产出"来考查的，是指企业生产某种（些）产品所发生的生产费用总和，它可能包括几个时期的生产费用，是产出产品所含的 C、V 个别劳动耗费的总和。

（2）构成不同。生产费用包括进行产品生产发生的费用和进行其他生产活动所发生的各项非工业生产费用。生产费用的发生过程，是产品成本的形成过程，因而生产费用是构成产品成本的基础。生产成本是指应计入产品成本的生产费用，不包括进行其他活动所发生的非工业生产费用，主要包括直接材料费、直接工资、其他直接费用以及分配转入的间接费用。生产费用范围要广于产品成本范围。

（3）费用归集的期间不同。生产费用是以发生的期间进行归集的。产品成本是与一定产品相联系的，是以应计入产品成本的期间进行归集的。

（4）对费用的分类不同。生产费用按照费用的经济性质分类，可以分为劳动对象、劳动资料和活劳动消耗三大要素。按经济用途可分为计入产品成本的生产费用和不计入产品成本的生产费用（直接计入当期损益的期间费用）两类。按计入产品成本的方法分类，分为直接费用和间接费用。直接费用一般可以根据有关凭证直接计入产品成本，间接费用一般要确定合理的分配标准进行分配计入产品成本。分配标准确定是否合理直接影响产品成本计算的正确性。产品成本是在生产费用按经济性质分类的基础上，再按经济用途具体分为原材料费、工资及附加费、车间经费、企业管理费等成本项目。

二、成本费用控制设计

（一）费用控制的原则

1. 先开源后节流。财务部要执行高层提出控制费用的政策，但在实际执行过程中会遇到不少阻力，所以需要把开源放在节流的前面，肯定销售部门对公司整体收入增长方面做出的重要贡献，肯定销售部门的业绩有利于团结销售部门，减少财务部门在推行费用控制措施中的阻力。同时，公司收入首先要有大幅度的增长，才能谈费用的控制，因为费用从某一方面讲是一种投资。如果一个新产品上市时的市场推广费用不足，很可能导致该产品刚上市就面临不被市场认可甚至夭折。因此，控制费用是必要的，但前提一定是先有收入的增长，而后才谈到如何节省开支，即先花钱（不花钱就没有产出），后省钱（同样的产出怎样才能少花钱）。

2. 只控制不压制。这个原则实际上和第一条是紧密相关的，不花钱就没有产出，因此就非常有必要研究怎样在同样的产出下少花钱,这就是一个支出的合理性问题。通常情况下的费用控制,大都是一味地压缩费用,比如一些大型的集团化的跨国企业,在预算中对于一些终端运营单位采取僵化的自上而下的费用分解,导致运营终端由于集团总部费用预算的硬性约束难以对变化中的市场采取积极的应对措施,导致丧失市场机会。因此,在对待费用的合理化问题上,要尽可能地将费用审批的权利下放到业务前端,如直接主管,他们是对业务最熟悉,最了解情况的,给予一定的费用审批权限便于抓住转瞬即逝的市场机会,达到"开源"的目的。另外,控制也指向资源重点投入,即在一定的资源约束的前提下,预算时一定要对支出项目作出优先级排序。对于重点拓展的产品和区域、战略市场等一定不要吝啬,一定要学会"烧钱",而对于那些非核心的业务要"惜土如金",尽量压缩开支。

3. "前端"优于"后端"。控制费用的关键点在花钱的人,即业务部门,如研发部门,销售部门,采购部门等。比如差旅费用,大多数公司的做法是在出差前填写出差申请单,出差回来后凭出差申请单和发票等到财务部门报销,如果财务部门发现有不合理、不合规的交通费、招待费等就退单或者要求业务人员进行详细的解释说明,否则不予报销。这就是一种典型的从后端进行费用控制的思路,即费用已经发生了才判断是否合理,弊端是财务人员为了控制费用,在业务人员面前成了"坏人",业务人员认为是必要合理的支出,而财务人员由于不了解业务不知道是否合理,解释说明做多了,业务人员觉得财务不信任业务,导致财务人员与业务人员关系紧张。而如果费用控制从前端开始,效果就大有不同:业务人员在出差之前,出差申请单不仅要预计出差行程还要按照作业成本法列出每一个业务活动预计的费用支出,在审批时直接主管就可以根据此次出差的目的、任务等判断哪一些业务活动是与本次出差目的无关的,对于那些非增值性的作业活动就可以考虑不予批准,这样通过减少作业活动,对应地控制没有必要的及不合理的费用支出。财务人员在报销时只需核对出差申请单和实际费用支出情况、发票有无问题,而且业务部门的出差申请也可以为财务部门的资金预算提供可靠信息。

(二) 费用控制的内容

从现代管理意义上来说,成本费用的内部控制已非仅仅在成本费用发生时如何降低成本费用而采取的措施,而是一个多维的、立体的控制系统,它关注从产品的设计、生产、销售到消费的所有环节、关注全面质量管理、关注产品寿命周期、关注价值链的形成关注企业各种作业活动。

成本费用内部控制需要在建立健全各项基础工作的基础上,实施事前、事中、事后的控制。

1. 事前成本费用控制。

（1）成本费用预算。成本费用预算以销售预算为基础，由成本费用消耗部门根据成本费用预测结果进行编制。而成本费用预算的核心就是成本费用的预测。成本费用预测是指根据单位的经营总目标和预测期可能发生的各个影响因素，采用定量和定性的分析方法，确定目标成本和费用，预计成本和费用水平和变动趋势的一种管理活动。成本费用预测的方法一般分为定性分析法和定量分析法两类。成本费用预测的步骤包括：

①根据企业的经营总目标，提出初选的目标成本；

②初步预测在当前生产经营条件下可能达到的成本水平；

③提出各种降低成本方案，对比、分析各种成本方案的经济效果；

④选择成本最优方案并确定正式目标成本。

企业在进行成本预测时，应注意以下几方面控制：

①预测必须建立在充分的历史成本资料基础上，会计人员应为此提供真实、完整的资料；

②应当结合本单位的实际情况，选择适合本企业的成本费用预测方法；

③要避免直接把过去的成本费用水平略加修改就形成预测；

④要结合市场，结合单位成本费用控制水平，预测必须切合实际。

（2）划分责任中心，明确责任目标。责任中心是企业内部可在一定范围内控制成本发生、收益实现和资金使用的组织单位，是全面预算的执行主题。按责任和控制范围的大小，这些责任单位可以分为成本中心、利润中心和投资中心。企业必须划分若干既相互区别、又相互联系的责任中心，并明确其权责范围。明确权责范围非常重要，否则有关责任中心就难以充分发挥生产经营的积极性和主动性，就不可能完全落实经济责任和行使真正意义上的控制。

（3）制定成本费用的控制目标。企业应当根据预定的目标在生产前预先制定成本费用控制标准。预计成本与目标管理方法的结合是有效进行成本比较的手段，也是评价考核单位及责任中心成本业绩的标准尺度。

2. 事中成本费用控制。事中成本控制是指在成本发生期间或成本发生的过程中，为保证成本控制制度的落实，降低成本费用，确保成本记录真实，及时提供全面可靠的成本费用耗用资料，为企业改进成本控制方法、提高成本控制管理水平采取的一系列措施。

3. 事后成本费用控制。

（1）成本费用分析。企业会计部门按照成本费用归口分级管理的原则，运用专门的方法进行成本费用分析，通过分析，及时掌握成本费用升降的原因。企业经过成本分析，找出差异原因，据此采取纠正措施，或修订成本费用标准，以推动今后的成本费用内部控制

工作可以更好地进行。

单位对各项成本费用及其升降情况的分析应包括以下内容：成本、费用计划完成情况的分析，成本、费用降低任务完成情况的分析，单位成本的分析，营运支出项目的分析。在成本分析中应注意以下两个方面：

①成本分析应当结合成本标准和成本控制目标，联系实际情况，分析其深层次的原因，是内因还是外因？是人为可控的还是不可控的？

②通过分析，要找出差距，提出改进措施。

（2）考核评价。为了使成本费用控制系统发挥积极作用，维持系统长期有效运行，单位必须建立一套完善的成本费用考核评价制度。即单位应当定期比较成本费用实际执行情况与成本费用标准，从而对目标成本的实现情况和成本计划指标的完成结果进行全面的审核和评价，然后把考核评价结果同利益奖惩相结合，利用利益机制来激发成本中心完成目标的积极性。在考核评价过程中应注意奖惩分明，不得奖惩不分，或有奖无惩。

第四节

存货控制

业财融合存货控制主要包括存货采购、存货仓储、存货退回和存货盘存等。

一、存货采购

（一）采购成本的确定

企业要进行正常的产品生产经营活动，就必须购买和储备一定品种、数量的原材料。原材料是产品制造企业不可缺少的物质要素，包括原料及主要材料、辅助材料、燃料等。在生产过程中，原材料经过加工改变其原来的实物形态，构成产品实体的一部分，或者实物消失而有助于产品的生产。原材料是企业的一种非常重要的存货，其在生产过程中使用的数量比较多，在产品成本中所占的比重比较大，占用的流动资金也就比较多，因此产品制造企业必须加强对原材料的核算和管理，做到有计划地采购原材料，既要保证及时、按质、按量地满足生产上的需要，同时又要避免储备过多，不必要地占用资金。企业储存备用的原材料，通常都是从外单位采购的。在材料采购过程中，一方面企业从供应单位购进各种材料，要计算购进材料的采购成本；另一方面企业要按照经济合同和约定的结算办法支付材料的买价和各种采购费用，并与供应单位建立货款结算关系。在材料采购业务的核算过程中，还涉及增值税进项税额的计算与处理问题。

企业购入的原材料，其实际采购成本[①]包括购买价款、相关税费、保险费及其他可归属于存货采购成本的费用。

1. 购买价款。购买价款是指企业购入的材料或商品的发票账单上列明的金额，但不包括专用发票上注明的可以抵扣的增值税税额。

2. 相关税费。相关税费是指企业购买、自制或委托加工存货发生的进口关税和其他税金。进口关税是指从中华人民共和国境外购入的货物和物品，根据税法规定所缴纳的进口关税；其他税金是指企业购买原材料发生的消费税、资源税和不能从销项税额中抵扣的增值税等。

3. 保险费。保险费是指企业在存货的购买过程中发生的财产保险费等。

4. 运输途中的合理损耗。运输途中的合理损耗是指企业与供应或运输部门签订的合同中规定的合理损耗或必要的自然损耗。

5. 入库前的整理挑选费用。入库前的整理挑选费用是指购入的材料在入库前需要挑选整理而发生的费用包括挑选过程中所发生的工资、费用支出和必要的损耗，但要扣除下脚料、残料的价值。

6. 其他费用。其他费用是指除了上述各项内容之外，可直接归属于材料采购成本的各种费用，如材料在采购过程中发生的仓储费、包装费等。

以上各项费用若能归集到某种材料中，可以直接计入该种材料的采购成本，不能分清的，应按材料的重量、买价等比例，采用一定的方法分配计入各种材料的采购成本。

企业购入的原材料发生的采购费用如果数额较小，可以不作为采购成本，而是在其发生时直接计入当期损益。

对于存货在采购过程中发生的物资毁损、短缺等，除合理的途耗应当作为存货的其他可归属于存货采购成本的费用计入采购成本外，应区别不同情况进行处理：

第一，从供货单位、外部运输机构等收回的物资短缺等其他赔偿，应冲减所购物资的采购成本。

第二，因遭受意外灾害发生的损失和尚待查明原因的途中损耗，暂作为待处理财产损溢进行核算，查明原因后按照管理权限报经批准后计入管理费用或营业外支出。

---

① 刘永泽，陈文铭. 会计学［M］. 东北财经大学出版社，2015.

（二）合理确定材料采购和生产批量

在原材料采购时，企业不能采购的过多，这样生产用不完就会占用库存，也不能采购得过少，这样就不能满足生产所需。因此合理地确定材料采购批量及生产批量，就显得极其重要。

1. 合理确定材料采购批量。材料采购既要保证生产经营的需要，又要节约资金占用，防止材料超储积压。因此，供应部门应在考虑采购限额的同时，考虑采购批量对存货总成本的影响。采购批量是指每次采购的数量，它既要满足生产需要，又要最大限度降低成本。储备存货总成本包括订购成本、储存成本和缺货成本。订购成本包括每次订购材料的运杂费、到货材料的检验费、采购人员的差旅费等。储存成本包括变动性仓储费、保险费、库存损耗和贷款利息费等。在一定时期内，当材料采购总量和费用水平不变时，采购批量与订购成本和缺货成本呈反比，即采购批量越大，采购次数越少，订购成本越小，缺货成本也越小；采购批量与储存成本呈正比，采购批量越大，储存成本越大。按企业是否出现缺货情况，材料采购经济批量可以采用两种模型计算，即不出现缺货经济进货批量基本模型和可能出现缺货时的经济进货批量模型。

（1）经济进货批量基本模型。经济进货批量基本模型是假定企业需要的材料市场货源充足，没有其他约束条件限制，企业不会出现缺货情况。因此，与采购存货有联系的成本只包括订购成本和储存成本，经济进货批量[①]是采购存货相关总成本最低的批量。

采购存货相关总成本 = 订购成本 + 储存成本

= 全年订购总量/每次订批量后 × 每次订购费用 + 每次进货批量

× 单位存货年储存成本

采购存货相关总成本的大小取决于每次进货批量，为了求其极小值，对其求导计算，得出下面公式。

$$Q = \sqrt{\frac{2SP}{C}}$$

式中：Q 为最佳批量；P 为每次采购的订购成本；S 为定时期材料采购总量；C 为一定时其单位存货的储存成本。

（2）可能出现缺货经济进货批量模型。企业受资源条件等限制，在采购过程中，可能出现不能保证材料的情况。因此，经济进货批量的确定还要考虑缺货成本的影响。缺货成本是指由于材料不能保证供应造成的生产经营的损失额。经济进货批量是订购成本、储存

---

① 王玉春. 财务管理 [M]. 南京大学出版社，2013.

成本和缺货成本最低的批量,最佳采购批量通过下面的公式计算。

$$Q = \sqrt{\frac{2SP}{C} \times \frac{C+R}{R}}$$

$$RP = \frac{Q \times C}{C+R}$$

式中,R 为单位缺货成本;RP 为平均缺货量;其他的含义与前文相同。

2. 合理确定生产批量。产品投产一般是分批进行的,在规定产品投入量和产出量时,还要考虑每批投产的数量,即批量。与批量相关的费用有生产准备费用、产品的储存费用。在全年产量一定的情况下,投产批量越大,生产准备次数就越少,生产准备费用也就越少,但储存费用增加。相反,投产批量越小,生产准备次数就越多,生产准备费用也就越大,但储存费用减少。能使生产准备费用与储存费用之和最低的批量,即总费用最低的批量为最佳批量。最佳生产批量计算公式如下:

$$Q = \sqrt{\frac{2NA}{S}}$$

式中,Q 为最佳生产批量;N 为年产量;A 为平均每次生产准备费用;S 为平均单位产品储存费用。

【例 4-6】某企业全年某产品产量 80000 件,平均每次生产准备费用为 2000 元,平均单位产品储存费用为 20 元,求最佳生产批量。

解:设最佳生产批量为 Q,则有

$$Q = \sqrt{\frac{2 \times 80000 \times 2000}{20}} = 4000 \text{(件)}$$

二、存货储存

(一) 存货储存成本的确定

储存成本[①]是指单位产品或零部件在储存过程中所发生的年成本。相关的储存成本包括仓库及其设备的维修费、折旧费、保险费、保管人员工资、利息支出、自然损耗等内容。

这类成本与生产批次的多少没有直接联系,而与生产批量成正比变化,即批量越大,年储存成本越高;反之,就越低。

---

① 吴大军,牛彦秀. 管理会计 [M]. 东北财经大学出版社,2013.

若设全年单位储存成本为 C，生产批量为 Q，平均每天生产量（即入库量）为 p，平均每天发出量（即出库量）为 d，全年调整准备成本为 TC，则有：

TC ＝ 单位储存成本 × 年平均储存量

＝ 单位储存成本 × $\frac{1}{2}$ × 每批生产终了时的最高储量

＝ 单位储存成本 × $\frac{1}{2}$ × $\frac{生产批量}{每天产量}$ ×（每天生产量 － 每天发出量）

＝ $\frac{1}{2}$ × 单位储存成本 × 生产批量 × $\left(1 - \frac{每天发出量}{每天生产量}\right)$

＝ $\frac{CQ}{2} \times \left(1 - \frac{d}{p}\right)$

（二）安全储备量

安全储备量是指在交货期、材料的每日平均耗用量这两个因素不稳定的情况下，为保证不至于缺货或将缺货限制在允许的范围内而准备的保险储备量，用 I 表示。

再订货点的计算公式为：

R ＝ 每日平均耗用量 × 交货期天数 ＋ 安全储备量

＝ f × t_1 ＋ I　　　　　　　　　　　　　　　　　　　　　　（4 － 1）

＝ 交货期平均耗用量 ＋ 安全储备量　　　　　　　　　　　　　（4 － 2）

（4 － 1）式和（4 － 2）式中，安全储备量的确定比较复杂，一般可按经验估计或采用概率方法进行估算（具体方法略），亦可按每日耗用量乘以保险日数（用 t_2 表示）计算。此时，I ＝ f × t_2。

若设任一时刻的库存储备量为 Q2，当 Q2 ＞ R 时，不需要组织采购；当 Q2 ＝ R 时，应立即组织采购，采购量为经济批量 Q^*。在后一种情况下，（4 － 1）式可写成：

R ＝ f × (t_1 ＋ t_2)

R：再订货点；f：每日平均耗用量；t_1：交货期天数；I：安全储备量；t_2：保险日数。

三、存货退回

当库存的存货在企业生产之后，仍有剩余，这时就需要进行存货退回入库管理，是存货管理中重要的一项。

1. 存货退回入库。存货退回入库流程如图 4 － 1 所示。

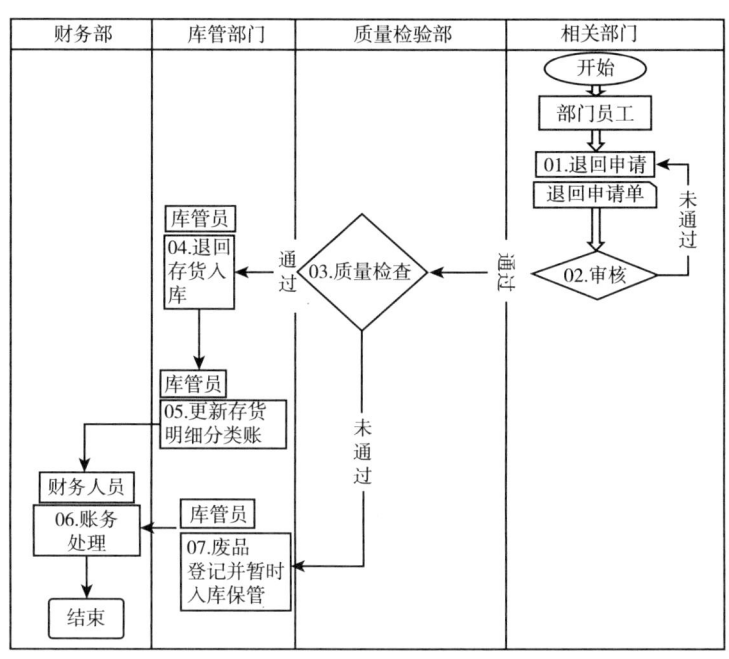

图 4-1 存货退回入库流程

2. 存货退回入库流程具体步骤。存货退回入库流程中各步骤的具体内容和操作如下：

①车间的物料退回申请人提出退回申请，填制退回申请单。

②车间负责人对退回物料的型号规格等进行初步审核，审核通过后在退回申请单上签字确认。

③交由质检部门进行质量检验。质检合格执行步骤④—⑥，质检不合格执行步骤⑦。

④库管员对退回物料办理退回入库手续。

⑤库管员更新存货分类明细账。

⑥财务人员及时进行相关账务处理。

⑦若质检不合格执行此步骤。质量不合格的退回物料划分为废品，由库管员进行登记后暂时保管，等待报废处置。

四、存货盘存

（一）永续盘存制

永续盘存制[①]又称账面盘存制，是指在会计核算过程中，对于各种存货平时根据有关

---

① 袁华. 基于企业存货清查及其账务处理分析[J]. 黑龙江科技信息，2011（27）：131，308.

的凭证，按其数量在存货明细账中既登记存货的收入数，又登记存货的发出数，可以随时根据账面记录确定存货结存数的制度。在永续盘存制下确定存货数量的计算公式是：

期末结存存货数量 = 期初结存存货数量 + 本期收入存货数量 − 本期发出存货数量

采用永续盘存制确定存货的数量，要求建立、健全存货的收入、发出的规章制度，随时在有关账面上能够了解到存货的收入、发出及结存的信息，并保证这些信息的准确无误，为此，就应该对存货进行定期或不定期的清查盘点，以确保账面是否相符。这种盘存制度核算手续比较严密，在一定程度上能起到防止差错、提供资料全面、便于加强管理和保护存货安全完整的作用，而且，通过存货明细账所提供的结存数，可以随时与预定的最高、最低库存限额进行比较，发出库存积压或不足的信号，以便及时处理，加速资金周转。但是，在这种方法下，存货明细账核算的工作量较大，同时还可能出现账面记录与实际不符的情况，为此就要对存货进行定期或不定期的核对，以查明存货账实是否相符。

（二）实地盘存制

实地盘存制又称以存计耗制或以存计销制。是指在会计核算过程中，对于各种存货、平时只登记其收入数，不登记其发出数，会计期末通过实地盘点确定实际盘存数，倒挤计算本期发出存货数量的一种方法。实地盘存制下有关的计算公式为：

期初结存存货 + 本期收入存货 = 本期耗用或销售存货 + 期末结存存货

期末结存存货成本 = 实际库存数量 × 存货单位成本

实际库存数量 = 实地盘点数量 + 已提未销数量 − 已销未提数量 + 在途数量

本期发出存货成本 = 期初结存存货成本 + 本期收入存货成本 − 期末结存存货成本

采用实地盘存制，将期末存货实地盘存的结果作为计算本期发出存货数量的依据，平时不需要对发出的存货进行登记，应该说核算手续比较简单。但是，采用这种方法，无法根据账面记录随时了解存货的发出和结存情况，由于是以存计销或以存计耗倒算发出存货成本，必然将非销售或非生产耗用的损耗、短缺或贪污盗窃造成的损失全部混进销售或耗用成本之中，这显然是不合理的，也不利于对存货进行日常的管理和控制。同时，在存货品种、规格繁多的情况下，对存货进行实地盘点需要消耗较多的人力、物力，影响正常的生产经营活动，造成浪费。因此，这种方法一般适用于存货品种规格繁多且价值较低的企业，尤其适用于自然损耗大、数量不易准确确定的存货。

由以上所述我们可以看出，不论是永续盘存制还是实地盘存制，都要每年至少对存货进行一次实物盘点，所以，在实际工作中一个企业往往不是单一地使用永续盘存制或实地盘存制，更为实际的选择是在永续盘存制的基础上对存货进行定期盘存，把两种盘存制度结合使用，使之优势互补。

本章参考文献

[1] 李恒兴，鲍钰主编．采购管理［M］．北京：北京理工大学出版社，2018．

[2] 欧阳振安，严石林主编．仓储管理［M］．北京：对外经济贸易大学出版社，2010．

[3] 吴新燕，王常伟主编．仓储管理实务［M］．南京：东南大学出版社，2016．

[4] 谢合明主编．生产过程管理［M］．重庆：重庆大学出版社，2004．

[5] 王淑君编著．生产过程质量控制［M］．北京：中国标准出版社，1997．

[6] 刘永泽，陈文铭．会计学［M］．大连：东北财经大学出版社，2015．

[7] 王玉春．财务管理［M］．南京：南京大学出版社，2013．

[8] 吴大军，牛彦秀．管理会计［M］．大连：东北财经大学出版社，2013．

[9] 袁华．基于企业存货清查及其账务处理分析［J］．黑龙江科技信息，2011（27）：131，308．

第五章　业财融合销售控制系统

销售控制系统业财融合的目标有两个：其一，合理配置财务资源，精细化商机管理，驱动销售业绩稳健增长；其二，依托业财融合大数据平台，运用科学的风险管理工具与方法，准确识别并防范销售管理过程中的各类风险。本章围绕销售业务控制系统，主要介绍销售业务管理、销售收入管理（含销售税金）、应收账款管理和销售成本费用管理的各项流程和控制措施。

第一节　销售业务管理

销售业务指的是企业销售商品并收取货款的行为。加大营销力度、拓宽销售渠道、扩大市场份额是企业生存、发展和壮大的必由之路。

一、销售业务流程

流程管理是业务管理的先导。企业欲强化销售业务管理，首先应当全面梳理现有销售业务流程。销售业务流程包括销售计划管理、客户开发与信用管理、销售定价、订立销售合同、发货、收款、客户服务和会计系统控制等环节，如图5-1所示。

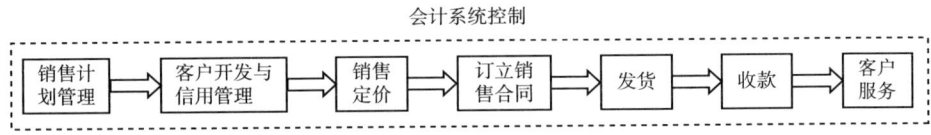

图5-1　销售业务流程

(一) 销售计划管理

销售计划管理是指在销售预测的基础上，结合前期销售状况和企业现有生产能力，设定销售目标额，进而设计具体营销方案和实施计划，以实现销售目标的过程。销售计划环节面临的主要风险包括销售预测依据的假设是否合理、销售计划是否获得授权审批、销售计划是否与企业战略一致等。

销售计划主要管控措施：第一，企业应当根据前期销售状况和发展战略，结合企业实际情况，制订年度销售计划和月度销售计划；第二，根据实际销售情况和市场行情变化，在履行相应的审批程序之后适时调整销售计划。

(二) 客户开发与信用管理

企业应当在维护好现有客户的前提下，努力开发潜在客户，拓宽销售渠道。应建立完善的信用管理体系，对新客户做好科学的资信评估，充分考虑企业自身可接受的风险水平。该环节面临的主要风险包括未能充分挖掘市场潜在需求、客户信用评估风险识别不当导致坏账、信用政策制定失当等。

客户开发与信用管理主要管控措施：第一，企业应当在充分调研市场的基础上，合理细分市场以确定目标市场，根据不同目标群体的具体需求，确定定价机制和信用方式，灵活运用销售折扣、销售折让、赊销、代销和广告宣传等多种策略和营销方式，促进销售目标实现，不断提高市场占有率。第二，建立和不断更新维护客户信用动态档案，由与销售部门相对独立的信用管理部门对客户付款情况进行持续跟踪和监控，提出划分、调整客户信用等级的方案。根据客户信用等级和企业信用政策，拟定客户赊销限额和时限，经销售、财务等部门具有相关权限的人员审批。对于境外客户和新开发客户，应当建立严格的信用保证制度。

(三) 销售定价

销售定价是指商品价格的确定及其审批。该环节的主要风险包括定价或调价是否科学、是否充分考虑了市场供需状况、保本点和利润测算是否准确、商品定价是否符合国家监管政策的要求，是否得到恰当审批等。

销售定价主要管控措施：第一，应当在满足国家价格监管政策的前提下，综合考虑企业财务与营销目标、产品成本、市场状况及竞争对手情况等多方面因素，确定产品基准定价。定期评价产品定价的合理性，定价或调价需获得相应层级管理者的审批；第二，执行浮动价格的企业应审查价格浮动是否在企业价格政策许可的范围之内；第三，销售折扣、销售折让等政策的制定应当获得相应权限人员的审批。销售折扣、销售折让授予的实际金额、数量、原因及客户名单应记录在册以备查。

（四）订立销售合同

企业与客户订立销售合同，明确买卖双方应当履行的权利和义务，防范潜在的销售风险。该环节的主要风险包括合同内容是否存在重大疏漏、是否存在合规风险以及合同的签订是否得到授权与审批。

销售合同订立的主要管控措施：第一，订立销售合同前，企业应当指定销售专员与客户进行业务洽谈、磋商或谈判，关注客户信用状况，明确销售定价、结算方式、权利与义务条款等相关内容。重大销售业务的谈判还应当吸收财务、风控、合规等部门人员参与，并形成完整的书面记录；第二，企业应当建立健全销售合同起草、审核、订立及审批管理制度。审核、审批应当重点关注销售合同草案中提出的销售价格、信用政策、发货及收账政策等。重要的销售合同，务必征询企业法律部门或法律顾问的意见和建议；第三，销售合同草案经审批同意后，企业应授权有关人员与客户签订正式销售合同。

（五）发货

发货是依据销售合同的约定向客户供货的环节。该环节的主要风险包括是否根据客户的发货要求以保障发货的及时性和准确性、发货记录信息是否完整、是否建立了缺货、质量问题或其他异常情况的应急处置机制等。

发货环节主要管控措施：第一，销售部门应当按照获得审批后的销售合同开具销售通知单，交由仓储部门和财务部门；第二，仓储部门应当审核销售通知单，落实出库、计量、运输等环节的岗位责任，严格按照所列的发货品种和规格、发货数量、发货时间、发货方式、接货地点等，按期组织发货，形成相应的发货单据；第三，签订运输合同，明确运输方式、商品缺损或变质的责任、到货验收方式、运输费用承担、保险等内容；第四，做好发货记录，填制相关凭证，登记销售台账，实施全过程销售控制。

（六）收款

收款是指销售方依据销售合同规定的结算方式和时间收取货款的行为。该环节的主要风险包括因信用政策失当导致坏账、因结算方式选择不当导致收账成本过高、收款被员工非法侵吞。

收款环节主要管控措施：第一，加强票据管理，严格票据审查；第二，加强赊销管理，商品的赊销应由信用管理部门审核客户信用水平，并经相关领导审批。当客户信用等级不够时可考虑以资产抵押、担保等形式来保障应收款的资产安全;第三,应完善应收款项管理制度,落实责任、严格考核与奖惩。销售部门负责应收款项的催收,催收记录(包括往来函电、电子邮件)应妥善保存;第四,加强代销业务款项的管理,及时与代销商结算款项,对代销商的财务与经营状况保持一定程度的了解。

(七)客户服务

客户服务是指在企业与客户之间建立信息沟通机制,对客户提出的问题,企业应予以及时解答或反馈、处理,不断改进商品质量和服务水平,以提升客户满意度和忠诚度(黏性)。客户服务包括产品维修、销售退回、维护升级等。该环节的主要风险包括因服务水平低导致客户满意度下降,影响公司品牌形象和声誉,造成客户流失。

客户服务主要管控措施:第一,向同行标杆企业学习客户服务,建立和完善客户服务制度,包括客户服务内容、标准、方式等;第二,安排专人或部门追踪客户服务。企业可根据实际需要按产品或地理区域设立客户服务中心。加强售前、售中和售后服务,建立有效的客户服务质量评价机制(例如,将客服人员的薪资与客户满意度挂钩);第三,建立产品质量管理制度,加强销售、生产、研发、质量检验等相关部门之间的沟通协调;第四,做好客户回访工作,定期或不定期开展客户满意度调查;建立客户投诉制度,记录所有的客户投诉,分析产生原因及解决措施;第五,加强销售退回控制。销售退回需经具有相应权限的人员审批后方可执行;销售退回的商品应当参照物资采购办理再入库管理。

(八)会计系统控制

会计系统控制是指利用记账、对账、不相容岗位职责相互分离、档案管理、工作交接程序等会计控制方法,确保企业会计信息真实、准确、完整。会计系统控制包括销售收入的确认、应收款项的管理、坏账准备的计提和冲销、销售退回和折让的处理等内容。该环节的主要风险包括销售业务会计系统控制不当导致企业账实不符、账证不符、账账不符或者账表不符,影响相关科目会计核算的准确性。

会计系统控制主要管控措施:第一,企业应当加强对销售、发货、收款业务的会计系统控制,保留详细的销售记录和过程性资料,确保会计记录、销售记录与仓储记录核对一致;第二,建立应收账款清收核查制度,销售部门应定期与客户对账,并取得书面对账凭证,财务部门负责办理资金结算并监督款项回收;第三,及时收集应收账款相关凭证资料并妥善保管;及时要求客户提供担保;对未按时还款的客户,采取申请支付令、申请诉前保全和起诉等方式及时清收欠款。对收回的非货币性资产应经评估和恰当审批;第四,企业应当按照既定的坏账处理会计政策计提坏账准备,并按照权限范围和审批程序进行审批。对确定发生的各项坏账，应当查明原因，明确责任，并在履行规定的审批程序后作出会计处理。企业核销的坏账应当进行备查登记，做到账销案存。已核销的坏账又收回时应当及时入账，防止形成账外资金。

二、销售计划管理

销售计划管理办法一般由企业的营销部门负责制定，营销总监、总经理负责对销售计划的审核，各部门负责销售计划的实施。销售计划管理的工作流程如图5-2所示。

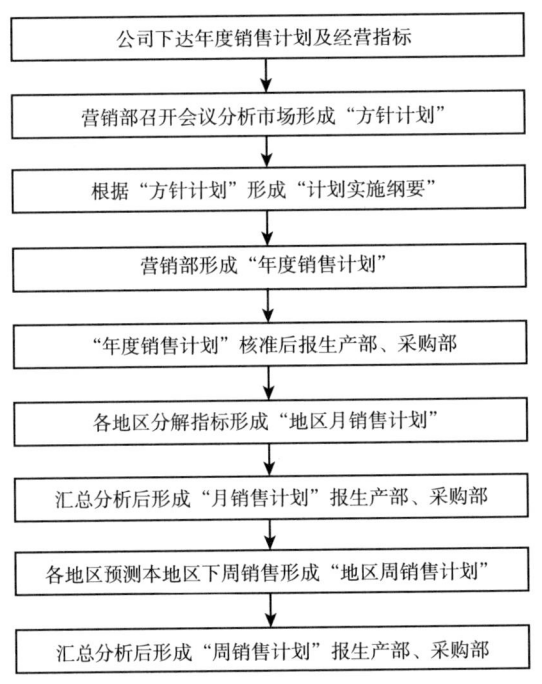

图5-2 销售计划管理工作流程

（一）年度销售计划管理

在每年年底制订下一年度销售计划。营销部应在每年年底召开部门会议对公司下达指标进行分析，对主要竞争者开展"竞争者分析"，结合实际情况对部门工作进行细分形成营销部"方针计划"。各相关部门根据营销部"方针计划"形成各部门"计划实施细则"，明确每项工作的内容、时间、责任人、考核指标等。营销部召开部门年度计划会议，充分考虑各地区经理的意见建议对公司下达指标（包括销售额、销售费用等）分解为各地区各月应达成的指标。

"年度销售计划"经营销总监审核后报总经理、董事长核准执行。经核准后的"年度销售计划"报公司生产部、采购部、财务部，以便作为安排生产、采购和编制资金预算的依据。

（二）月销售计划管理

每月月末营销部召开月经营会议，回顾上月经营状况，并根据"年度销售计划"及当月市场、销售实际状况正式下达各地区月销售指标。各地区经理根据下达的本月销售指标，结合本地区经销商的实际状况对指标进一步分解至单品销售量，形成"××地区月销售预测表"。销售行政部汇总各地区"××地区月销售预测表"并结合公司当时的整体策略、对公司整体销售状况的把握以及对历史销售数据的分析形成"月销售计划"，经营销总监审核和总经理核准后于每月月底最后一天转生产部、采购部做好本月生产、采购相关工作的计划及实施。

地区经理提供"××地区月销售预测表"的同时须上交"月工作计划进度表"，该计划主要依据各部门的"计划实施细则"，明确每项工作的内容、时间、责任人、考核指标等，作为实现经营指标的具体行动计划。

销售行政部将按照各部门（地区）"月工作计划进度表"中的项目及时间要求及时跟催工作完成情况，并将检查结果及时呈报总监审核，在经营月度例会上各部门（地区）需对上月工作计划完成情况做详细说明并形成书面报告。是否制订周销售计划，则须视不同行业、不同公司的具体情况而定。

（三）销售计划的及时调整

根据各经销商实际订单及仓库库存状况，在每日晨会上及时沟通各单品走势，及时调整生产安排，满足顾客需求。紧急情况营销部须保持与生产部、采购部的及时沟通，最大限度满足顾客需求。

三、销售合同管理

销售合同管理的目的是加强销售业务管理，规范销售行为，降低销售风险。企业通常需要制定"销售合同管理办法"，以规范销售合同的起草、签订、评审和实施。

（一）销售合同管理责任

销售部负责销售合同评审的组织与协调工作。销售部业务员负责与客户进行沟通、协调，识别和记录客户的需求，负责销售合同的草拟工作。

(二) 合同拟订程序

销售合同的拟定应遵循以下程序：

1. 销售部业务员负责在与客户达成共识之后，根据协商结果签订订货单。

2. 及时将销售订货单上报销售部负责人，销售部负责人对订货单的内容及条款进行审核，并提出修改意见。

(三) 合同评审要求与标准

合同草案须达到以下几点要求：

1. 合同条款完备可行，购销双方的权利与义务明确，不存在模糊空间；

2. 合同内容合法有效，行文用词规范严谨；

3. 本公司具备满足客户需求、按时交货的能力；

4. 潜在的风险因素已充分考虑。

(四) 合同评审的内容规范

销售合同的评审应侧重以下几个方面：

1. 客户的各项要求是否合理、明确；

2. 该合同是否存在与有关法律、法规抵触之处；

3. 公司现有的产能、技术能力（产品质量）和服务能力（供货周期、售后服务）能否满足合同、标书的技术及质量之要求；

4. 产品交付的时间、地点、方式和联系人等是否明确；

5. 结算方式是否明确、具体。

(五) 合同评审权限

1. 销售人员应将订货单、资信尽调资料上报销售部负责人，销售部负责人组织法律合规、财务等相关部门及人员对合同予以评审。

2. 如客户提出个性化要求，由销售部组织技术部、质检部、财务部、采购部和生产部分别对设计、设备、材料、利润、质量和生产能力等方面进行相关评审，完成评审后由法律合规部门审核合同条款，经销售部负责人、总经理签字确认。

3. 如客户要求提供新产品，由销售部组织技术部、质检部、研发部、财务部、采购部及生产部分别从技术、设计、研发、质量、利润、材料及生产能力等方面进行评审，完成评审后由法律合规部门审核合同条款，经销售部负责人、总经理签字确认。

（六）合同审批程序

1. 合同审批人根据公司经营目标，参考合同评审记录、法律意见书、合同草稿等，作出审批。

2. 若合同审批未通过，则该项目终止；若合同审批通过，则与客户签订合同书。

合同审批应注意以下事项：

1. 所有营销合同都必须进行书面评审，填写"营销合同评审表"；

2. 合同评审可以会签或以适当的会议形式进行。

（七）销售合同的签订与存档

经评审通过的合同草案，由销售人员按照《销售合同管理制度》的规定，进行合同签订前的巡签，然后与客户正式签订合同。合同签订后，由销售业务员将合同正本交给销售部内勤管理人员存档，副本送交财务部等相关部门存档。

（八）销售合同执行、变更与解除

销售人员应密切监督合同执行过程中客户的动向，确保合同得以顺利执行。

在合同执行的过程中，因缺货或客户的特殊要求等使得销售人员或客户提出变更合同，则应由双方共同协商解决。对于重大合同款项的变更应按照合同评审程序的规定，重新召开销售合同评审会议。

合同的解除必须根据合同规定的解除条件、产品销售的实际情况执行。销售人员填写"合同解除申请表"，说明合同解除原因，由原合同评审小组审核签字后，报销售部经理、总经理审批。审批通过后，由销售人员通知客户办理合同解除手续；销售部门向其他相关部门传达合同解除。因合同变更和解除而涉及的索赔、赔付等相关工作由销售人员与对方协商办理。

（九）合同纠纷的处理原则与处理方法

合同纠纷的处理应遵循以下原则：

1. 在处理合同纠纷时，必须坚持以事实为依据，以法律为准绳，保证公司合法权益不受侵犯。

2. 合同纠纷的处理以双方协商解决为主，其他解决方式为辅。

3. 销售人员在处理合同纠纷时，要及时据实上报相关领导，积极主动地做好应做的工作，不互相推诿、指责、埋怨，部门内部应统一意见，统一行动步调。

合同纠纷的处理参考以下方法：

1. 因对方责任引起的纠纷，必须坚持保障公司合法权益不受侵犯。

2. 因公司责任引起的纠纷，应尊重对方的合法权益，主动承担责任，并尽量采取补救措施，减少双方的经济损失，挽回公司声誉。

3. 因合同双方的责任引起的纠纷，应本着实事求是的原则、分清主次，合情合理地解决双方的诉求。

4. 协商若达不到预期要求，可按照合同约定的纠纷解决方式寻求诉讼或仲裁。

（十）销售合同管理台账与档案管理

销售部门根据合同的不同种类，建立销售合同台账。销售合同的主要内容包括序号、合同号、签约日期、合同标的（产品名称、材质、规格、数量、单价、金额、交货日期）、双方单位、经手人及其他约定、备注等。台账应逐日填写，做到准确、及时、完整。

签订生效的合同原件（复印件）必须齐全并存档，由销售内勤严格管理，合同的传阅应征得销售部负责人同意。

1. 每份合同必须按序连续编号。

2. 每份存档合同（含附件）必须资料齐备，合同文本的签收记录，合同分批履行的情况记录，变更、解除合同的协议等一应俱全。

3. 销售合同按区域装订成册，保存规定的年限以备查。档案管理人员应将其中未收款或有欠款单位的合同另册保管。

四、销售发货和发票管理

（一）销售发货管理

本着以服务于客户需求为宗旨，为保证发货的及时性、准确性，有效管控发货流程，企业应制定合理的发货制度。

1. 销售发货管理职责与权限。销售人员在收到发货通知后，应及时作出处理。若有特殊情况，及时向顾客反馈信息。及时联系库管落实产品库存情况，与客户或者发货申请人取得联系，核实发货信息，确保发货及时和准确无误。

2. 销售发货管理工作程序。

（1）区域负责人根据客户的进货需求填写产品出库单，出库单信息应注明下单时间、产品名称、数量、特殊要求、经手人等信息。经审核、签字、报销售部负责人、总经理签字后持出库单找仓库管理员发货；若暂时缺货，应及时向发货申请人反馈和说明情况，并与生产部沟通产品后续供应情况。

（2）库管人员根据出库单要求，准备货物，发现问题及时向销售人员反馈。

（3）由生产部、销售人员共同负责发货事项的监督，核验出库单信息和实际装车产品型号、数量、日期无误后，安排打包和固定工作，在发货之前，根据货物的特性及运输要求严查货物的包装，避免货物出现意外损坏。

（4）产品到达顾客指定库房后，库管员核对后按要求分类入库，再由库管员签收产品送货单，销售人员留销售联记账，月底统计交付情况。

3. 销售发货责任处罚。涉及发货流程的各个区域、岗位应各司其职，认真履行各自职责，及时跟进发货工作进度。有问题及时反馈沟通，不得以任何理由推诿、无故拖延。保证货物安全、及时、准确送达客户。

（二）销售发票管理

销售发票是指在购销商品、提供或者接受服务以及从事其他经营活动中，开具、收取的收付款凭证。为了加强财务管理和监督，保证财务收支合法性，维护经济业务秩序，根据《中华人民共和国发票管理办法》，公司应结合具体情况，制定销售发票管理制度。

财务部为公司发票管理的主管部门，各有关部门应接受财务部在发票管理上的指导、监督，主动配合财务部做好发票管理工作。财务部在发票管理上应接受税务机关的管理和检查。

1. 发票的印制和购买。公司依法办理税务登记，在领取税务登记证后，向主管税务机关申请领购发票。发票统一由公司财务部按税务机关的规定办理印制或购买。其他任何部门和个人不得擅自印制或购买发票。

公司财务部申请领购发票时，应当向主管税务机关提出购票申请，并提供经办人身份证明、税务登记证件或者其他有关证明，以及财务印章或者发票专用章的印模，经主管税务机关审核后，取得发票领购簿。公司财务部凭发票领购簿核准的种类、数量以及购票方式，向主管税务机关领购发票。

2. 发票的管理。财务部设立发票专管员负责发票的日常登记、保管及发票专用章的保管工作。公司空白发票一律由发票专管员负责保管，并设置发票登记簿，领用人必须在"发票登记簿"上签章后向财务部领取，发票专管员应每月向税务机关报告发票领购、使用和结存情况。

公司销售商品、提供服务以及从事其他经营活动，对外产生经营业务收取款项，统一

业财融合架构

由财务部向对方开具发票。

对外手工开具发票时,必须字迹清晰、金额正确、摘要全面、不得有误。填写对外发票时除应按号码顺序使用外,应按规定的时限、顺序、逐栏、全部联次一次性如实开具,正确填写,并由发票专管员加盖公司发票专用章。对填写错误的发票,应在注明"作废"字样后,完整保存其各联,不得遗失或擅自销毁。

公司任何部门和个人不得转借、转让、代开发票;未经税务机关批准,不得拆本使用发票;不得自行扩大专用发票使用范围。禁止倒买倒卖发票、发票监制章和发票防伪专用品,如发现上述情况,依法依规予以处理。

公司对外开具的发票,客户在取得后若不慎遗失,要求补办发票证明时,必须由客户提出书面申请(盖公章)、公司经办人凭书面申请到财务部门查实后办理,复印原发票存根联,加盖发票专用章。

公司应当在办理变更或者注销税务登记的同时,办理发票和发票领购簿的变更、缴销手续。发票使用部门应及时到财务部门办理发票存根的核销手续。

各类发票应按有关规定存放和保管,禁止转让、借用、虚开、擅自销毁。已开具的发票存根联和发票登记簿,应当保存规定的时长。保存期满,报经税务机关查验后销毁。各发票领用人即为发票保管人,应严格防止空白发票丢失和被人盗用。因空白发票丢失或被人盗用造成后果的,将追究当事人的相关责任。

发票专管员因调动工作或其他原因离职时,须将本人所保管的发票及发票登记簿,在规定的期限内(一般在离职前)与接替人员办理交接手续,由财务部经理或由财务部经理指定的其他人员进行实地监交,交接手续不清不得离职。在发票移交时,应当填制移交清册,由接替人员逐项核对,清算验收,对库存发票应根据"发票登记簿"结余数进行交接,实际库存数与登记簿结余数必须一致,若不一致,移交人员应当在限期内查清。交接完毕后由交接双方和监交人在移交清册上签名或盖章。

3. 外来发票的管理。公司在购买商品、接受服务以及从事其他经营活动支付款项时,应当向收款方取得发票。取得外来发票时,不得要求变更品名和金额。不符合规定的发票,不得作为财务报销凭证,公司任何部门均有权拒收。

发票是财务收支的法定依据,必须具备规定的内容和符合规定的手续,外来发票中凡出现下列情况之一的,均视作无效发票:

(1)发生挖、擦的;

(2)涂改后未按办理规定手续更正的;

(3)有奖发票的兑奖银条发生刮擦的,兑奖联分离或缺失的;

(4)户名、日期、公章、发票经手人、金额(大、小写)、发票编号等各要素中存在缺项或不符的，有数量和单价的业务未标明数量、单价的；

（5）纳入统一发票管理范围却加未盖税务机关监制章的；

（6）规定的书写要求复写而未复写的；

（7）签字手续不全的；

（8）无有效防伪标记的；

（9）凡无效发票，财务部门一律不予办理付款手续。

外来发票必须符合全国统一发票管理办法中的规定，公司各有关部门在购买商品、产品，接受运输、建筑安装、饮食服务等各种劳务，广告、咨询和委托加工等经济业务需要付款时，均应向收款方取得统一发票。外来发票的发票联，其在票面正中上方套印红色的"全国统一发票监制"章或"××省（市）地方税务局监制"的标志章。

4. 发票的检查。当税务机关对公司的发票管理进行下列检查时，公司相关职能部门应当积极配合，不得以各种方式拖延或阻碍税务机关人员检查。公司从境外取得的与纳税有关的发票或者凭证，税务机关在纳税审查时有疑义的，经税务机关审核认可后，方可作为记账核算的凭证。

公司财务部须在每年年底对库存未用的发票、收据及其他有价票据进行一次清点，以检查是否账实相符，若有不符，应及时查明原因，并做出适当处理。

5. 收款收据。收款收据为用于公司收到非营业收入的款项时开具的收款凭据，如各类押金、红利等。收款收据须从主管税务机关领取，比照发票进行管理。

第二节 销售收入管理

销售收入，亦称为营业收入，是指企业在生产经营过程中，销售商品、提供劳务及他人使用本企业资产等日常活动中所形成的经济利益的总流入。

一、销售收入的确认

销售收入的确认采用权责发生制。

企业商品销售收入的确认，必须同时符合以下条件：

1. 企业已将商品所有权上的主要风险和报酬转移给购货方；

2. 企业既没有保留通常与所有权相联系的继续管理权，也没有对已售出的商品实施控制；

3. 与交易相关的经济利益能够流入企业；

4. 相关的收入和成本能够可靠地计量。

二、销售收入的预测

（一）销售收入预测的程序

1. 确定预测对象，制定预测规划；

2. 搜集、整理有关数据、资料，并进行分析比较；

3. 根据预测对象，选择适当的预测方法，建立数学模型，对销售情况作出定性分析和定量测算；

4. 分析预测误差；

5. 评价预测效果。

（二）销售收入预测的方法

1. 判断分析法。判断分析法包括意见汇集法和专家判断法。

（1）意见汇集法，也称销售人员意见综合判断法。

（2）专家判断法是指向学有专长、经验丰富的有关专家征询意见。

2. 调查分析法。调查分析法主要针对产品、客户、经济发展趋势和同行业进行调查。

（1）对产品的调查主要是摸清产品估计的寿命周期以及目前本企业产品所处的阶段。

（2）客户调查主要为了了解消费者的消费倾向。

（3）通过了解国际、国内及本地区的经济发展形势调查经济发展趋势。

（4）对同行业的调查主要是了解竞争对手的产品设计，产品功能和质量、生产规模、价格和销售情况、售后服务等情况。

3. 趋势分析法。根据销售的历史资料，用一定的计算方法预测出未来销售变化趋势。该方法适用于产品销售比较稳定的情形。具体方法包括：（1）简单平均法，也称算术平均法；（2）移动平均法；（3）加权移动平均法；（4）指数平滑法；（5）季节预测法（适用销售带有明显季节性的产品）。

4. 因果分析法。该方法需要建立预测模型，故又称回归分析法，常用的有简单回归分析法和多元回归分析法。

简单回归分析法（亦称回归直线法）根据 y = a + bx 方程式来预测销售量。y 代表预测销售量；a 代表固定销售量，是一特定常数；x 代表相关因素值；b 是自变量 x 的系数，反映自变量 x 对销售量影响的程度。该方法适用于销售量主要受某一重要因素影响的产品。

多元回归分析法主要适用于销售量的变化与几个因素相关的产品的预测。如果销售量 y 与 X_1、X_2、X_3、……、X_n 等多个因素相关，则可用下面多元回归方程来预测销售量 y。

$$y = a + b_1x_1 + b_2x_2 + \cdots + b_nx_n$$

三、销售收入计划的编制

预测是经济决策的基础。销售收入计划编制要求以明确的经营目标为前提，编制计划要兼顾全面性、完整性。编制计划要充分估计到企业经营目标实现的可能性，要留有余地。

销售收入由产品销售数量与销售价格决定，其计算公式为：

计划期产品销售收入 = $\sum$（某种产品计划销售量 × 单位产品售价）

四、销售税金

（一）增值税

增值税是以商品和劳务在流转过程中产生的增值额作为征税对象而征收的一种流转税。按照我国增值税法的规定，增值税是对在我国境内销售货物或者加工、修理修配劳务（以下简称劳务），销售服务、无形资产、不动产以及进口货物的单位和个人，就其销售货物、劳务、服务、无形资产、不动产（以下统称应税销售行为）的增值额和货物进口金额为计税依据而课征的一种流转税[①]。

我国现行增值税的基本规范是 2017 年 11 月 19 日国务院令第 691 号公布的《中华人民共和国增值税暂行条例》（以下简称《增值税暂行条例》）和 2016 年 3 月财政部、国家税务总局发布的"营改增通知"以及 2008 年 12 月财政部和国家税务总局令第 50 号《中

---

① 2016 年 3 月 23 日，经国务院批准，财政部和国家税务总局发布《关于全面推开营业税改征增值税试点的通知》，通知决定自 2016 年 5 月 1 日起，在全国范围内全面推开营业税改征增值税（"营改增"）试点，将建筑业、房地产业、金融业、生活服务业等全部营业税纳税人，纳入试点范围，由缴纳营业税改为缴纳增值税。2017 年 11 月 19 日国务院发布"关于废止《中华人民共和国营业税暂行条例》和修改《中华人民共和国增值税暂行条例》的决定"（国令第 691 号），正式结束了营业税的历史使命。

华人民共和国增值税暂行条例实施细则》（以下简称《增值税暂行条例实施细则》）。在中华人民共和国境内（以下简称境内）发生应税销售行为以及进口货物的单位和个人，为增值税的纳税人。纳税人应当依照《增值税暂行条例》《增值税暂行条例实施细则》和"营改增通知"的规定缴纳增值税。

1. 一般纳税人和小规模纳税人的登记。增值税实行凭增值税专用发票（不限于增值税专用发票）抵扣税款的制度，客观上要求纳税人具备健全的会计核算制度和能力。在实际经济生活中我国增值税纳税人众多，会计核算水平参差不齐，大量的小企业和个人还不具备用专用发票抵扣税款的条件，为了既简化增值税的计算和征收，也有利于减少税收征管漏洞，增值税法将增值税纳税人按会计核算水平和经营规模分为一般纳税人和小规模纳税人两类纳税人，分别采取不同的登记管理办法。

（1）一般纳税人的登记。根据《增值税一般纳税人登记管理办法》的规定，增值税纳税人（以下简称纳税人），年应税销售额超过财政部、国家税务总局规定的小规模纳税人标准（以下简称规定标准）的，应当向主管税务机关办理一般纳税人登记[①]。

年应税销售额是指纳税人在连续不超过 12 个月或四个季度的经营期内累计应征增值税销售额，包括纳税申报销售额、稽查查补销售额、纳税评估调整销售额。

销售服务、无形资产或者不动产（以下简称应税行为）有扣除项目的纳税人，其应税行为年应税销售额按未扣除之前的销售额计算。纳税人偶然发生的无形资产销售、转让不动产的销售额，不计入应税行为年应税销售额。

年应税销售额未超过规定标准的纳税人，会计核算健全，能够提供准确税务资料的，可以向主管税务机关办理一般纳税人登记。

会计核算健全是指能够按照国家统一的会计制度规定设置账簿，根据合法、有效凭证进行核算。

纳税人应当向其机构所在地主管税务机关办理一般纳税人登记手续。纳税人登记为一般纳税人后，不得转为小规模纳税人，国家税务总局另有规定的除外。

（2）小规模纳税人的登记。小规模纳税人是指年销售额在规定标准以下，并且会计核算不健全，不能按规定报送有关税务资料的增值税纳税人。小规模纳税人的具体认定标准为年应征增值税销售额 500 万元及以下。

2. 增值税税率与征收率。增值税的现行税率分别为 13%、9%、6% 和零税率。每种税率适用的应税销售行为的具体情况如下：

[①] 按照政策规定，选择按照小规模纳税人纳税的（应当向主管税务机关提交书面说明）以及年应税销售额超过规定标准的其他个人，不得办理一般纳税人登记。

（1）13%税率。纳税人销售货物、劳务、有形动产租赁服务或者进口货物，除下列第（2）项、第（4）项另有规定外，税率为13%。

（2）9%税率。纳税人销售交通运输、邮政、基础电信、建筑、不动产租赁服务，销售不动产，转让土地使用权，销售或者进口下列货物，税率为9%：

①粮食等农产品、食用植物油、食用盐；

②自来水、暖气、冷气、热水、煤气、石油液化气、天然气、二甲醚、沼气、居民用煤炭制品；

③图书、报纸、杂志、音像制品、电子出版物；

④饲料、化肥、农药、农机、农膜；

⑤国务院规定的其他货物的税率界定：

干姜、姜黄的增值税适用税率为9%。

人工合成牛胚胎的生产过程属于农业生产，纳税人销售自产人工合成牛胚胎应免征增值税。

花椒油、橄榄油、核桃油、杏仁油、葡萄籽油和牡丹籽油按照食用植物油9%的税率征收增值税。环氧大豆油、氢化植物油不属于食用植物油征收范围，适用13%增值税税率。

麦芽、复合胶、人发不属于《财政部 国家税务总局关于印发〈农业产品征税范围注释〉的通知》（财税字〔1995〕52号）规定的农业产品范围，应适用13%的增值税税率。

按照《食品安全国家标准——巴氏杀菌乳》（GB19645-2010）生产的巴氏杀菌乳和按照《食品安全国家标准——灭菌乳》（GB25190-2010）生产的灭菌乳，均属于初级农业产品，可依照《农业产品征收范围注释》中的鲜奶按9%的税率征收增值税；按照《食品安全国家标准——调制乳》（GB25191-2010）生产的调制乳，不属于初级农业产品，应按照13%税率征收增值税。

肉桂油、桉油、香茅油不属于《财政部 国家税务总局关于印发〈农业产品征税范围注释〉的通知》（财税字〔1995〕52号）中农业产品的范围，其增值税适用税率为13%。

淀粉不属于农业产品的范围，应按照13%的税率征收增值税。

密集型烤房设备、频振式杀虫灯、自动虫情测报灯、黏虫板、卷帘机属于《国家税务总局关于印发〈增值税部分货物征税范围注释〉的通知》（国税发〔1993〕151号）规定的农机范围，应适用9%增值税税率。

农用挖掘机、养鸡设备系列、养猪设备系列产品属于农机，适用9%增值税税率。

国内印刷企业承印的经新闻出版主管部门批准印刷且采用国际标准书号编序的境外图书，属于《增值税暂行条例》第二条规定的"图书"，适用9%增值税税率。

动物骨粒属于《农业产品征税范围注释》（财税字〔1995〕52号）第二条第（五）款规定的动物类"其他动物组织"，其适用的增值税税率为9%。

（3）6%税率。纳税人销售服务、无形资产，除（1）、（2）、（4）另有规定外，税率为6%。

纳税人通过省级土地行政主管部门设立的交易平台转让补充耕地指标，按照销售无形资产缴纳增值税，税率为6%[①]。

（4）零税率。纳税人出口货物，税率为零；但是，国务院另有规定的除外。

境内单位和个人跨境销售国务院规定范围内的服务、无形资产，税率为零。

增值税征收率是指对特定的货物或特定的纳税人发生应税销售行为在某一生产流通环节应纳税额与销售额的比率。增值税征收率适用于两种情况，一是小规模纳税人；二是一般纳税人发生应税销售行为按规定可以选择简易计税方法计税的。

征收率一般为5%。适用5%征收率之外的纳税人选择简易计税方法发生的应税销售行为，征收率为3%。

3. 增值税的计税方法

增值税的计税方法，包括一般计税方法、简易计税方法和扣缴计税方法。

（1）一般计税方法。一般纳税人发生应税销售行为适用一般计税方法计税。其计算公式是：

当期应纳增值税税额 = 当期销项税额 - 当期进项税额

（2）简易计税方法。小规模纳税人发生应税销售行为适用简易计税方法计税。简易计税方法的公式是：

当期应纳增值税税额 = 当期销售额(不含增值税) × 征收率

一般纳税人发生财政部和国家税务总局规定的特定应税销售行为，亦可选择适用简易计税方法计税，但不得抵扣进项税额。

（3）扣缴计税方法。境外的单位或者个人在境内销售劳务，在境内未设经营机构的，以其境内代理人为扣缴义务人；在境内没有代理人的，以购买方为扣缴义务人。扣缴义务人按照下列公式计算应扣缴税额：

应扣缴税额 = 接受方支付的价款 ÷ (1 + 税率) × 税率

4. 一般计税方法应纳税额的计算。我国采用的一般计税方法是间接计算法，即先按当期销售额和适用税率计算出销项税额，然后将当期准予抵扣的进项税额进行抵扣，从而

[①] 补充耕地指标是指根据《中华人民共和国土地管理法》及国务院土地行政主管部门《耕地占补平衡考核办法》的有关要求，经省级土地行政主管部门确认，用于耕地占补平衡的指标。

间接计算出当期增值额部分的应纳税额。

增值税一般纳税人发生应税销售行为的应纳税额,除适用简易征税办法外,均应等于当期销项税额抵扣当期进项税额后的余额。其计算公式如下:

当期应纳税额 = 当期销项税额 - 当期进项税额

增值税一般纳税人当期应纳税额的多少,取决于当期销项税额和当期进项税额两个因素。

(1) 销项税额的确认与计算。销项税额是指纳税人发生应税销售行为时,按照销售额与规定税率计算并向购买方收取的增值税税额。销项税额的计算公式为:

销项税额 = 销售额 × 适用税率

在适用税率既定的前提下,销项税额的大小主要取决于销售额的大小。销售额是指纳税人发生应税销售行为时向购买方(承受劳务和服务行为也视为购买方)收取的全部价款和价外费用。需要指出的是,尽管销项税额也是销售方向购买方收取的,但由于增值税采用价外计税方式,用不含增值税(以下简称不含税)价作为计税依据,因而销售额中不包括向购买方收取的销项税额。价外费用是指价外收取的各种性质的收费。

(2) 进项税额的确认与计算。进项税额是指纳税人购进货物、劳务、服务、无形资产、不动产所支付或者负担的增值税额。进项税额是与销项税额相对应的概念。在开具增值税专用发票的情况下,它们之间的对应关系是,销售方收取的销项税额就是购买方支付的进项税额。对于任何一个一般纳税人而言,由于其在经营活动中,既会发生应税销售行为,又会发生购进货物、劳务、服务、无形资产、不动产行为,因此,每一个一般纳税人都会有收取的销项税额和支付的进项税额。

需要注意的是,并不是纳税人支付的所有进项税额都可以从销项税额中抵扣。为体现增值税的配比原则,即购进项目金额与发生应税销售行为的销售额之间应有配比,当纳税人购进的货物、劳务、服务、无形资产、不动产行为不是用于增值税应税项目,而是用于简易计税方法计税项目、免税项目或用于集体福利、个人消费等情况时,其支付的进项税额就不能从销项税额中抵扣。增值税法律法规对不能抵扣进项税额的项目作了严格的规定,若违反规定,随意抵扣进项税额就将以逃避缴纳税款论处。

(3) 应纳税额的计算。一般纳税人用其收取的销项税额抵扣其支付的进项税额,即得到实际应缴纳的增值税税额。

【例 5 - 1】某生产企业为增值税一般纳税人,其生产的货物适用 13% 增值税税率,2019 年 8 月该企业的有关生产经营业务如下:

①销售甲产品给某大商场,开具了增值税专用发票,取得不含税销售额 80 万元;同时取得销售甲产品的送货运输费收入 5.65 万元(含增值税价格,与销售货物不能分别核算)。

②销售乙产品,开具了增值税普通发票,取得含税销售额22.6万元。

③将自产的一批应税新产品用于本企业集体福利项目,成本价为20万元,该新产品无同类产品市场销售价格,国家税务总局确定该产品的成本利润率为10%。

④销售2016年10月购进作为固定资产使用过的进口摩托车5辆,开具增值税发票,上面注明每辆取得不含税销售额1万元。

⑤购进货物取得增值税专用发票,上面注明的货款金额60万元、税额7.8万元,另外支付购货的运输费用6万元,取得运输公司开具的增值税专用发票,上面注明的税额0.54万元。

⑥从农产品经营者(小规模纳税人)购进农产品一批(不适用进项税额核定扣除办法)作为生产货物的原材料,取得的增值税专用发票上注明的不含税金额为30万元,税款为0.9万元,同时支付给运输单位的运费5万元(不含增值税),取得运输部门开具的增值税专用发票,上面注明的税额为0.45万元。本月下旬将购进的农产品的20%用于本企业职工福利。

⑦当月租入商用楼房一层,取得对方开具的增值税专用发票上注明的税额为5.22万元。该楼房的三分之一用于工会的集体福利项目,其余为企业管理部门使用。

以上相关票据均符合税法的规定。该企业8月份应缴纳的增值税税额计算过程如下:

销售甲产品的销项税额 = 80 × 13% + 5.65 ÷ (1 + 13%) × 13% = 11.05(万元)

销售乙产品的销项税额 = 22.6 ÷ (1 + 13%) × 13% = 2.6(万元)

自产自用新产品的销项税额 = 20 × (1 + 10%) × 13% = 2.86(万元)

销售使用过的摩托车销项税额 = 1 × 13% × 5 = 0.65(万元)

合计允许抵扣的进项税额 = 7.8 + 0.54 + (30 × 10% + 0.45) × (1 − 20%) + 5.22 = 16.32(万元)

该企业8月应缴纳的增值税税额 = 11.05 + 2.6 + 2.86 + 0.65 − 16.32 = 0.84(万元)

5. 简易征税方法应纳税额的计算。纳税人发生应税销售行为适用简易计税方法的,应该按照销售额和征收率计算应纳增值税税额,并且不得抵扣进项税额。其应纳税额的计算公式是:

应纳税额 = 销售额(不含增值税) × 征收率

小规模纳税人一律采用简易计税方法计税,但是一般纳税人发生应税销售行为可以选择适用简易计税方法,例如,一般纳税人提供的公共交通运输服务,以清包工方式提供的建筑服务,可以选择按照简易计税方法计算缴纳增值税。

按简易计税方法计税的销售额不包括其应纳的增值税税额,纳税人采用销售额和应纳增值税税额合并定价方法的,按照下列公式计算销售额:

销售额 = 含税销售额 ÷（1 + 征收率）

【例 5-2】某餐馆为增值税小规模纳税人，2019 年 6 月取得含增值税的餐饮收入总额为 12.36 万元。该餐馆 6 月应缴纳的增值税税额计算过程如下：

6 月取得的不含税销售额 = 12.36 ÷（1 + 3%）= 12（万元）

6 月应缴纳增值税税额 = 12 × 3% = 0.36（万元）

纳税人适用简易计税方法计税的，因销售折让、中止或者退回而退还给购买方的销售额，应当从当期销售额中扣减。扣减当期销售额后仍有余额造成多缴的税款，可以从以后的应纳税额中扣减。

对小规模纳税人发生上述情况而退还销售额给购买方，依照规定将所退的款项扣减当期销售额的，如果小规模纳税人已就该项业务委托税务机关为其代开了增值税专用发票的，应按规定申请开具红字专用发票。

【例 5-3】某小规模纳税人经营某项应税服务，适用 3% 的征收率。2019 年 5 月发生一笔销售额为 120000 元的业务并就此缴纳了增值税。6 月该业务因合理原因发生退款（销售额均不含税）。

①假设 6 月该企业应税服务的销售额为 150000 元，则：

6 月最终的计税销售额 = 150000 - 120000 = 30000（元）

6 月缴纳的增值税税额 = 30000 × 3% = 900（元）

②假设 6 月该企业应税服务销售额为 110000 元，7 月该企业应税服务销售额为 150000 元，则：

6 月最终的计税销售额 = 110000 - 110000 = 0（元）

6 月应纳增值税税额 = 0 × 3% = 0（元）

6 月销售额不足扣减的部分（110000 - 120000）多缴的税款为 300 元（10000 × 3%），可以从以后纳税期的应纳税额中扣减。

7 月企业实际缴纳的税额 = 150000 × 3% - 300 = 4200（元）

或 7 月企业实际缴纳的税额 =（150000 - 10000）× 3% = 4200（元）

（二）消费税

消费税是指对消费品和特定的消费行为按流转额征收的一种商品税[①]。广义上，消费税应对所有消费品包括生活必需品和日用品普遍课税；但从征收实践上看，消费税主要指

[①] 现行消费税法的基本规范，是 2008 年 11 月 5 日经国务院第 34 次常务会议修订通过并颁布，自 2009 年 1 月 1 日起施行的《中华人民共和国消费税暂行条例》（简称《消费税暂行条例》），以及 2008 年 12 月 15 日财政部、国家税务总局第 51 号令颁布的《中华人民共和国消费税暂行条例实施细则》（简称《消费税暂行条例实施细则》）。

对特定消费品或特定消费行为等课税。消费税主要以消费品为课税对象，属于间接税，税收随价格转嫁给消费者负担，消费者是税款的实际负担者。消费税的征收具有较强的选择性，是国家贯彻消费政策、引导消费结构从而引导产业结构的重要手段。

1. 纳税义务人。在中华人民共和国境内生产、委托加工和进口消费税暂行条例规定的消费品的单位和个人，以及国务院确定的销售《消费税暂行条例》规定的消费品的其他单位和个人，为消费税的纳税人，应当依照《消费税暂行条例》缴纳消费税。

2. 税目与税率。依据《消费税暂行条例》及相关法规规定，目前消费税税目包括烟、酒、化妆品等15种商品。

消费税采用比例税率和定额税率两种形式。大部分应税消费品适用比例税率，例如，烟丝税率为30%，摩托车税率为3%等；黄酒、啤酒、成品油按单位重量或单位体积确定单位税额；卷烟、白酒采用比例税率和定额税率双重征收形式。消费税税目与税率（额）详见表5-1。

表5-1　　　　　　　　　　消费税税目、税率（额）表

税　目	税率（额）
一、烟	
1. 卷烟	
（1）甲类卷烟（生产或进口环节）	56%加0.003元/支
（2）乙类卷烟（生产或进口环节）	36%加0.003元/支
（3）批发环节	11%加0.005元/支
2. 雪茄烟	36%
3. 烟丝	30%
二、酒	
1. 白酒	20%加0.5元/500克（或者500毫升）
2. 黄酒	240元/吨
3. 啤酒	
（1）甲类啤酒	250元/吨
（2）乙类啤酒	220元/吨
4. 其他酒	10%
三、高档化妆品	15%
四、贵重首饰及珠宝玉石	
1. 金银首饰、铂金首饰和钻石及钻石饰品	5%
2. 其他贵重首饰和珠宝玉石	10%

续表

税　目	税率（额）
五、鞭炮、焰火	15%
六、成品油	
1. 汽油	1.52 元/升
2. 柴油	1.2 元/升
3. 航空煤油	1.2 元/升
4. 石脑油	1.52 元/升
5. 溶剂油	1.52 元/升
6. 润滑油	1.52 元/升
7. 燃料油	1.2 元/升
七、小汽车	
1. 乘用车	
（1）气缸容量（排气量，下同）在1.0升（含1.0升）以下的	1%
（2）气缸容量在1.0升以上至1.5升（含1.5升）的	3%
（3）气缸容量在1.5升以上至2.0升（含2.0升）的	5%
（4）气缸容量在2.0升以上至2.5升（含2.5升）的	9%
（5）气缸容量在2.5升以上至3.0升（含3.0升）的	12%
（6）气缸容量在3.0升以上至4.0升（含4.0升）的	25%
（7）气缸容量在4.0升以上的	40%
2. 中轻型商用客车	5%
3. 超豪华小汽车（零售环节）	10%
八、摩托车	
1. 气缸容量为250毫升的	3%
2. 气缸容量为250毫升以上的	10%
九、高尔夫球及球具	10%
十、高档手表	20%
十一、游艇	10%
十二、木制一次性筷子	5%
十三、实木地板	5%
十四、电池	4%
十五、涂料	4%

3. 应纳税额的计算。

（1）生产销售环节应纳消费税的计算。纳税人在生产销售环节应缴纳的消费税，包括直接对外销售应税消费品应缴纳的消费税和自产自用应税消费品应缴纳的消费税。

①直接对外销售应纳消费税的计算。直接对外销售应纳消费税的计算涉及三种计算

方法：

其一，在从价定率计算方法下，应纳消费税额等于销售额乘以适用税率。基本计算公式为：

应纳税额＝应税消费品的销售额×比例税率

其二，在从量定额计算方法下，应纳税额等于应税消费品的销售数量乘以单位税额。基本计算公式为：

应纳税额＝应税消费品的销售数量×定额税率

其三，从价定率和从量定额复合计算。现行消费税的征税范围中，只有卷烟、白酒采用复合计算方法。基本计算公式为：

应纳税额＝应税消费品的销售数量×定额税率＋应税销售额比例税率

②自产自用应纳消费税的计算。自产自用，指的是纳税人生产应税消费品后，不是用于直接对外销售，而是用于自己连续生产应税消费品或用于其他方面。纳税人自产自用的应税消费品，用于连续生产应税消费品的，不纳税。纳税人自产自用的应税消费品，除用于连续生产应税消费品外，凡用于其他方面的，于移送使用时纳税。

（2）委托加工环节应税消费品应纳税额的计算。按照规定，委托加工的应税消费品，由受托方在向委托方交货时代收代缴税款。

（3）进口环节应纳消费税的计算。进口的应税消费品，于报关进口时缴纳消费税；进口的应税消费品的消费税由海关代征；进口的应税消费品，由进口人或者其代理人向报关地海关申报纳税；纳税人进口应税消费品，按照关税征收管理的相关规定，应当自海关填发海关进口消费税专用缴款书之日起 15 日内缴纳税款。

（4）已纳消费税扣除的计算。现行消费税规定，将外购应税消费品和委托加工收回的应税消费品继续生产应税消费品销售的，可以将外购应税消费品和委托加工收回应税消费品已缴纳的消费税给予扣除。

第三节 应收账款管理

应收账款，是指公司因销售产品或提供劳务等原因，应向购货单位或接受劳务单位收取的款项。

一、应收账款管理职责

公司应收账款管理工作中,不同性质的部门承担不同的职责。

(一) 财务部

1. 负责应收账款的核算和监控;
2. 负责应收账款、坏账准备的定期分析与通报;
3. 负责坏账处理的财务操作;
4. 负责编制、发布账务报表,与客户对账,为催收提供账务数据确认等支持工作;
5. 监控、协调和支持催收工作;
6. 负责问题账款案件的诉讼工作。

(二) 营销部

1. 负责组织各中心制定公司信用政策,确定客户等级,制定不同等级客户的信用限额标准;
2. 负责公司合同款项回收、应收账款催收;
3. 对照合同,根据财务部所传递的信息对逾期未付款、未按期返还"往来账款确认单"的客户冻结其订单或停止对其发货;
4. 协助公司问题账款诉讼案资料的收集、问题的解决。

(三) 销售业务员

1. 负责及时向本中心反馈客户的重大经营信息,更新对客户的信用政策;
2. 负责所辖客户的合同款项回收、应收账款催收工作;
3. 将逾期的应收账款信息及时反馈至公司财务部、营销部;
4. 协助所辖客户问题账款诉讼案件的处理工作。

二、客户信用政策制定

营销部门负责进行客户信用调查,并随时跟踪客户信用的变化(可利用机会通过甲客户调查乙客户的信用情况),建立和维护公司市场信息库;根据调查结果组织客户信用等

级和信用额度的制定和评审工作,制定公司信用政策。

信用限额是指公司可赊销某客户的最高限额,即指客户未到期商业承兑票据及应收账款和按合同应回款未回款的金额总和之最高极限。任何客户的未到期票款,不得超过信用限额,否则应追究业务员、营销总监、会计人员的责任。

营销部门组织对现有客户建立"客户信用卡"。每半年营销部依照过去半年内的销售业绩及信用的判断,会同计划财务部确定客户信用等级,拟定其信用限额(若有设立抵押的客户,以其抵押标的担保值为信用限额),经公司总经理审批后,交由财务部会计人员备案。营销总监和总经理可根据客户的临时变化,在各自授权范围内调整客户的信用限额。

对于新客户,在合同评审时由营销部、财务部综合考虑客户基本情况、合同成本及风险情况,确定该客户信用等级,拟定其信用限额。

未经营销总监审批而出现的因未核定信用限额或超过信用限额的销售而导致的呆账,其无信用限额的交易金额,由销售业务员承担责任。

三、应收账款管理和催收

财务部应认真登记客户往来账,按照应收单位、部门或个人分别核算,及时核对、协助催收应收款项。每月向营销部发布"应收账款统计月报"。

所有应收款项均按账龄登记。公司负责应收款项的财务人员必须经常核查所有应收账项(至少每月一次)。每月编制账龄分析表,交财务总监审核。定期向营销部发布上个月的应收账龄分析表。

公司负责应收款项的财务人员应经常与客户保持联系,每年向客户发送、回收"往来账款确认单",并向营销部通报回收情况统计。

对应收款项的管理应遵循"谁经办,谁负责,谁清理"的原则。财务部定期提供应收账款回款情况指标,用于对业务部门的考核。

营销部负责应收款项的及时催收,保证合同款项按时到账。跟单员每月月末统计下月付款客户名单及合同情况,发送至营销总监及各业务员,由业务员对所负责的客户提前若干天进行付款书面提示,提示其制订付款计划并按时付款。到付款日业务员要确认客户是否按时付款,若不能按时付款要督促其若干天内给出付款计划。

对于应收账款,若存在下列情况之一,该笔账款视为"问题账款",财务部应立即介入催收,必要时提起诉讼或报案。

(一)客户信用情况严重恶化;

（二）客户恶意变更营业场所；

（三）客户法定代表人携款潜逃；

（四）客户采用诈骗手段骗取货物，而后未能将货款汇出形成逾期账款的；

（五）客户经营情况发生重大变化，可能导致公司产生坏账的其他情况。

四、问题账款管理

所谓"问题账款"，是指销售产品（业务运作）过程中发生被骗、收回票据无法如期兑现或部分货款未能如期收回超过若干天的情况。

销售业务人员应负责收回全部货款。发生"问题账款"时，应收账款回收部门应承担相应的赔偿责任。"问题账款"发生后，业务员应于一定时间内，据实填写"问题账款报告"，并附有关证据、资料等，由营销部负责人查证并签署意见后，递交至财务部或其他相关部门协助处理。

"问题账款"处理期间，业务员及营销总监应与相关部门充分合作。对于财务部或其他有关部门提出的配合查证等要求，营销部门有关人员不得拒绝或借故推脱。

财务部或其他相关部门协助该部门处理的"问题账款"，在"问题账款"发生之后一定期间之内，尚未能处理完毕（指出现阶段性结果），应向总经理报告。

五、坏账处理

坏账是指公司无法收回或收回可能性极小的应收账款。

（一）坏账的确认

1. 债务单位破产或撤销，依法定程序清偿后，无法收回的应收款；
2. 债务人死亡，无遗产或遗产不足清偿，无法收回的应收款；
3. 债务人逾期三年未履行偿债义务，现仍不能收回的应收款。

下列各种情况不能全额提取坏账准备：

1. 当年发生的应收款项，以及未到期的应收款项；
2. 计划对应收款项进行债务重组，或以其他方式进行重组的；
3. 与关联方发生的应收款项；
4. 其他已逾期，但无确凿证据证明不能收回的应收款项。

(二) 坏账损失的处理

坏账损失的处理通常有两种方法,即直接转销法和备抵法。多数企业按照备抵法核算坏账损失。

财务部门应当按账龄分析法计提坏账准备,计提的坏账准备直接计入管理费用冲减公司当年利润,表5-2提供了某公司坏账准备的计提比例标准范例。

表5-2　　　　　　　　　　　坏账准备计提比例

应收账款账龄	比例（％）
1年以内（不包括1年）	5
1—2年（包括1年,不包括2年）	10
2—3年（包括2年,不包括3年）	20
3—4年（包括3年,不包括4年）	30
4—5年（包括4年,不包括5年）	50
5年以上（包括5年）	100

对于特殊的坏账项目,公司财务部经财务总监批准后可按较高的比例计提坏账准备。

财务部应于期末时对应收款项计提坏账准备。坏账准备应当单独核算,在资产负债表中应收款项按照减去已计提的坏账准备后的净额反映。

财务部经理应每季度检查应收款项。坏账的核销在董事会授权金额范围内由公司总经理批准核销,超过董事会授权金额的核销需要报董事会批准。

第四节

销售成本费用管理

一、销售成本核算

销售成本的计算方法有以下五种。

(一) 先进先出法

先进先出法是假定按最早购入的商品进价作为出售或发出商品成本的一种方法,即先购入先销售。因此，每次发出的商品都假定是库存最久的存货，期末库存则是最近购入的商品。这种方法一般适用于先入库必须先发出的商品，如易变质的鲜活商品。

采用先进先出法计算商品销售成本，可以逐笔结转，不需计算商品单价，但工作量较大，如购进批次多，而单价又各异，则计算工作较为复杂，一般适用于经营品种简单的企业。

（二）加权平均法

加权平均法是以每种商品库存数量和金额计算出加权平均单价，再以平均单价乘以销售数量和期末库存金额的一种方法。其计算公式为：

加权平均单价＝（期初库存金额＋本期购入金额）/（期初库存数量＋本期购入数量）

本期商品销售成本＝本期销售数量×加权平均单价

期末库存金额＝期末库存数量×加权平均单价

采用加权平均法计算的商品销售成本比较均衡，计算结果亦较准确，但工作量较大，一般适用于经营品种较少，前后进价相差幅度较大的商品。

（三）移动加权平均法

移动加权平均法是在每次购入商品以后，根据库存数量及总成本算出新的平均单位成本的一种方法。其计算公式如下：

移动加权平均单价＝（结存金额＋购进金额）/（结存数量＋购进数量）

（四）个别计价法

个别计价法是以每一批商品的实际进价作为计算销售成本的一种方法。其计算公式如下：

每批商品销售成本＝每批商品销售数量×该批商品实际进货单价

采用个别计价法，财务部门应按进货批次设置商品明细账；业务部门应在发货单上注明进货批次；仓库部门应按进货批次分别堆放商品。

该方法便于逐笔结转商品销售成本，计算比较正确，但工作量较大，适用于直运商品和进货批次少、销售能分清进货批次的商品。

（五）毛利率法

毛利率法是一种对商品销售成本估算的方法。即用估计的毛利率（按上季度实际毛利率或本季度计划毛利率）计算商品销售成本。其计算公式如下：

商品销售成本 = 本月商品销售额 × [1 - 上季实际(或本季计划)毛利率]

采用毛利率法,计算手续简便,但计算的商品销售成本不够准确,因为这种方法是按照企业全部商品或大类商品计算的。通常只有在季度的第一、第二两个月采用,季末应选用其他四种成本计算方法中的一种进行调整。一般适宜于经营品种较多,月度计算商品销售成本有困难的企业。

以上五种商品销售成本的计算方法各有特点,企业应结合业务情况选择采用。但一经选定,在一个年度内不能随意更换,以保持年度商品销售成本计算口径一致。

二、销售费用核算

销售费用的核算内容参见表5-3。

表5-3　　　　　　　　　　销售费用核算内容

核算项目	财务核算内容
职工工资	销售部门受雇人员全部工资。包括工资、加班费、奖金、津贴等。
职工福利费	支付员工的保健、生活、住房、交通等各项补贴和非货币性福利,包括外地就医、冬季取暖费、防暑降温费、困难职工补助救济、职工食堂经费补贴以及丧葬补助、抚恤费、安家费、探亲路费。
职工教育经费	实际支付的销售部门员工各项职业技能培训和继续教育培训费用,包括培训外出期间的差旅费等各项费用。
工会经费	按销售部门职工工资总额(扣除按规定标准发放的住房补贴,下同)的2%计提并拨交给工会使用的经费。
社会保险费	①待业保险费:指销售部门职工个人按一定工资比例缴纳的一种统筹待业保险费用。②养老保险费:指销售部门个人按一定工资比例缴纳的统筹养老基金。③住房公积金:指销售部门个人按一定工资比例缴纳的统筹住房基金。④医疗保险费:指销售部门个人按一定工资比例缴纳的统筹疾病住院赔付保险金。⑤劳动保险费:指销售部门个人依据一定工资比例缴纳的统筹意外伤害赔付保险金,包括工伤保险、生育保险。
折旧费	在销售部门固定资产使用寿命内,按照确定的会计方法对资产进行的价值分摊。
修理费	本部门发生的除车辆之外的"固定资产"修理维护费。
物料消耗	销售部门领用的不纳入"低值易耗品"核算,且除"办公费"核算范围外的其他领用或购买的物料消耗费用。例如:购买硬盘、光盘等电脑用品以及为维修"低值易耗品"而发生的费用。
低值易耗品摊销	本部门不作为"固定资产"核算的各种用具物品,如工具、工装、管理用具、包装容器以及流通企业餐具、玻璃器皿、纺织用品等在使用中的耗费("低值易耗品"应按管理要求,分类设置数量金额式明细账)。

续表

核算项目	财务核算内容
办公费	销售部门发生的"文具用品费""书报资料费""外联宣传费"等,其中,"外联宣传费"指对外宣传所耗费的纸质、电子等宣传产品或企业资料费用和附带宣传标识或内容的小礼品费用。
差旅费	销售部门职工因工作外出期间发生的住宿费,交通费等,包括:交通车费、交通机票、住宿费、伙食补贴、其他相关的费用。
业务招待费(业务应酬费)	销售部门发生的与销售活动有关的业务招待费支出,具体包括:餐饮费、礼品费、其他相关的费用。
通讯费	核算销售部门的办公"电话费"和按规定可报销的销售人员"手机费"。
车辆费	营业部门使用车辆所发生的一切费用,包括:汽油费、过桥过路费、修理装饰费、车队用车费、其他相关的开支。
能源费	包括本部门应分摊或支付的水费、电费、燃气费等。
运输费	为销售货物而发生的产品运输费用。
保险费	为直接销售货物而发生的产品保险费用。
租赁费	销售或营业部门租赁其他单位或个人的不动产而支付的资产租赁费用。
装卸费	销售部门为销售产品而直接发生的装卸搬运货物的费用。
包装费	为销售产品而直接发生的包装货物的费用。
通关费	销售产品通过海关监管,经过申报、查验、放行、结关的手续产生的费用,包括:通关费、商检费、其他通关费用。
宣传展览费	销售部门为开展促销或宣传产品等举办展览、展销会所支出的各项具有公共性质的费用,包括:资料费、礼品费及其他相关的开支。
仓储费	为储存或持有销售货物而支付的临时储存费用。由于租赁仓库而发生的费用,在"租赁费"子目核算。
调试费	为销售企业产品而发生的直接调试费用。
广告费	为宣传公司产品或品牌,而通过各种媒体所支付的费用。具体包括:电视广告费、平面广告费、其他类型广告的费用。其中"平面广告费"包括霓虹灯、户外灯箱、纸质报纸杂志广告费。
业务提成/佣金(销售服务费)	直接按销售额或生效合同额的一定比例支付给销售人员的业务包干酬金或支付销售人员的业务费用。
投标费	应招标人的邀请或主动申请,按照招标的要求和条件,在规定的时间内向招标人报价所发生的直接费用。包括资料印刷包装和邮寄等费用,职工由于投标而发生的差旅、招待等费用不在其列。
售后服务费	产品售出后,为履行合同约定的明确的售后条款内容应发生的一切费用。如由于产品特性、个案产品或个案合同发生的售后维修或赔偿等费用不在其列,而在"质量成本"账户中归集核算。
其他经营费用	企业发生的除上述二级科目之外的与销售业务有关的费用。

本章参考文献

［1］中国注册会计师协会编写．税法［M］．北京：中国财政经济出版社，2021．

［2］胡为民编著．内部控制与风险管理——实务操作指南［M］．北京：电子工业出版社，2009．

［3］李三喜，徐荣才．基于风险管理的内部控制：设计流程·设计实务·设计模板［M］．北京：中国市场出版社，2013．

第六章 业财融合报告系统

业财融合报告系统是业财融合成果的集中展现。业财融合报告系统可看作是基于大数据和各种算法、模型、智能搜索等技术下对业务、财务信息的集中处理和展现的平台。该平台从业务分析、业务预测到财务细分报告；或是通过智能判断、决策方案提供和推演、智能行动等满足企业战略发展一系列综合应用要求。本章主要讲述业财融合报告系统的相关概念、特征、内容与作用，并就各层次的业财融合报告进行简要介绍。

第一节 业财融合报告系统概述

业财融合报告系统概述中首先对业财融合报告系统的概念和特点进行介绍，其次阐述业财融合报告系统的分类方法和内容，最后介绍业财融合报告系统的作用。通过本节介绍旨在使读者对业财融合报告系统有一个初步认识。

一、业财融合报告系统的概念

业财融合报告是通过对前端业务数据、财务数据等信息的清洗、提炼、关联、融合以及分析挖掘所形成的各项报告。从业财融合目标来看，业财融合的报告是一个综合性报告，是"一种以更加清晰、简洁和注重使用者需求的形式来全方位提供有关企业业绩和运营状况信息的报告"。综合报告旨在将企业财务信息与非财务信息整合在一起，为企业的利益相关者提供更加全面、相关、准确的决策信息[①]。相对于仅仅披露财务信息的传统财

[①] 国际综合报告委员会的历史、现状和未来 [EB/OL]. http://kjs.mof.gov.cn/kuaijiguanlidongtai/201611/t20161130_2469846.html.

务报告而言，业财融合报告对于企业业绩解释的涉及面会更加广泛。由于综合性报告涉及面较广，在分析时按照不同需要进行分类，从而形成不同的报告层次。业财融合报告系统是在业财融合各项报告基础上按照一定的分类标准构建的一个完整的报告体系。

二、业财融合报告系统的特点

随着数字化、智能化时代的到来，传统的报告系统在云计算、流程机器人、机器学习等数字化工具以及新技术的影响下发生着内在变革。业财融合的报告系统具有综合、实时、多维、智能的特点。

（一）综合性

1. 业财融合报告是一个整合的企业报告。该报告将财务信息与非财务信息进行了有机融合，反映企业运行的全貌，并将影响企业中、短、长期发展的非财务信息作为一项报告内容。

2. 业财融合报告以使用者需求为出发点。业财融合报告不仅仅为投资者服务，更多的是为利益相关者的需求服务，以全面提供企业业绩信息与运营信息。

3. 业财融合报告核心在于综合。业财融合报告中融入了企业战略、公司治理情况、企业整体绩效、企业总体运营状况等信息，给使用者提供从整体战略层次到运营层次的各项报告，有利于报告使用者更好地进行决策。依托于大数据技术，传统的报告系统的各项分类可以完全融通于业财融合的平台。在数字化背景下，无论需要哪个角度的分析报告，只要进行相应的选择，即可有对应的报告产生。

（二）实时性

业财融合的背景下，数据的自动化程度得以提升，数据处理的实时性增强。通过流程自动化，可以简化数据管理并提高分析效率，可以在每一笔交易发生之时便自动进行预测分析。依托于各项信息技术，企业的运营信息、产品信息、物流信息、财务信息等以及企业外部的社会化信息都可以以数据的形式进入系统，进入平台。通过企业开发和运用的模型、算法变成可以理解的数据图表，以分析报告的形式展现在系统平台上，供使用者分析使用。使用者可以在权限范围内随时调取数据进行查阅。

以往的报告在编制、监控、调整、分析方面，依赖财务人员规则化、周期性的人工处理。通过应用财务机器人，可以提升管理效率，将人力资源释放到更高价值的工作中。在当前环境下，业财融合报告的自动化提升可以更快地进行相应预测分析的动态编制，及时地帮助企业管理层进行生产经营计划的调整，以及相应的资源配置。图 6-1 为综合报告平台的示例。

图 6-1　综合报告平台

(三) 多维性

由于业财融合报告系统的全局性和完全覆盖的特点，报告使用者可以获得按需服务。也就是说选择所需的系统数据即可生成需要的报告。如在满足对外财务报告的需求的同时，可以提供内部管理需要的精细化核算需求报告，如主体核算、客群核算、渠道核算、品类核算报告等。可以形成多核算目的、多核算主体、多账簿、多维度的各项报告。图 6-2 为针对营销分析的多维度解读示例。

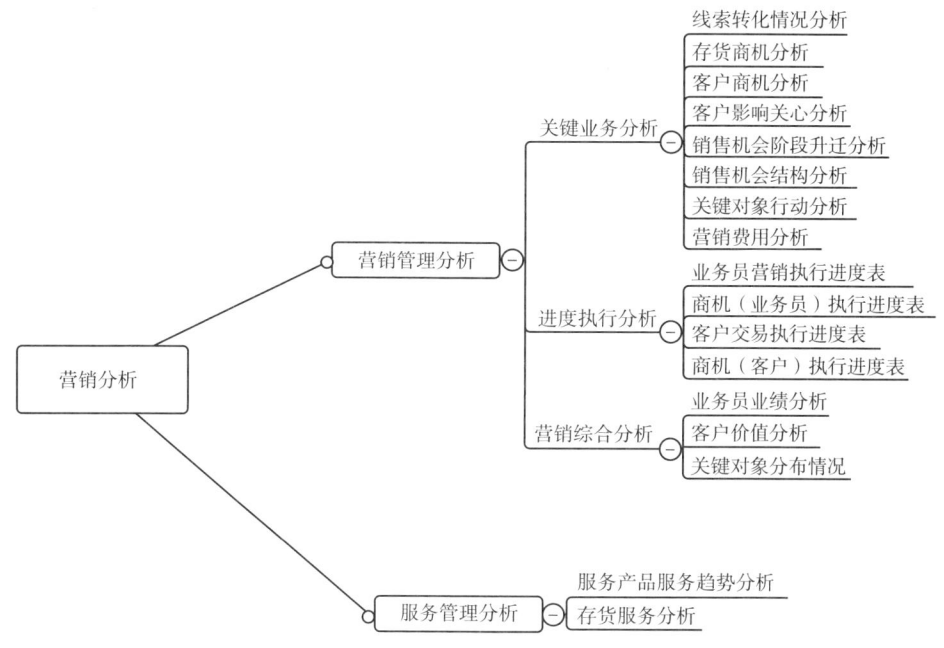

图 6-2　多维报告数据举例

（四）智能性

业财融合报告系统可实现自动化、智能化的报告报出。可经过模型、算法的预先设定，完成数据采集、核算、报告报出等自动化操作，实现一键生成报告内容，并可以满足各种形式要求。可通过数据建模工具对数据进行关联分析、聚类分析、回归分析、序列分析等，以协助企业决策活动。智能性可体现在：

1. 报告智能化：可减少报告在数据收集、整理、编制过程中的人工参与；以内部数据以及外部社会化数据为基础实现业务财务深度融合。在报告生成中，通过数字化场景的模拟，提高业务和财务数据一致性，预测的数据基础更符合企业发展实际；可结合外部数据，例如：经济发展指数、CPI指数等，作为预测的修正假设。通过更多、更优质的数据对预测模型进行训练，不断提升模型的完善程度。

2. 移动化、交互式报告：业财融合通过智能化可实现移动终端报告的推送与接收；通过智能机器人等方式进行互动、自助服务。

3. 预测的多样精准性提高①。过去，预测预算的目标依赖人工处理的流程，数据收集、整理和操作往往都是通过电子表格进行，随着数据量的增加，传统的预测流程日益变得费时费力，并且经常依靠经验、直觉进行决策判断，预测的科学性与合理性不足。业财融合报告在预测分析上将在以下方面发生改变。

（1）多样化的预测模型。多样化的预测模型有助于实现更快速的分析；通过与业务部门深度合作以完成多场景的建模，使财务组织变为业务部门的伙伴，财务部门更加理解业务，并且使业务部门更好地实施预测。

（2）云计算以及大数据技术的应用。采用云计算技术是采集多样化数据类型的有效途径。在数据采集后，运用相关技术对数据进行清洗、整理，以满足模型应用的需求。

三、业财融合报告系统的分类

从业财融合的本质出发，业财融合报告分类遵从《管理会计应用指引——企业管理会计报告》的相关分类原则，而在内涵上依据业财融合的特点加以深化和精细化。

（一）按照报告功能划分

按照报告的功能，可以将报告系统划分为：管理规划报告、管理决策报告、管理控制

---

① 该部分特点依据用友新道科技股份有限公司相应资料、介绍整理而得。

报告以及管理评价报告。

1. 管理规划报告。管理当局为实现企业目标、开展企业活动所进行的战略部署与预算管理以及计划实施的报告。

2. 管理决策报告。管理决策报告，是指在企业活动中运用科学的理论和方法，系统的分析主客观条件，根据必要与可能的原则确定预定目标，提出多种实施方案并比较论证选优、提交给领导决策层作管理决策依据的书面报告。

3. 管理控制报告。如内部控制自我评价报告是管理当局依据企业内部控制以及其他管控文件标准要求，对本企业控制的设计和执行的有效性进行评估后形成的关于企业管理控制方面的报告。

4. 管理评价报告。如董事会报告，是企业的最高管理当局就企业管理的现状、适宜性、充分性和有效性以及方针和目标的贯彻落实及实现情况进行评价并形成的报告。

（二）按照责任中心划分

按照责任中心划分，可以将报告系统划分为：成本中心报告、利润中心报告以及投资中心报告等。

1. 成本中心报告。以责任成本为考核对象对成本中心进行考核发布的报告。

2. 利润中心报告。以利润、利润率、边际利润以及税前净收益等为考核对象，对利润中心进行考核发布的报告。

3. 投资中心报告。以投资报酬率、剩余收益等为考核对象，对投资中心进行考核发布的报告。

（三）按照责任主体划分

按照责任主体划分，可以将报告系统划分为：集团报告、分部报告。

1. 集团报告。该部分报告的编制主体为企业集团。企业集团是以大企业为核心、拥有诸多分公司或子公司的经济实体，在管理上一般采取统一领导和分层管理的制度，是跨部门、跨地区、甚至跨国度多角化经营的企业联合体。集团报告多以合并财务报告为依据展开，可持续发展报告是较多采用的综合报告内容。

2. 分部报告。依据《企业会计准则》的规定，分部报告一般是指以企业的经营分部和地区分部为主体编制地提供分部信息的财务报告。

（四）按照管理层级划分

按照管理层级划分，可以将报告系统划分为：战略报告、经营报告以及业务报告。

1. 战略报告。常见的战略层报告有战略管理报告、综合业绩报告、内部审计报告、重大事项报告等。

2. 经营报告。常见的经营层报告有全面预算报告、年度部门重点工作计划报告、项目可行性报告、投资可行性报告、盈利分析报告、业绩评价报告、资金管理报告、成本管理报告等。

3. 业务报告。常见的业务层报告有产品研究开发报告、采购业务报告、生产业务报告、销售业务报告、应收账款管理报告、在制品管理报告、人力资源管理报告等。

（五）按照报告对象划分

按照报告对象划分，可以将报告系统划分为：对外报告和对内报告。

1. 对外报告。对外报告是指企业向外提供的，供投资人、债权人、政府部门、其他企业和个人使用的报告。

2. 对内报告。对内报告是在企业内部传递，为企业董事会、管理者和相关内部人员所使用实现特定目标的报告。

四、业财融合报告系统的内容

依托于财政部的《管理会计报告指引》以及数智时代的技术引领，结合业财融合报告系统的目标和特点，业财融合的报告分为战略层、经营层、业务层三个维度，以下进行分别的介绍。

（一）战略层业财融合报告

战略层业财融合报告是战略层开展战略规划、战略制定、战略决策、战略评价以及其他方面管理活动提供的各类报告的总称。其报告对象是企业战略层、包括股东大会、董事会和监事会等[①]。一般来讲，战略层的报告系统主要由战略管理报告、综合业绩报告、风险分析报告、内部控制报告、内部审计报告、重大事项报告等构成。由于资金是企业的重要资源，在战略层次应当披露与企业现金流有关的各项重大投资筹资报告。

---

① 管理会计应用指引第 801 号——企业管理会计报告[EB/OL]. http：//www.zgkjw.org/2018/018237.html.

(二) 经营层业财融合报告

经营层业财融合报告主要是为了满足经营管理层进行规划、决策、控制和评价等管理活动的需要，所提供的各类报告的总称。其报告对象是企业经营管理层。一般来讲，由于经营层涉及的企业管理层面较多，经营层的业财融合报告具有多维、多层、精细的特点。比较常见的经营层次的报告如年度全面预算报告、年度工作计划报告、财务预测与各项财务数据分析报告、（**部门）预算执行报告、项目可行性分析报告、经营绩效考核报告、成本费用分析报告、销售预测报告、市场细分报告等。

(三) 业务层业财融合报告

业务层业财融合报告是与企业日常运营或生产活动需求相关的报告。通过业务层次的业财融合报告，提供相应的信息，让企业各个业务单元能够更好地进行日常经营管理。其报告对象是企业各部门的运营者。业务层次的报告更多的是日报或者周报形式，数据单元更细化，实时性要求更高。如资金日报、销售日报、采购日报、生产日报、库存日报、应收账款管理报告、日/周绩效报告、成本费用日/周报、员工管理日/周报等。图6-3为移动端的资金日报示例。

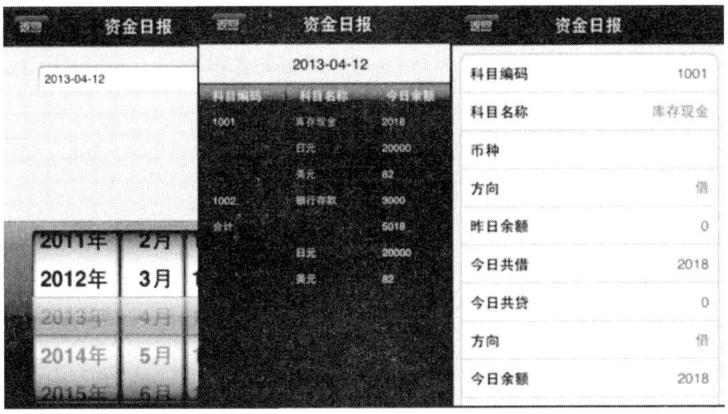

图6-3 资金日报（移动端）[①]

在业财融合的技术应用下，企业可以形成日损益预测评估报告。如从销售系统、内部交易等业务系统获得实时收入，基于本量利模型处理获得日成本预估数据，从而获得获利对象的收入、成本、费用、贡献等经营情况，为经营层、管理层提供决策支持。图6-4为通过移动端查阅库存的日报。

[①] 本章节说明用图来源于用友新道科技股份有限公司，特此说明。

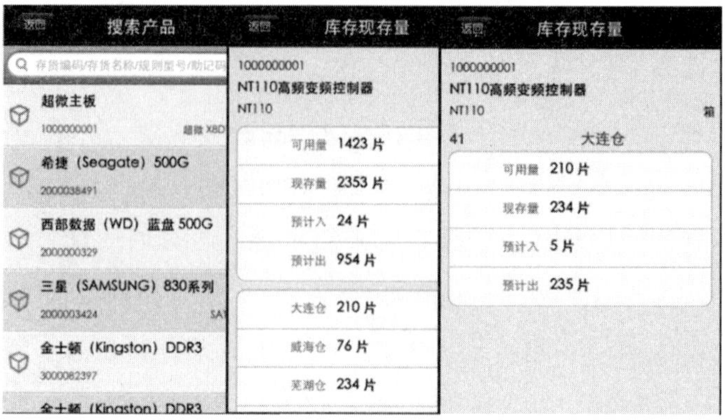

图 6-4 查阅库存日报

此外，业财融合的报告形式多样，既有传统的 Excel 表格、Word 文档等形式，也有可视化图表形式。业财融合的报告可以将抽象和非结构化的信息变得直观清晰，突出数据异常值、展示数据趋势、呈现有效信息，让阅读者直观感知数据价值、增强数据洞察、支撑管理层、决策层和员工掌握经营情况，进而做出科学的判断和决策。总的来看，业财融合报告应当随着经济社会的发展、科学技术的进步和经营管理水平的提高，不断地丰富内容，完善模式，以提高报告的使用价值，促进企业目标的实现。

五、业财融合报告系统的作用

（一）为利益相关者提供更全面有用的信息

业财融合报告系统不但为信息使用者（利益相关者）提供财务报告，也为其提供所需的非财务报告信息，从而满足信息使用者全方位的信息需求，为信息使用者的决策提供帮助。

1. 投资者。投资者与企业是出资人与资金使用者的关系。投资人主要关心其投资的收益和风险，关注企业的经济绩效。为满足投资人的信息需求，业财融合报告中的财务报告可以全面反映企业的经营状况和经营成果，提供盈利能力相关分析报告如风险分析报告，披露企业盈利能力的重大风险及风险应对措施。其中，对风险的披露应当具体，使投资者能够对未来经营风险所产生的财务风险做出正确的预判。

2. 债权人。债权人与企业是资金出借人与资金使用者的关系。一般情况下，债权人享有收取利息和到期收回本金的权利，不能参与企业剩余收益的分配。运用业财融合报告系统，债权人通常以企业对外披露的报告作为评估企业资信的信息来源，关注企业流动比率、速动比率、资产负债率、利息保障倍数、总资产报酬率等财务指标，同时也通过企业提供的可持续报告、风险分析报告等及时掌握企业的资金流和风险情况。

3. 客户。客户，尤其是具有长期或依存关系的客户是企业赖以生存和发展的动力。客户主要关注企业活动、产品和服务及其存在的风险，一些客户关注企业产品的环保程度及社会效益，企业对消费者的社会责任成为其社会责任的核心焦点。业财融合报告系统中关于产品质量分析报告、安全报告、社会责任报告等为客户提供了更加全面的信息。

4. 供应商。供应商是企业的重要合作伙伴，在供过于求的市场环境下企业面临着诸多可供选择的供应商，但拥有长期良好合作关系的供应商无疑是企业的一项财富。供应商一般关注企业的资金流动性、现金流量情况以及货款回款相关管理情况。因此对业财融合报告系统中的运营分析报告、资金管理报告等更加关注。

5. 员工。员工是企业内部的直接利益相关者。在企业各种利益相关者中，员工是与企业关系最为密切、最直接相关的群体。员工不仅是企业战略的具体实施者和推动者，更受企业生产经营成果的影响，企业的各项政策和行动会直接影响员工切身利益。因此业财融合报告系统中的薪酬福利、安全保护、培训等非财务信息报告以及企业的可持续发展报告等提供的信息，可以为员工判断企业是否稳定提供依据。

6. 政府和社区。政府作为社会的公共管理者，通过公共政策对企业的经营和理财产生直接的影响，并对企业行为所产生的社会影响和后果施加一定的管制；与此同时，出于税收征管的需要，政府通过法律制度的约束对企业财务行为进行约束。企业是社会中的企业，应当考虑企业行为对社区环境的影响，并应当对公共事业给予支持，增加对社会公益的投放。业财融合报告系统中战略层报告中关于社会责任的报告、可持续发展的报告、安全生产的报告为政府和社区等外部非直接利益相关者提供了解企业的渠道[①]。

（二）提供决策支持与预测分析

企业业财融合报告，不但有完整的财务报告体系进行支撑，而且提供诸如各项分析报告、安全责任报告、社会责任报告、可持续发展报告、产品质量报告、企业发展战略报告等以及按照企业分析信息使用者需求后形成的报告。这些报告可以为信息使用者提供决策支持与预测分析。

（三）为供给侧改革提供信息支持

基于业财融合报告提供的全面信息，利益相关者可以获得其所需的相关信息。企业也可通过汇集信息使用者的需求，调整报告系统内容，甚至调整产品结构，实现供给侧改革。

后续章节将从战略层、经营层和业务层三个层面，结合上述的各项特点和作用对业财融合报告系统展开介绍。

---

① 吴思思. 企业社会责任报告信息披露问题研究[D]. 厦门大学，2009：45-47.

第二节

战略层业财融合报告

战略层报告应包括可以帮助战略层进行决策和对公司综合表现进行了解的报表，对财务、业绩、综合业务表现的概述，以及对内外部环境、风险进行的分析和对战略实施等情况的分析等。在本节，我们将介绍战略管理报告、综合业绩报告、风险评估报告和重大项目报告，对于内部控制报告和内部审计报告，由于其具有特定的政策法规规范形式，在此不做赘述。

一、战略管理报告

战略管理报告的内容一般包括内外部环境分析、战略选择与目标设定、战略执行及其结果，以及战略评价和控制等。依据《管理会计应用指引第 100 号——战略管理》的要求，战略管理报告应当如实反映如下信息：

（一）内外部环境分析

依据宏观环境（包括政治、经济、社会、文化、法律及技术等因素）、产业环境、竞争环境等对其影响长远的外部环境因素，尤其是可能发生重大变化的外部环境因素，确认企业所面临的机遇和挑战；同时应关注本身的历史及现行战略、资源、能力、核心竞争力等内部环境因素，确认企业具有的优势和劣势。企业进行环境分析时，可应用态势分析法（Strength，Weakness，Opportunity，Threat，简称 SWOT 分析）、波特五力分析和波士顿矩阵分析等方法，分析企业的发展机会和竞争力，以及各业务流程在价值创造中的优势和劣势，并对每一业务流程按照其优势强弱划分等级，为制定战略目标奠定基础。

（二）战略选择与目标设定

战略管理报告中应就战略的制定过程与目标的设定依据、过程等进行简要阐述。企业一般应设置专门机构或部门，牵头负责战略管理工作，并与其他业务部门、职能部门协同制定战略目标，做好战略实施的部门协调，保障战略目标得以实现。企业应建立健全战略管理有关制度及配套的绩效激励制度等，形成科学有效的制度体系，切实调动员工的积极性，提升员工的执行力，推动企业战略的实施。企业可根据对整体目标的保障、对员工积极性的发挥以及企业各部门战略方案的协调等实际需要，选择自上而下、自下而上或上下结合的方法，制定战略目标。企业设定战略目标后，各部门需要结合企业战略目标设定本部门战略目标，并将其具体化为一套关键财务及非财务指标的预测值。为各关键指标设定的目标（预测）值，应与本企业的可利用资源相匹配，并有利于执行人积极有效的实现既定目标。

（三）战略执行及其结果

这是战略报告的核心组成部分。企业应加强战略管控，结合使用战略地图、价值链管理等多种管理会计工具方法，将战略实施的关键业务流程化，并落实到企业现有的业务流程中，确保企业高效率和高效益的实现战略目标。

（四）战略评价和控制

战略评价和控制是指企业在战略实施过程中，通过检测战略实施进展情况，评价战略执行效果，审视战略的科学性和有效性，不断调整战略举措，以达到预期目标的过程。通过企业主要战略是否适应企业的内外部环境，战略是否达到有效的资源配置，战略涉及的风险程度是否可以接受，战略实施的时间和进度是否恰当来进行战略评价。同时，企业应当根据情况的发展变化和战略评价结果，对所制定的战略及时进行调整，以保证战略有效指导企业经营管理活动。

二、综合业绩报告

综合业绩报告的内容一般包括关键绩效指标预算及其执行结果、差异分析其他重大绩效事项等。在业财融合的报告体系中，一般使用业绩评价报告作为综合业绩报告的主要形式。业绩评价报告的相关要求详见第七章。

三、风险评估报告

风险评估报告是出于企业的项目管理或综合风险控制需要，对风险项目进行评估而出具的报告。风险评估报告一般包括投资风险评估报告、项目风险评估报告、合规风险评估报告、银行风险评估报告、信息安全风险评估报告、法律风险评估报告等。

（一）风险评估报告的主要内容

风险评估报告主要包括如下内容。

1. 在结构上一般都包括"编制说明""目录""正文"和"附件"四个部分，具体情况视目标项目的重要程度及难易程度而定。

2. 正文中应包括对企业的基本情况介绍，企业的风险评估情况以及风险评估意见。对于企业的风险评估情况依据风险评估的种类而有所调整。

（二）风险评估的系统化响应

在业财融合的技术环境下，风险评估可以实现在线的实时控制，一旦触及预设的底线，风险预警即可发送至移动端相应人员。如依据图 6－5 进行的财务分析，进行预警设置，在某一项指标不达标时，可以进行图 6－6 的预警行为。

关键财务分析指标

编制单位：XXX　　2012年12月

分析目标	序号	指标	当月指标值	上月指标值	浮动比率	公式	备注
短期偿债能力	1	流动比率	4.06	4.61	-0.12	流动资产/流动负债	表明企业每一元流动负债有多少流动资产作为偿还保证
	2	速动比率	1.68	1.69	0.00	速动资产/流动负债	衡量企业流动资产中可以立即用于偿付流动负债的能力。假设速动资产为流动资
	3	现金比率	1.34	1.39	-0.03	(现金+现金等价物)/流动负债	反映企业直接支付流动负债的能力。假设现金等价物为交易性金融资产
	4	现金流量比率	0.36	0.00	正无穷大	经营活动现金净流量/流动负债	
	5	到期债务本息偿付比率	负无穷大	非数字	非数字	经营活动现金净流量/(本期到期债务本金+现金利息支出)	
长期偿债能力	1	资产负债率	0.35	0.36	-0.01	负债总额/资产总额	表示企业资产总额中，债权人提供资金所占的比重
	2	股东权益比率	0.68	0.74	-0.08	所有者权益总额/资产总额	
	3	产权比率	0.52	0.48	0.07	负债总额/所有者权益总额	
	4	偿债保障比率	5.38	正无穷大	非数字	负债总额/经营活动现金净流量	
	5	利息保障倍数	负无穷大	非数字	非数字	(税前利润+利息费用)/利息费用	反映企业支付借款利息的保障程度。假设财务费用即为利息费用
营运能力	1	存货周转率	0.04	0.00	负无穷大	销售成本/平均存货	衡量企业存货运营效率
	2	应收账款周转率	2.23	0.00	正无穷大	销售收入/平均应收账款	反映企业应收账款变现速度的快慢，及管理效率的高低
	3	流动资产周转率	0.12	0.00	正无穷大	销售收入/平均流动资产	反映企业流动资产周转速度
	4	固定资产周转率	0.34	0.00	正无穷大	销售收入/平均固定资产	
	5	总资产周转率	0.09	0.00	正无穷大	销售收入/平均总资产	反映企业全部资产的利用效率
获利能力	1	资产报酬率	5.97%	0.00%	正无穷大	净利润/平均总资产	反映企业资产的获利水平
	2	股东权益报酬率	12.01%	0.00%	正无穷大	净利润/平均所有者权益	
	3	销售毛利率	122.04%	非数字	非数字	销售毛利/销售收入	表示每一元销售收入扣除销售成本后，有多少可以用于支付其他费用和形成盈利
	4	销售净利率	69.79%	非数字	非数字	净利润/销售收入	说明企业净利润占销售收入的比例
	5	成本费用净利率	217.66%	非数字	非数字	净利润 /成本费用	成本费用包含主营业务、其他业务成本，还有销售、财务、管理费用

图 6－5　财务分析指标（示例）

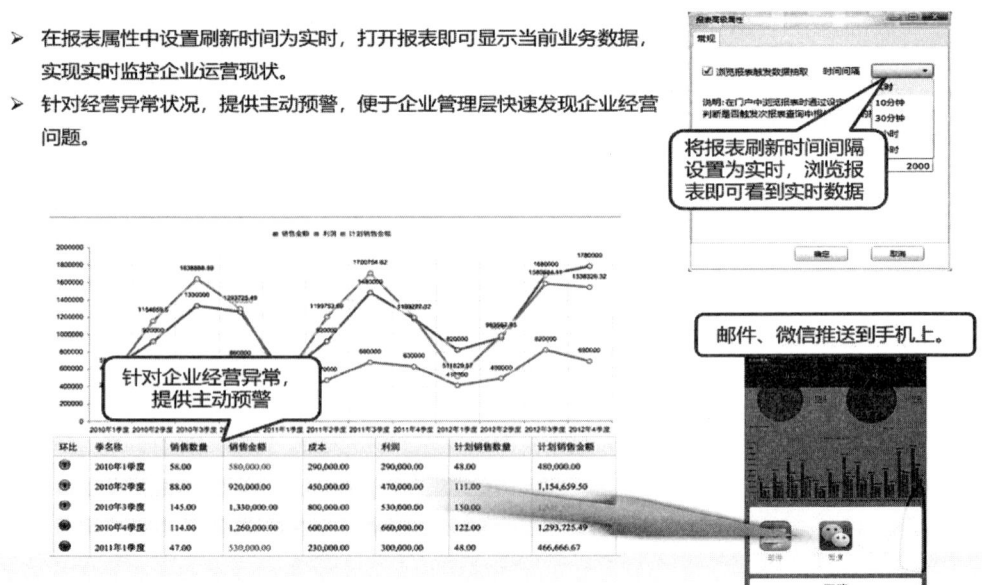

图 6－6　风险预警（示例）

四、重大事项报告

重大事项报告是针对企业的重大投资项目、重大资本运作、重大融资、重大担保事项、关联交易等事项进行的报告。企业应当制定重大事项报告制度，确定重大事项的范围、报送程序、报送时限、责任认定等的具体要求。当企业为公开上市公司时，应当考虑证监会和其他监管机构的报送要求。重大事项报告举例如下：

天津信托有限责任公司 关于股权变更的公告[①]

根据《中国银保监会关于天津信托有限责任公司变更股权的批复》（银保监复〔2020〕526号），批准上海上实（集团）有限公司受让天津海泰控股集团有限公司所持有的我公司51.58%股权和天津市泰达国际控股（集团）有限公司所持有的我公司26%股权。本次股权变更后，天津海泰控股集团有限公司不再持有我公司股权。上海上实（集团）有限公司持有我公司股权比例为77.58%（对应注册资本1 318 792 184.07元），成为我公司控股股东。天津市泰达国际控股（集团）有限公司持有我公司股权比例由原42.11%下降到16.11%（对应注册资本273 839 215.92元）。

截至2020年8月21日，我公司已按有关法律法规完成了《公司章程》变更和工商登记变更等事项。

特此公告。

天津信托有限责任公司
二〇二〇年八月二十四日

第三节 经营层业财融合报告

经营层业财融合报告是经营管理层进行业务管理所需要的或进行业务成果展示所提供

[①] 天津信托有限责任公司 关于股权变更的公告［EB/OL］. https：//finance.sina.cn/2020 - 08 - 24/detail - iivhuipp0278113.d.html.

的报告。一般可包括全面预算报告、预算执行报告、投资分析报告、项目可行性报告、融资分析报告、盈利分析报告、资金管理报告、成本管理报告、绩效评价报告等。由于数据精细度的提升，使用者可以根据需求设置所需的细分报告，如对市场分析报告，可以形成区域分析报告、销售人员销量分析报告、产品保有量分析报告等，满足经营管理层的各项需求。在本节中，我们就全面预算报告、预算执行报告（结合具体业务）、财务分析报告以及销售业务相关报告等进行相应的介绍。

一、全面预算报告

全面预算管理主要由战略目标制定、预算编制、预算执行、预算控制、预算考核与激励等环节构成。全面预算报告是在企业全面预算管理制度的规定下，依据一定的编制方式（零基预算、固定预算、弹性预算、滚动预算等）编制而形成的关于企业全面预算的报告。一般情况下，全面预算报告由预算编制基础、预算编制内容以及附注资料说明三个部分构成。需要说明的是，在业财融合的背景下，数据化的资料为报告内容提供了更加精细化的信息，全面预算报告的主体内容也可依据企业的需求提供更细致的描述。

（一）预算编制基础

预算编制基础是对企业全面预算的依据与程序的总体概括。具体包括如下表中所示预算的工作组织情况和预算编制范围、年度经营主要目标和任务、预算编制的假设前提等。

一、预算工作组织情况和预算编制范围

1. 预算工作组织情况

（1）企业预算管理机构和编制部门设置；（2）管理机构主要成员构成；（3）内部组织分工；（4）年度预算工作具体组织及审议情况；（5）对下属企业预算的审核和管控情况。

2. 预算编制范围

（1）预算编制范围原则上与上年度财务决算合并报表编制范围一致，应严格遵实质控制原则，将具有实际控制权的所有独立核算单位及境内外子企业全部业务纳入预算编制范围，与上年度财务决算合并报表编制范围不一致的，需说明增减变动情况及原因。

（2）对于已设立，但因特殊原因暂未纳入本年度预算编制范围的企业，应予以专项说明。

二、年度经营主要目标和任务

1. 公司战略和规划

（1）战略规划实施概要、年度经营管理目标。

(2) 年度预算目标与相关国家规划中相关指标的对比及说明。

2. 重大项目投融资目标和任务

3. 其他需要说明的经营管理和任务

三、预算编制的前提假设

1. 税率、利率、汇率预计水平（存在进出口业务、外资和境外子公司适用）；

2. 对预算编制影响重大的会计政策、会计估计变动情况；

3. 对年度预算影响重大的事项实施情况的假设等；

4. 其他假设因素。

（二）预算编制内容

预算编制的内容由预算考核指标、预算以前年度情况、预算指标说明与填写要求共同构成。表6-1为某一企业的全面预算指标。不同企业对预算的指标设定有所不同，对指标的明细程度也有所差别。全面预算的指标设置依据企业的战略与规划需要而定。

表6-1　　　　　　　　　全面预算指标情况表（示例）

预算指标	2019年实际数	2020年实际数	2021年预算数	同比增减%	
				2020年/2019年	2021年/2020年
1. 长期投资					
其中：长期股权投资					
2. 收益性资产					
3. 有息负债					
4. 主营业务收入					
5. 一般可控费用					
6. 职工薪酬					
其中：资本化职工薪酬					
7. 净利润					
8. 资产负债率（全口径）					

在指标体系中依次对核心指标进行解释说明。本节以长期投资的预算设置为例。

1. 长期投资预算指标口径：

▲具体包括：①可供出售金融资产；②持有至到期投资；③长期债券投资；④长期应收款；⑤长期股权投资。

▲分析重点：

①分别说明长期投资年初余额、当年新增投资、投资收益、投资收回情况，如下长期投资核算表。

②说明合并范围变动对投资的影响。

通过对这一指标口径的明细解释，使指标更具有可操作性。

2. 长期投资核算表格：

长期投资核算表 单位：万元

项　目	上年末	本年增加	本年减少	本年末
1. 可供出售金融资产				
2. 持有至到期投资				
3. 长期债券投资				
4. 长期应收款				
5. 长期股权投资				
合　计				

（三）附注资料说明

附注资料说明对核心指标体系外的重要项目进行阐释。具体包括：

1. 预计资产负债及现金流等情况。

（1）资产、负债、净资产等总量增减变动情况。对变动较大、比重较大、特殊科目构成做分析。如：货币资金（存贷比情况）、应收票据及应收账款、其他资产、商誉、无形资产、其他负债、长期应付款、预计负债等科目。

（2）损益增减变动情况。营业总收入、主营收入、成本、其他业务利润、期间费用、投资收益、营业外收支等增减变动情况及原因进行分析。

（3）现金流量情况。分析说明经营、投资、筹资活动的现金流量情况，着重解释说明经营性现金流为负的原因。

2. 政府性项目。预算指标口径：政府性项目指具备政府有关部门的批复、会议纪要等书面依据明确由企业承担成本或融资任务的项目，且列入业绩责任考核书考核内容。

分析重点：分项目说明政府性项目的投资总额、当年投资预算、成本分摊或偿付机制、对当年预算的影响等。企业自建而无政府批文的相关配套、公益性等项目附表单列。

3. 预算执行的保障和监督措施。预算执行过程中的保障措施和监督措施的介绍。

4. 预算编制中存在的问题及对策建议。

二、年度预算执行报告

年度预算执行报告是依据全面预算制度和全面预算报告，对某一报告年度的预算及其执行情况进行分析、总结并对下一年进行指导的报告。一般应对企业整个年度的外部宏观环境、整体运营效益等进行分析。执行报告的内容包括执行环境分析、主要经济指标的执行情况分析、预算执行情况与差异分析以及对未来期间的建议等。以下从采购业务角度解读年度预算执行报告。

季度末或年末，企业一般会对该季度（年度）的预算执行情况进行分析，发现问题，并指导今后的预算制定与执行。在数字化的前提下，预算执行报告也可以随时生成。预算执行报告的模式同样适用于销售业务、生产活动等企业核心业务与部门的预算执行报告。

采购预算执行报告的主要内容包括：采购预算情况、执行情况、差异原因分析以及报告总结。采购预算情况主要依据相应的季度或年度计划进行填列，执行情况则是从系统中获取相应的实际数据加以填列。对于差异原因分析，需要采购经理或相关管理人员从供应商选择、采购定价、市场变化等环节进行综合分析后得出。报告总结中会针对预算和执行的差异给出解决建议以及预算调整建议。

采购活动一般包括从请购、采购订单（合同）、采购入库、采购发票直至期末的采购报表的全过程。而采购预算执行报告是最后的分析阶段的报告。图 6－7 是采购订单某一期的执行情况，可以结合预算进行分析，形成可视化图表等分析报告结果。

采购订单执行统计表

日期：2005-1... 至 2005-11-21　　供应商 全部　　至　全部

存货分类：全部　　存货：全部　　至　全部

订单号	供应商简称	存货名称	规格型号	主计量	辅计量	换算率	数量	件数	原币价税合计	原币金额	本币价税合计	累计入库数量	累计入库件数	累计入库金额
00000004	三星（中...	90号套筒	无缝管2...	件			1.00		11.70	10.00	11.70	1.00		10.00
00000004	三星（中...	盖板	20	件			1.00		14.04	12.00	14.04	1.00		12.00
00000004	三星（中...	螺栓	M10×25	件			1.00		5.85	5.00	5.85	1.00		5.00
00000004	三星（中...	螺栓	M12×25	件			3.00		24.57	21.00	24.57	3.00		21.00
00000005	邢台钢铁...	不锈钢板	2#	公斤	公斤	1.00	12.00	12.00	14,040.00	12,000.00	14,040.00	12.00	12.00	12,000.00
00000005	邢台钢铁...	槽钢	6.3#Q235	公斤	公斤	1.00	8.00	8.00	9,360.00	8,000.00	9,360.00	8.00	8.00	8,000.00
00000006	首钢集团...	圆钢	12#Q235	公斤	公斤	1.00	2,100.00	2,10...	2,457,000.00	2,100,000.00	2,457,000.00	2,100.00	2,100.00	2,100,000.00
00000006	首钢集团...	生铁	HT200	公斤	吨	1,00...	3,000.00	3.00	2,808,000.00	2,400,000.00	2,808,000.00	3,000.00	3.00	2,400,000.00
00000007	威盛工具...	叉子	45-lot10p	件			20.00		702.00	600.00	702.00	20.00		600.00
00000001	首钢集团...	圆钢	12#Q235	公斤	公斤	1.00	52.00	52.00	60,840.00	52,000.00	60,840.00	52.00	52.00	52,000.00
00000001	首钢集团...	圆钢	12#Q235	公斤	公斤	1.00	520.00	520.00	608,400.00	520,000.00	608,400.00	520.00	520.00	520,000.00
00000001	首钢集团...	圆钢	14#Q235	公斤	公斤	1.00	100.00	100.00	117,000.00	100,000.00	117,000.00	100.00	100.00	100,000.00
00000001	首钢集团...	生铁	HT200	公斤	公斤	1.00	263.00	263.00	246,168.00	210,400.00	246,168.00	263.00	263.00	210,400.00
00000002	潍柴	潍柴WD615...		件			1.00		6,000.00	5,128.21	6,000.00	1.00		5,128.21
00000003	威盛工具...	警示牌	H62-0.5	件			3.00		17.55	15.00	17.55	3.00		15.00
00000003	威盛工具...	铭牌	L4	件			3.00		17.55	15.00	17.55	3.00		15.00
00000003	威盛工具...	履带螺栓板手	45	件			3.00		21.06	18.00	21.06	3.00		18.00
00000003	威盛工具...	橇杠	45	件			3.00		21.06	18.00	21.06	3.00		18.00
00000003	威盛工具...	扳手把	无缝管Q...	件			3.00		21.06	18.00	21.06	3.00		18.00
00000003	威盛工具...	钩头板手(一)	45	件			3.00		21.06	18.00	21.06	3.00		18.00
00000003	威盛工具...	钩头板手(二)	45	件			3.00		21.06	18.00	21.06	3.00		18.00
00000003	威盛工具...	钩头板手(三)	45	件			3.00		21.06	18.00	21.06	3.00		18.00
00000003	威盛工具...	调节扳手	45	件			3.00		21.06	18.00	21.06	3.00		18.00
00000003	威盛工具...	接杆	45	件			3.00		21.06	18.00	21.06	3.00		18.00
00000003	威盛工具...	黄油枪		件			3.00		35.10	30.00	35.10	3.00		30.00
00000003	威盛工具...	注油器		件			3.00		31.59	27.00	31.59	3.00		27.00

【用友软件】

图 6－7　采购执行统计表（示例）

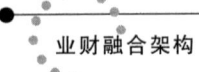

三、财务分析报告

财务分析报告是企业内部以及外部的利益相关者利用财务报告信息和其他相关信息对企业的财务能力和经营活动进行分析和评价,并进行科学预测的报告。在数字化背景下,依据大数据分析技术,财务报告的内容和形式都发生了相应的变化。在内容上,由于结构化数据与非结构化数据的应用,财务分析更加精确,为相关报告使用者提供更贴切的决策支持信息;在形式上,依据 OLAP(联机分析处理)技术,财务分析报告可以提供更多维度、更加直观的可视化分析图表,为使用者提供更多服务。

(一)财务分析报告的分类

财务报告的内容、范围可以依据使用者需求进行订单式生成,一般情况下,财务分析报告可以包括综合分析报告和专项分析报告。

1. 综合分析报告。综合分析报告是依据企业的财务报告和其他综合报告所提供的数据,通过一定的算法、模型对企业整体的营运能力、盈利能力、偿债能力、发展能力等进行的综合性的分析与预测。该部分的报告涵盖了企业财务的核心方面并结合对非结构化信息的分析运用,为决策的全面性和完整性提供依据,是全面、系统性的综合分析报告。

2. 专项分析报告。专项分析报告是针对一定时期内企业经营管理的特定项目所开展的分析形成的报告。如针对资金管理作出的分析报告、针对某成本中心进行的分析报告等。

(二)财务分析报告的格式

对于财务分析报告,主要有书面的文字汇报形式与可视化图表形式。

书面文字汇报形式一般由提要段、说明段、分析段、评价段和建议段构成。提要段是公司整体情况的综述,包括对企业运行及财务现状的介绍;说明段是对要分析研究的对象进行的情况说明;分析段是针对说明段提出的问题进行的分解说明;评价段是依据对经营情况、财务状况以及问题说明分析给出的评价和预测;建议段一般是依据评价和预测给予的改进建议。以可视化图表形式如图 6-8、图 6-9 所示,可视化财务分析报告是业财融合环境下新兴的报告模式,对用户更加友好,因此受用户喜爱。

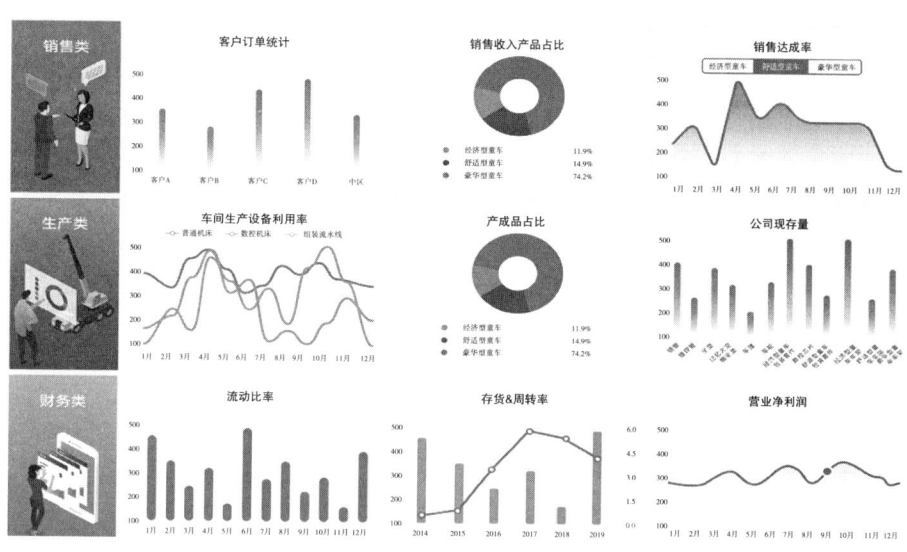

图 6-8 各种财务分析可视化图表

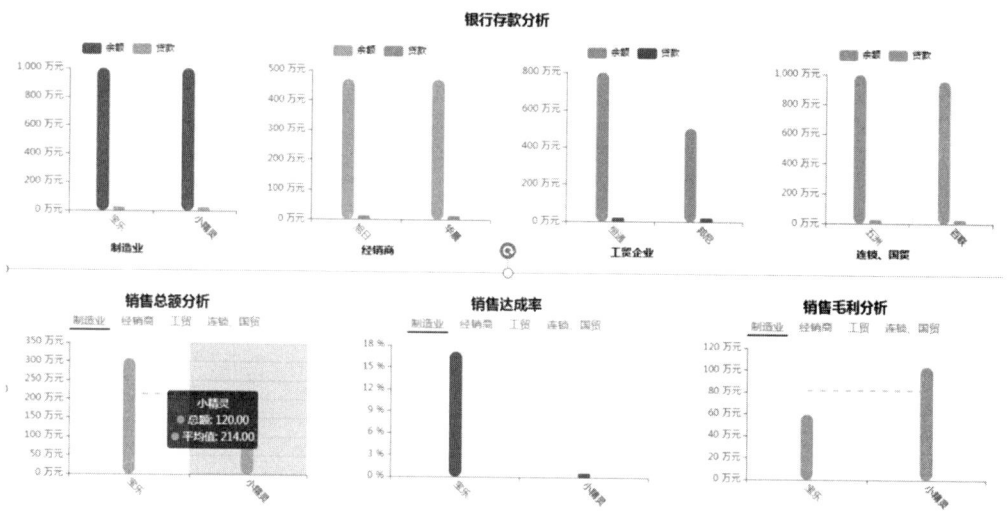

图 6-9 各种财务分析可视化图表

四、销售业务相关报告

销售业务的相关报告主要有销售部门预算执行报告、经营绩效考核报告、成本费用分析报告、销售预测报告、市场细分报告。销售是企业的主要盈利来源，企业对销售业务的分析是管理层关注的重点。企业的经营绩效考核报告按照业绩评价系统的考核过程进行，在此不加以赘述。企业经营层较为关心的报告除了预算执行报告就是销售预测报告以及针对产品市场进行的相应的分析报告。

（一）销售预测报告

销售预测报告是预测企业产品在市场上销售量（即市场占有率、产品的竞争能力）的报告。它是企业改进经营管理，扩大销售量的重要依据。其主要内容包括目前产销情况介绍、基于历史数据进行的趋势分析、对市场需求的预测分析、对同质企业的调查分析等。通过企业进行的各项与现有产品以及研发产品的相关分析，得出未来企业销售的建议与决策。在业财融合的背景下，可以结合统计学建立模型进行预测，提高预测的准确性。如图6-10为销售预测分析示例。

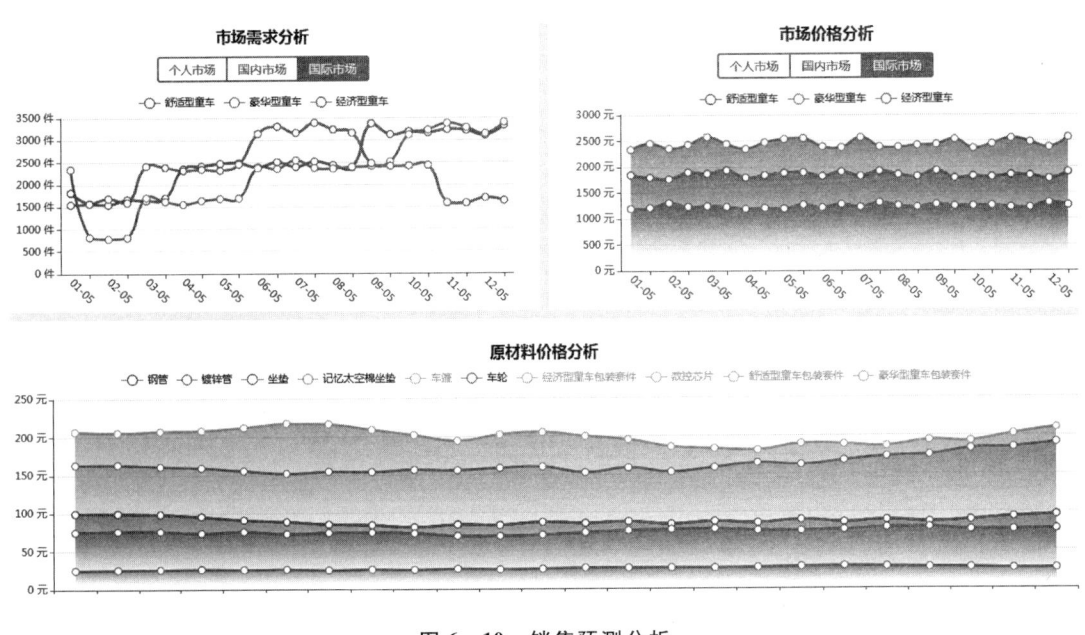

图6-10 销售预测分析

（二）成本费用分析报告

销售部门不但对销售业务进行预测分析，同样也要对该部分的成本费用进行分析并形成相应的报告。销售部分进行的成本和费用分析主要针对销售业务开展过程中产生的相应费用如销售费用、宣传费用、差旅费用以及与已销售产品相关的相应成本。在业财融合的环境下，销售部门在授权范围内可以调取和查阅相应的成本费用，从而可以进行相应的分析，形成分析报告。

1. 成本费用分析报告的内容。主要包括销售部门的情况、成本费用构成情况、成本费用预算与执行情况、成本费用分析图等构成。

2. 成本费用分析报告范例（见图 6-11 费用分析模块）。

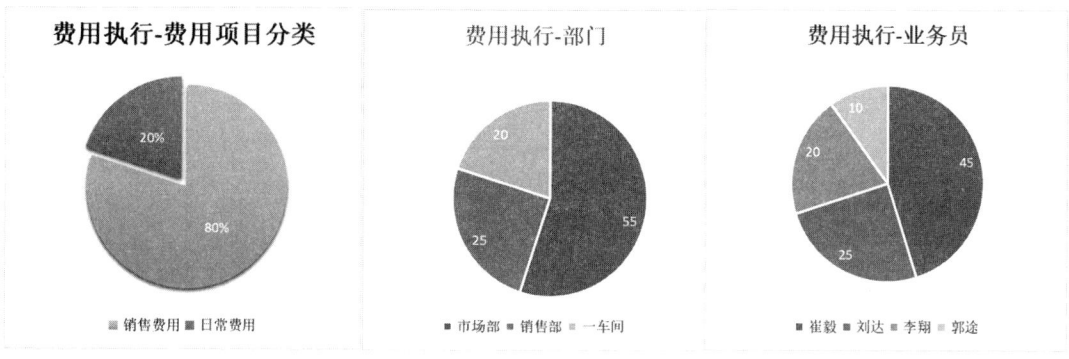

图 6-11　费用分析模块

第四节

业务层业财融合报告

业务层业财融合报告是以业务需求为导向、以日报、周报形式为主体的报告。主要包括资金日报、销售日报、采购日报、生产日报、库存日报、应收账款管理报告、日/周绩效报告、成本费用日/周报、员工管理日/周报等。在报告内容上，需结合企业的日常管理需求进行设计与规范，不同企业体现各自特点。以下就销售日报、采购日报与应收账款管理报告进行简要阐述。

一、销售日报

销售业务是企业利润的主要来源，企业最为关注。销售日报可以为企业管理提供最及时的每日销售信息。由于行业、企业各有特点，销售日报所需信息也各有不同，因此销售日报的具体内容呈现出多样化的特点。此外，在数字化的背景下，销售日报可以有多种表达形式。

业财融合架构

（一）传统的销售日报示例（见表 6－2）：

表 6－2　　　　　　　　　　　　销售日报　　　　　　　　　　　　年　月　日

名称	销售额		报价毛利率	报价毛利	与前日比较				本月销售额达成率
	数量	金额			销售额	增减额	报价毛利	增减率	

（二）系统内的销售日报示例（见图 6－12）：

图 6－12　系统销售日报示例

二、采购日报

采购日报是采购部门对每日发生的采购行为进行汇报的报告，在业财融合背景下，一般在数据实现系统录入后自动生成。采购日报的内容因企业的经营范围、产品特征、行业特点等而各不相同。采购日报的形式也由企业的管理需要而呈现不同的呈报方式,传统的模式下一般采用 Excel 表格的形式进行汇总;在系统条件下可以用折线图等形式更加直观的体现。采购一般依据合同或订单开展,采购订单到货后可由采购到货单生成合同执行单。每日的合同执行单可体现当日采购入库的情况。图 6-13 为采购的每日合同执行单。

图 6-13 采购的每日合同执行单示例

三、应收账款管理报告

从销售流程看,销售回款和应收账款管理是其中重要的一环。企业一般会依据客户的信用评级、资产状况等对客户授信,确定其相应的收账政策。应收账款的管理就是赊销行为发生后至客户回款之间对应收账款进行的管理过程。应收账款管理报告是对企业整体应收账款的管理现状进行分析并给出改进建议或客户管理预警的报告。该报告的目的是加强管理,以在信用期内获得回款,降低坏账风险减少企业损失。同时,对于问题客户及时发现并通报,以利于销售人员进行跟踪回访。应收账款管理报告的内容主要包括企业基本情况介绍、企业的基本信用政策、目前企业的应收账款状况、应收账款管理存在的问题以及改进建议等。应收账款报告的核心数据可以由系统中直接加以分析得出,在数字化背景下,应收账款的管理报告可以做到日报,但大部分企业从信息需求上选择周报或月报较多。如图 6-14 为应收账款分析的示例图。

业财融合架构

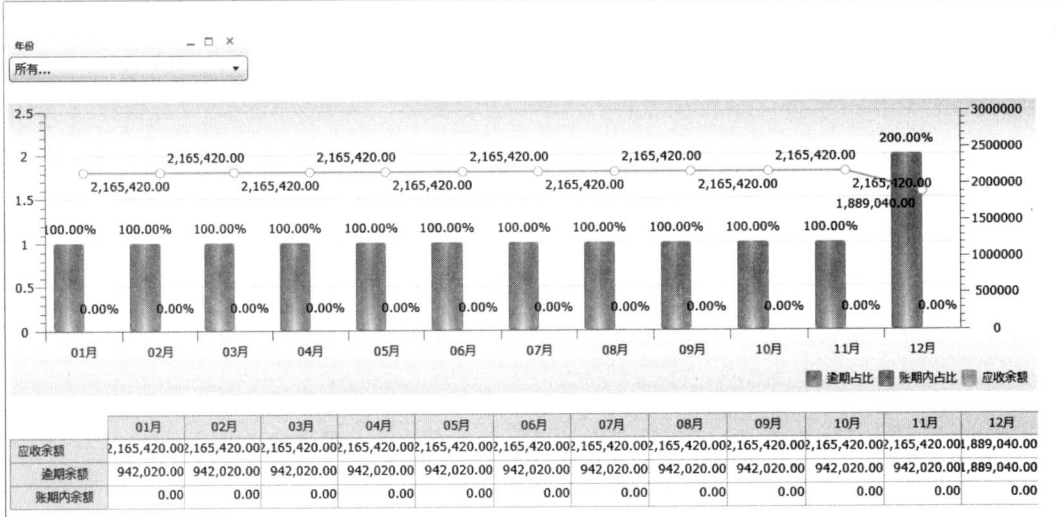

图 6-14 应收账款分析的示例

四、业财融合报告案例分析

案例 6-1

甲集团股份有限公司（以下简称"甲集团"）是国有上市企业集团。甲集团共有二、三级下属企业78家，在全国21个省、直辖市均有分布。至2×14年末，甲集团年营业收入222亿元，总资产规模207亿元，净资产规122亿元。集团主要从事制革装具、橡胶制品、鞋帽服装等商品的生产以及销售；商贸、物流等项目的投资管理；化工、资源以及医药方面的管理和投资；对基础工业实业进行投资；提供管理咨询服务，发展进出口业务、技术的开发等。

信息的报告内容对企业管理决策来说是一件非常重要的工作与事项，会影响管理者决策的有效性与及时性，对企业正常生产经营及日常管理具有重要的作用。由于报告内容重要性，就要对信息报告的内容进行约定及分类，以满足高层对管理决策的信息支持。甲集团把信息报告内容划分为三个层面：战略层的信息报告内容、经营层的信息报告内容与业务层的信息报告内容。这种划分可以与预算信息的分类对应起来，具有直观、便于决策的优点。

集团总部战略层信息报告内容主要包括竞争环境、竞争力、战略规划与战略目标等信息。

经营层信息包括经济效益指标和企业日常工作方面的信息。经营层的信息报告内容主要包括以下所属责任中心的经济效益指标和日常工作指标,以乙公司为例,该公司报告的信息主要包括利润总额的数值、存货净值的数值和资产负债率的数值等,总共九项指标。

甲集团业务层信息报告内容主要关注经济效益指标,包括职业装板块等8大板块的预算、责任及考核指标。对业务层来看,主要关注产值、产量、成本、消耗等一些具体作业指标。

下面我们以甲集团、职业装板块、乙公司等不同信息节点为主体,以预算指标体系为例,展示其报告内容。

1. 第一层次:集团总部的报告。

(1) 集团"十二五"发展战略报告(略)。

(2) 集团预算指标完成情况报告(见附表6-1至附表6-3)。

附表6-1　　　　　经营层报告之一(集团八项指标总体完成情况)

项　目	2×14年1—11月数	2×14年预计数	2×14预算数	2×14年较预算增减百分比(%)
营业收入(亿元)	206.68	215.00	285.00	-24.56%
利润总额(亿元)	12.51	14.10	14.10	完成
EVA(亿元)	5.47	5.30	4.74	11.81%
成本费用占收入比重(%)	99.08	97.57	97.00	+0.59点
经营现金净流量比率(%)	-98.40	70.40	69.67	+0.73点
存货净值(亿元)	37.10	30.88	30.88	完成
产成品净值(亿元)	20.69	19.70	19.73	-0.15%
货款回收率(%)	95.90	100.15	100.05	+0.1点

附表6-2　　　　　经营层报告之二(营业收入完成情况:业务构成)　　　　　单位:亿元

项　目	2×14年1—11月数	2×14年预计数	2×14年预算数	2×14年较预算增减百分比(%)
营业收入合计	206.68	215.00	285.00	-24.56
××收入	45.75	49.30	60.00	-17.83
××收入	59.78	60.70	108.24	-43.92
外贸收入	7.69	8.76	15.21	-42.41
贸易收入	93.47	96.24	101.55	-5.23

附表6-3　　　　　经营层报告之三（营业收入完成情况：板块构成）　　　　　单位：亿元

项　目	2×14年1—11月数	2×14年预计数	2×14年预算数	2×14年较预算增减百分比（%）
职业装板块	57.86	66.92	100.67	-33.52
纺织印染板块	30.30	34.88	54.81	-36.36
职业鞋靴板块	54.98	62.37	81.69	-23.65
防护装具板块	30.58	33.03	65.74	-49.75
国贸板块	29.26	30.00	50.02	-40.02
邢台片区	5.19	5.19	56.74	-90.84
中外合资	1.67	2.08	2.02	2.97

2. 第二层次：业务层报告（见附表6-4至附表6-6）。

附表6-4　　　　　职业装板块报告之一（八项指标总体完成情况）

项　目	2×13年决算数	2×14年预算数	2×14年1—11月数	2×14年预计数	同比增减百分比（%）	较预算增减百分比（%）
营业收入（万元）	759492.70	1006655.06	553288.68	669208.04	-11.89	-33.52
利润总额（万元）	62773.49	55215.65	16546.87	39097.69	-37.72	-29.19
EVA（万元）	35284.89	27698.36	1898.52	17897.33	-49.28	-35.38
成本费用占收入比重（%）	94.73	95.47	97.07	96.81	2.08	1.34
经营现金净流量比率（%）	38.61	93.17	-404.07	-92.53	-131.14	-185.70
存货净值（万元）	117397.40	109167.00	148319.61	108210.97	-7.83	-0.88
产成品净值（万元）	61675.11	61886.00	75765.27	61886.00	0.34	0.00
货款回收率（%）	91.54	100.00	87.35	104.42	12.88	4.42

附表6-5　　　　　业务层报告之二（营业收入完成情况：业务构成）　　　　　单位：万元

项　目	2×13年决算数	2×14年预计数	同比增减百分比（%）
营业收入合计	759492.70	669208.04	-11.89
××收入	318300.00	310005.00	-2.61
××收入	129624.00	118497.00	-8.58
外贸收入	8915.00	16986.00	79.31
贸易收入	302653.00	224722.00	-26.75

附表6-6　　　　业务层报告之三（营业收入完成情况：下属公司构成）　　　　单位：万元

项　目	2×13年决算数	2×14年预计数	同比增减百分比（%）
职业装板块合计	759492.70	669208.04	-11.89
A公司	124448.53	125000.00	0.44
B公司	65410.47	55500.00	-15.15
C公司	50746.29	27500.00	-45.81
D公司	33486.80	45300.00	35.28
E公司	49565.62	58955.75	18.94
F公司	34934.31	25000.00	-28.44
G公司	30982.70	33000.00	6.51
H公司	25728.07	23000.00	-10.60
I公司	19990.66	18000.00	-9.96
J公司	38252.20	56007.29	46.42
K公司	45164.63	46385.00	2.70
L公司	25690.00	18560.00	-27.72
M公司	215092.42	137000.00	-36.31

3. 第三层次：子公司报告（以乙公司为例，见附表6-7、附表6-8）。

附表6-7　　　　　　　　乙公司报告之一（八项指标总体完成情况）

项　目	2×13年决算数	2×14年1—11月数	2×14年预计数	2×14年预算数	2×14年预计较预算增减百分比（%）	2×14年预计同比增减百分比（%）
营业收入（万元）	124448.50	108107.36	125000.00	180000.00	-30.56	0.44
利润总额（万元）	12530.35	5799.16	6520.00	12000.00	-45.67	-47.97
EVA（万元）	7808.05	2759.38	3179.53	6815.00	-53.35	-59.28
成本费用占收入比重（%）	92.85	95.17	94.78	93.53	1.33	2.07
经营现金净流量比率（%）	97.03	47.60	43.60	43.10	1.16	17.74
存货净值（万元）	33063.42	34523.45	30700.00	30700.00		7.15
产成品净值（万元）	100.67	94.21	97.02	100.00	-2.98	-3.63
货款回收率（%）	19520.13	16793.49	18770.00	18770.00		3.84

备注：预计完成3项考核指标。分别是经营现金净流量比率、存货净值、产成品净值。
未完成5项考核指标，分别是营业收入、利润总额、EVA、成本费用占收入比、货款回收率。

附表 6-8　　乙公司报告之二（营业收入完成情况：业务构成）　　单位：万元

项目	2×13年决算数	2×14年1—11月数	2×14年预计数	2×14年预算数	2×14年预计较预算增减百分比（%）	2×14年预计同比增减百分比（%）
营业收入合计	124448.53	108107.36	125000.00	180000.00	-30.56	0.44
实体业务收入	117636.70	108107.36	125000.00	180000.00	-30.56	6.26
××收入	52146.16	61423.24	73371.19	97000.00	-24.36	40.70
××收入（含外贸转口）	59271.34	35009.35	38914.78	73000.00	-46.69	-34.34
衬布收入（含直接出口）	6219.20	11674.77	12714.03	10000.00	27.14	104.43
其他业务收入	6811.83					

备注：营业收入未完成预算目标，差距5.5亿元，未完成的主要原因包括：1. 装具装备类产品承揽效果不佳，与年初预算相差2.89亿元；2. 外贸转口服装承揽与年初预算相关3.24亿元；3. ×产品因招标价格较低，承揽收入比原结算价收入少0.37亿元。

经过上述三个层次的展示，我们初步可以看到各层次的报告构成与指标数值。对于经营层与业务层，可以按照子公司或者板块构成进行细分，再去追踪到相应的报告。如第四层次：子公司运营中心报告（以生产中心为例）；第五层次：子公司分厂报告（以一分厂为例附表6-9、附表6-10）等。对于某一层次可以再细化至业务层报告，如第六层次：一分厂报告（以A04班组为例）可以观察某一班组的产值月报（附表6-11）和日报情况（附表6-12）。

附表 6-9　　　　　　　　一分厂报告（六项指标完成情况）

指标名称	计量单位	年度指标	月度进度指标	本月进度指标累计	本月实际完成	本月实际完成累计	本月超进度指标	本月超进度指标累计	累计指标完成率（%）
1. 产值	万元	14600.00	1305.30	13391.40	1495.50	14582.15	190.16	1190.76	108.89
2. 工时收入	万元	3392.00	303.26	3111.21	299.23	3367.89	-4.03	256.68	108.25
3. 内部利润	万元	190.00	16.99	174.27	-50.38	-270.38	-67.37	-444.65	-155.15
其中：工费利润	万元	190.00	16.99	174.27	-50.38	-270.38	-67.37	-444.65	-155.15
4. 生产EVA	万元	134.00	11.98	122.91	-53.25	-304.60	-65.63	-427.51	-247.83
5. 工时费用率	%	88.00	88.00	88.00	95.75	95.75	-7.75	-7.75	91.91
6. 在产品资金占用	万元	800.00	800.00	800.00	561.15	561.15	238.85	238.85	142.56

附表 6-10　　　　　　　　一分厂报告（产值指标完成情况）

生产班组	2×14年核定人数	产品名称	单位	任务数（件）	人日定额（件）	单价（元）	产值（万元）	本月产量完成（件）	本月产值完成（万元）	本月产值完成率（%）	1—11月产量完成（件）	1—11月产值完成（万元）	1—11月产值完成率（%）
A01	50	略	件	129950	8.45	103.98	1351.24	11029	114.68	101.85	120121	1249	100.84
A02	75	略	件	60800	2.80	361.38	2197.16	5082	183.64	100.30	55933	2021	100.36
A03	75	略	件	65655	2.66	170.55	1119.72	5461	93.14	99.82	60084	1025	99.83
A04	75	略	件	68015	2.66	182.68	1242.53	5728	104.64	101.06	63547	1161	101.92
A05	85	略	件	68450	2.56	275.56	1886.21	5736	158.07	100.56	63046	1737	100.48
A06	85	略	件	68125	2.51	394.49	2687.46	5697	224.74	100.35	62558	2468	100.18
A07	85	略	件	66135	2.41	453.69	3000.47	5631	255.48	102.18	61024	2769	100.66
A08	85	略	件	67280	3.06	163.99	1103.32	5547	90.96	98.93	61453	1008	99.64
合计	615	略	件	594410	3.72	245.32	14588.11	49911	1225.35	100.80	547766	13437	100.49

附表 6-11　　　　　　一分厂 A04 班组产值完成情况报告（月报告）

生产班组	2×14年核定人数	产品名称	单位	任务数（件）	人日定额（件）	单价（元）	产值（万元）	本月产量完成（件）	本月产值完成（万元）	本月产值完成率%
A04	75	常服类	套	420	2.45	307.01	12.89	431	13.23	102.62
		春秋服	套	580	2.52	307.01	17.81	605	18.57	104.31
		春秋服	套	390	2.52	307.01	11.97	404	12.40	103.59
		春秋服	套	250	2.55	380.00	9.50	260	9.88	104.00
		工商春秋服	套	460	2.55	330.00	15.18	480	15.84	104.35
		春秋服	套	250	2.55	400.00	10.00	266	10.64	106.40
		风衣	件	1680	2.00	80.00	13.44	1675	13.40	99.70
		羊绒大衣	件	1680	2.35	80.00	13.44	1688	13.50	100.48
		小计		5710	2.66	273.88	104.23	5809	107.47	103.11

附表 6-12　　　　一分厂 A04 班组工序价格、加工成本及工人

工资情况报告（日报告）

姓名	工序名	工序性质	定额工时（秒）	定额工资（元/秒）	工序系数	工序单价
田京欣	绱领子	一般	60	0.004	1	0.24
	压绱领子	重点	100	0.004		
	塞肩衬	副工	20	0.004		
王全杰	绱袖子	一般	120	0.004	1	0.48
	清袖笼	一般	60	0.004		
……	……	……	……	……	……	……

续表

姓名	工序名	工序性质	定额工时（秒）	定额工资（元/秒）	工序系数	工序单价
刘玉玲	扎袖笼明线	一般	100	0.004	1	0.40
	整烫袖窿	一般	80	0.004		
合计	178		14400	0.004	1	57.89

本章参考文献

[1]《国际综合报告框架》中文版，[EB/OL]. http://www.theiirc.org/wp-content/uploads/2014/04/13-12-08-THE-INTERNATIONAL-IR-FRAMEWORK-CS.pdf.

[2] 国际综合报告委员会的历史、现状和未来，[EB/OL]. http://kjs.mof.gov.cn/kuaijiguanlidongtai/201611/t20161130_2469846.htm.

[3] 管理会计应用指引第801号——企业管理会计报告 [EB/OL]. http://www.zgkjw.org/2018/018237.html.

[4] 吴思思. 企业社会责任报告信息披露问题研究 [D]. 厦门大学，2009.

[5] 天津信托有限责任公司. 关于股权变更的公告 [EB/OL]. https://finance.sina.cn/2020-08-24/detail-iivhuipp0278113.d.html.

[6] 财政部会计司编写组. 管理会计案例示范集 [M]. 北京：经济科学出版社，2019.

第七章 业财融合评价系统

业财融合评价系统是在业财融合模式下对企业运营的综合效率与效果的评判活动，对企业的管理有重要意义。

第一节 业财融合评价系统概述

本节阐述了业财融合评价系统的概念，对评价系统的评价方法进行了介绍，并对业财融合报告系统的特点进行了简要概括。

一、业财融合评价系统的概念

业财融合评价主要是指业财融合业绩评价，或者称为业财融合绩效评价，是指企业运用系统的工具方法，对一定时期内企业营运效率与效果进行综合评判的管理活动。通过建立评价指标体系，对照评价标准，采用定量与定性相结合的管理工具与方法展开。业绩评价是一个组织管理控制系统不可缺少的组成部分，是企业战略计划与控制决策的重要支持工具[1]。业绩评价活动的开展一般遵循战略导向原则、客观公正原则、规范统一原则、科学有效原则。

二、业财融合评价系统的方法

依据业绩评价的产生与发展历程，对于企业整体的业绩评价方法主要有财务指标法、

---

[1] 财政部会计司：《管理会计应用指引第600号——绩效管理》[S]. 财会 [2017] 24 号，2017.

EVA 法、平衡计分卡、战略地图等方法。对于企业的个人或部门的业绩情况，有关键指标法（KPI 考核）、目标管理法等方法。

（一）财务指标法

早期企业的财务管理目标大多以利润最大化为目标。因此在进行企业业绩评价时以财务分析为主要手段，通过对各项财务指标的分析来了解企业的经营状况和盈利水平，从而判断企业的业绩情况。运用财务指标进行业绩评价的一般程序主要包括：指标选择、指标标准值确定、各项指标权数确定以及最后计算综合指标情况。

1. 指标选择。指标选择是指确定可供业绩评价分析使用的指标。该指标的确定由分析的目的和要求决定，这是进行经营业绩评价的首要步骤。指标体系应反映企业战略目标实现的关键成功因素，具体指标应含义明确、可度量。

财政部颁布的企业经济效益评价指标体系中选择的经济效益指标包括三个方面的十项指标[①]：

（1）反映盈利能力和资本保值增值的指标。反映盈利能力的指标主要有三个，即：

①销售利润率，反映企业销售收入的获利水平，其计算公式为：

$$销售利润率 = \frac{营业收入 - 营业成本 - 税金及附加}{营业收入} \times 100\%$$

②总资产报酬率，用于衡量企业运用全部资产的获利能力，其计算公式为：

$$总资产报酬率 = \frac{利润总额 + 利息支出}{平均资产总额} \times 100\%$$

其中：$$平均资产总额 = \frac{期初资产总额 + 期末资产总额}{2}$$

③资本收益率，指企业运用投资者投入资本获得收益的能力，其计算公式为：

$$资本收益率 = \frac{净利润}{实收资本} \times 100\%$$

④反映企业资本保值增值能力的指标是资本保值增值率，主要反映投资者投入企业资本的完整性和保全性，其计算公式为：

$$资本保值增值率 = \frac{期末所有者权益总额}{期初所有者权益总额} \times 100\%$$

该指标等于 100% 为资本保值，大于 100% 为资本增值。

（2）反映资产负债水平和偿债能力的指标。反映企业资产负债水平和偿债能力的指标

---

① 财政部：《财政部企业经济效益评价指标体系（试行）》[S]. 财工字 [1995] 7 号，1995.

有四个,即:

①资产负债率,可用于衡量企业的负债水平,其计算公式为:

$$资产负债率 = \frac{负债总额}{资产总额} \times 100\%$$

②流动比率或速动比率。流动比率是衡量企业在某一时点偿付即将到期债务的能力,其计算公式为:

$$流动比率 = \frac{流动资产}{流动负债}$$

速动比率是衡量企业在某一时点上运用随时可变现资产偿付到期债务的能力,其计算公式为:

$$速动比率 = \frac{速动资产}{流动负债}$$

其中:速动资产 = 流动资产 – 存货

③应收账款周转率。应收账款周转率是用于衡量企业应收账款周转速度快慢的指标,其计算公式为:

$$应收账款周转率 = \frac{赊销收入净额}{平均应收账款余额}$$

其中:平均应收账款余额 = $\frac{期初应收账款余额 + 期末应收账款余额}{2}$

赊销收入净额 = 营业收入 – 现销收入 – 销售退回、折扣、折让

由于企业赊销资料作为商业机密不对外公布,所以赊销收入一般用赊销和现销总额,即营业收入。

④存货周转率。存货周转率用于衡量企业在一定时期内存货资产的周转速度,是反映企业购、产、销平衡效率的一种尺度,其计算公式为:

$$存货周转率 = \frac{营业成本}{平均存货余额}$$

其中:平均存货余额 = $\frac{期初存货余额 + 期末存货余额}{2}$

(3) 反映企业对国家或社会贡献水平的指标。反映企业对国家或社会贡献水平的指标有两个,即:

①社会贡献率。社会贡献率可用于衡量企业运用全部资产为国家或社会创造或支付价值的能力,其计算公式为:

$$社会贡献率 = \frac{企业社会贡献总额}{企业平均资产总额} \times 100\%$$

其中,企业社会贡献总额包括工资(含奖金、津贴等工资性)、劳保退休统筹及其他社会福利支出、利息支出净额、应交增值税、税金及附加、应交所得税、其他税收和净利润等。

②社会积累率。社会积累率可用于衡量企业社会贡献总额中用于上缴国家财政的多少,其计算公式为:

$$社会积累率 = \frac{上缴国家财政总额}{企业社会贡献总额} \times 100\%$$

其中,上缴国家财政总额包括应交增值税、税金及附加、应交所得税和其他税收等。

2. 确定各项业绩指标的标准值。业绩评价指标标准值可根据分析的目的和要求确定,可用某企业某年的实际数;也可用同类企业、同行业或部门平均数、还可用国际标准数。一般来说,当评价企业经营计划完成情况时,可选企业计划水平为标准值;当评价企业经营业绩水平变动情况时,可选企业以前所用水平为标准值;当评价企业在同行业或在全国或国际上所处的地位时,可选取行业标准值、国家标准值或国际标准值。

从财政部设计这十个指标的角度考虑,标准值的确定主要参考以下两方面:一是适当参照国际上通用的标准,如流动比率为200%,速动比率为100%,资产负债率为50%等,但考虑我国整体效益水平偏低,与国际上发达国家差距较大,国际通行标准值仅是一个参考依据;二是参考我国企业在近三年的行业平均值。

3. 计算各项业绩指标。单项指数是指各项经济指标的实际值与标准值之间的比值,其计算公式为:

$$单项指数 = \frac{某指标实际值}{某指标标准值}$$

这一单项指数计算公式适用于经济指标为纯正指标或纯逆指标,如果为纯正指标,则单项指数越高越好;如果为纯逆指标,则单项指数越低越好。如果某经济指标既不是纯正指标,又不是纯逆指标,如资产负债率、流动比率、速动比率等就属于这种指标。对于这种指标,其单项指数可按下式计算:

$$单项指数 = \frac{标准值 - 实际值与标准值差额的绝对值}{标准值} \times 100\%$$

例如,假设流动比率的标准值为200%,则当流动比率实际值为220%时,其单项指数为:

$$单项指数 = \frac{200\% - (220\% - 200\%)}{200\%} \times 100\% = 90\%$$

4. 确定各项业绩指标的权数。综合经济指数不是单项指数的简单算术平均数,而是一个加权平均数。因此,要计算综合经济指数,应在计算单项指数的基础上,确定各项指标的权数。各项经济指标权数应依据各指标的重要程度而定，一般来说，某项指标越重要，其权数就越大；反之，则权数就越小。假定 10 项经济效益指标的权数总和为 100，经测算、验证，同时参照美国、日本等国家的做法，可将各项经济效益指标的权数确定为：销售利润率为 15；总资产报酬率为 15；资本收益率为 15；资本保值增值率为 10；资产负债率为 5；流动比率（或速动比率）为 5；应收账款周转率为 5；存货周转率为 5；社会贡献率为 10；社会积累率为 15。

5. 计算综合经济指数。综合经济指数是以各单项指数为基础，乘以各指标权数所得到的一个加权平均数。综合经济指数的计算有两种方法。

（1）按各项指标实际指数计算（不封顶）。在按各项指标实际指数计算时，其计算公式是：

综合经济指数 = $\sum$（某指标单项指数 × 该指标权数）

（2）按扣除超过 100% 部分后计算（封顶）。全部指标中没有逆指标时，如果某项指标指数超过 100% 则扣除超出部分，按 100% 计算，如果某项指标指数低于 100%，则按照该指标实际指数计算。其计算公式为：

综合经济指数 = $\sum$（某指标单项指数(扣除超出部分) × 该指标权数）

6. 综合经济指数评价。在按照第二种方法计算综合经济指数时，其最高值为 100%，越接近 100%，说明企业经营业绩总体水平越好；如果按第一种方法计算综合经济指数，当各项业绩指标中没有正指标时，综合经济指数以小于 100% 为好，而且越低越好。当各项业绩指标中没有逆指标时，一般地说，综合经济指数达到 100%，说明企业经营业绩总体水平达到标准要求，或者说企业取得了较好的经济效益，该指数越高，经济效益水平越高；若综合经济指数低于 100%，说明企业经济效益水平没达到标准要求，该指数越低，经营业绩水平越差[①]。

（二）EVA 评价法

1. EVA 的含义。EVA（经济增加值）指标衡量的是企业资本收益和资本成本之间的差额。经济增加值及其改善值是全面评价经营者有效使用资本和为企业创造价值的重要指标。经济增加值为正，表明经营者在为企业创造价值；经济增加值为负，表明经营者在损毁企业价值[②]。

简单地说，EVA 是经过调整的税后净营业利润减去该公司现有资产经济价值的机会成

---

① 张先治、陈友邦．《财务分析》[M]．大连：东北财经大学出版社，2017：305 - 309.
② 财政部会计司：《管理会计应用指引第 602 号——经济增加值法》[S]．财会 [2017] 24 号，2017.

本后的余额,可以表述为:

经济增加值 = 税后净营业利润 − 资本投入额 × 加权平均资本成本率

或表示为:EVA = NOPAT − CAP × WACC

NOPAT——经过调整后的税后净营业利润;

WACC——加权平均资本成本;

CAP——经过调整后的公司资产价值。

运用 EVA 衡量企业业绩的基本思路是:企业投资者可以通过股票市场,自由的将其投资于企业的资本加以变现,进而转作其他投资。因此,投资者至少应从企业获得投资的机会成本,亦即企业加权平均的资本成本。

以 EVA 作为考核评价体系的目的就是使经营者像所有者一样思考,使所有者和经营者的利益取向趋于一致。对经营者的奖励是他为所有者创造的增量价值的一部分,这样,经营者的利益便与所有者的利益挂钩,可以鼓励他们采取符合企业最大利益的行动,并在很大程度上缓解因委托——代理关系而产生的道德风险和逆向选择,最终降低管理成本。

2. EVA 的计算过程。依据 EVA 的定义,可以依据公式 NOPAT − CAP × WACC 计算 EVA 指标值。

(1) 税后净营业利润(NOPAT)。在计算税后净营业利润(Net Operating Profit After Taxes)时,一般以报告期的经营净利润为基础,加上一些不影响现金的调整项:诸如坏账准备的增加、商誉的摊销、资本化后研究开发费用的增加和递延税金增加等。也就是公司的销售收入减去除利息支出部分之外的全部经营成本和费用(包括所得税费)后的净值。因此,它实际上是在不涉及资本结构的情况下公司经营所获得的税后利润,即全部资本的税后投资收益;折旧不包括在这些调整中,因为 EVA 认为它是一项真正的经济成本。调整的目的是使 NOPAT 不受权责发生制、财务资本构成的影响。

NOPAT = 税后净利润 + 利息支出 + 少数股东损益 + 本年商誉摊销 + 递延税项贷方余额的增加(−递延税款借方余额的增加)+ 其他准备金余额的增加 + 资本化研究开发费用 − 资本化研究开发费用在本年的摊销

应当注意:利息支出是计算 EVA 的一个重要参数,由于财务费用中除了利息费用外还包括利息收入、汇兑损益等项目,同时在建工程中资本化利息部分也未计入财务费用中,因此利息支出应采用会计报表附注中的"利息支出"一项。

(2) 资本总额(CAP)。资本总额是指所有投资者投入公司的全部资金的账面价值。它包括债务资本和股权资本,其中债务资本是指债权人提供的短期、长期贷款,不包括应付账款、应付票据、其他预付款等商业信用负债;股权资本不仅包括普通股,还包括少数股东权益。因此资本总额还可理解为公司的全部资产减去商业信用负债后的净值,计算资本数额时，也需对会计报表部分科目进行调整，一般是对资产负债表的右边（负债和权益部分）进行调整，负债仅包括有利息负担的负债，同时加上研究和开发费用进行资产化处理、坏账准备、递延税金和累计的商誉摊销等。调整的目的在于使企业的全部资本反映企业的经济价值。由于资本投入额是企业经营实际占用的资本额，所以计算时采用年初和年末资本总额的平均值。

债务资本＝短期借款＋一年内到期的长期借款＋长期借款

股本资本＝普通股权益＋少数股东权益

投资资本调整额（约当股权资本）＝坏账准备＋存货跌价准备＋短期投资跌价准备＋长期投资委托贷款减值准备＋固定资产减值准备＋无形资产减值准备＋递延贷方余额（－递延借方余额）＋累计商誉摊销＋研究开发费用的资本化金额

计算 EVA 的资本总额＝债务资本＋股权资本＋投资资本调整额－在建工程净值

3. 加权平均资金成本（WACC）。加权平均资本成本是指债务资本的单位成本和股权资本的单位成本根据债务和资本在资本结构中各自所占的权重计算的平均单位成本，是一个能够体现其融资来源和融资成本的加权平均资本成本。股权资本成本率可采用风险贴补法、资本资产定价模型法（CAPM）以及折现法来确定，用数学公式表达为：

$$WACC = K_s[S/(S+B)] + K_b[S/(S+B)](1-T)$$

其中：K_s 代表股本成本，S 代表权益资本，K_b 代表债务税前成本，B 代表债务资本，T 代表公司的实际税率。

一般情况下，可以近似采用银行一年期流动资金贷款利率，计算单位税前债务资本成本。股东资本成本率是普通股和少数股东权益的单位机会成本，一般采用资产定价模型（CAPM）来进行计算。

$$K_s = R_f + \beta(R_m - R_f)$$

其中：R_f 为无风险收益率，R_m 为市场预期回报率，$R_m - R_f$ 为市场风险溢价。β 是企业股票相对于整个市场的风险指数。上市企业的 β 值，可采用回归分析法或单独使用最小二乘法等方法测算确定，也可以直接采用证券机构等提供或发布的 β 值；非上市企业的 β 值，可采用类比法，参考同类上市企业的 β 值确定。

（三）平衡计分卡

1. 平衡计分卡概念（Balanced Score Card）。平衡计分卡是指基于企业战略，从财务、客户、内部业务流程、学习与成长四个维度，将战略目标逐层分解转化为具体的、相互平衡的绩效指标体系，并据此进行绩效管理的方法。

平衡计分卡能够更加全面与直观地对自身经营与发展中的财务或非财务指标进行评价，并以此为基础实现企业长期业绩与短期业绩的平衡。对比传统企业管理体系，平衡计分卡同时具备战略管理体系与评价体系两方面功能。平衡计分卡通常与战略地图等其他工具结合使用。平衡计分卡适用于战略目标明确、管理制度比较完善、管理水平相对较高的企业。

2. 平衡计分卡的内容。平衡计分卡的核心内容包含四个维度：财务、客户、内部业务流程、学习与成长。企业应以财务维度为核心，其他维度的指标都与核心维度的一个或多个指标相联系[①]。

(1) 财务维度：财务维度用财务术语描述了战略目标的有形成果。企业常用指标有投资资本回报率、净资产收益率、经济增加值、息税前利润、自由现金流、资产负债率、总资产周转率等。财务维度是平衡计分卡最重要的组成部分，是促进经营绩效实现基础和核心的模块。

(2) 客户维度：客户维度界定了目标客户的价值主张。企业常用指标有市场份额、客户满意度、客户获得率、客户保持率、客户获利率、战略客户数量等。

客户维度的核心就是确定企业的目标客户群体和细分市场，这些目标客户群体和细分市场是财务维度的支撑，对财务维度指标的实现起着决定性作用。

(3) 内部业务流程维度：内部业务流程维度确定了对战略目标产生影响的关键流程。企业常用指标有交货及时率、生产负荷率、产品合格率、存货周转率、单位生产成本等。内部业务流程维度的核心是找出对客户满意度以及业绩提升等起关键性作用的流程环节，并对该流程环节进行合理的优化来促进总体战略的实现。

(4) 学习和成长维度：学习与成长维度确定了对战略最重要的无形资产。企业常用指标有员工保持率、员工生产率、培训计划完成率、员工满意度等。学习和成长维度是财务、客户、内部业务流程各维度取得优异成果的驱动因素，企业应当树立以人为本的理念、建设有效的信息系统和形成良好的企业文化，保持灵活性、不断学习与创新，创造持久的竞争优势，通过学习与创新实现长远的发展。

平衡计分卡中各项测量指标并不是孤立地存在，他们是相互关联并最终都以直接或间接的形式与财务维度结果相关联。

3. 基于平衡计分卡的企业绩效管理实施程序。

(1) 企业战略目标制定。企业应当根据企业层面的战略地图，为每个战略主题的目标设定指标，每个目标至少应有1个指标。平衡计分卡的使用优势是可以自主协调企业的战

[①] 财政部会计司：《管理会计应用指引第603号——平衡计分卡》[S]. 财会 [2017] 24号，2017.

略目标，同时把企业的财务信息也进行综合性的协调，从而让这一系统的运行质量获得提升。

（2）战略目标合理分解。战略目标的分解可分为三个步骤：第一个步骤是对各个经营系统的任务分配；第二个步骤是对子系统中各个工作部门的任务分配；第三个步骤是该部门中职工个体需要完成的工作任务以及个人职业素养的提升需求。

（3）部门管理指标制定。包括部门级和岗位级的指标制定。依据企业级战略地图和指标体系，制定所属单位（部门）的战略地图，确定相应的指标体系，协同各所属单位（部门）的行动与战略目标保持一致。根据企业、所属单位（部门）级指标体系，按照岗位职责逐级形成岗位（员工）级指标体系。

（4）部门任务完成衡量。指标制定之后则要按照部门任务制定专业性的衡量体系，包括这一工作内容的具体实施方案以及指标的标准划分等。

平衡计分卡指标体系构建时，应注重短期目标与长期目标的平衡、财务指标与非财务指标的平衡、结果性指标与动因性指标的平衡、企业内部利益与外部利益的平衡。平衡计分卡每个维度的指标通常为4—7个，总数量一般不超过25个。平衡计分卡指标的权重分配应以战略目标为导向，反映被评价对象对企业战略目标贡献或支持的程度，以及各指标之间的重要性水平。

（四）战略地图

战略地图是从平衡计分卡发展而来，它是由财务、客户、内部业务流程及学习与成长四个维度的战略主题构成。战略主题是战略地图的基本构成部分，是企业年度计划的关键战略任务、战略措施及战略活动[1]。用战略地图来梳理企业的战略，体现出了四种维度之间的因果联系，即服务"客户"要有利于"财务"，改善"内部业务流程"要有利于"客户"，"学习与成长"要有利于"内部业务流程"。战略主题是实现战略目标的关键领域和主要推动力。关于战略地图的具体描述前文已有介绍，在此不做赘述。

（五）KPI绩效考核（即关键绩效指标法）

1. KPI概念。关键绩效指标法是指基于企业战略目标，通过建立关键绩效指标（Key Performance Indicator，简称KPI）体系，将价值创造活动与战略规划目标有效联系，并据此进行绩效管理的方法[2]。

---

[1] 财政部会计司：《管理会计应用指引第101号——战略地图》[S]. 财会 [2017] 24号，2017.
[2] 财政部会计司：《管理会计应用指引第601号——关键绩效指标法》[S]. 财会 [2017] 24号，2017.

关键绩效指标产生的依据是"二八"原理，该原理由意大利经济学家帕累托提出。"二八"原理是指在一个企业创造价值的过程中，每个部门和每个员工的80%的工作任务是由20%的关键行为完成的，抓住了20%的关键就抓住了工作的重心。因此KPI考核方法即要求找寻工作流程中20%的关键行为并对这20%的关键行为进行量化考核。

KPI关键指标法需要将战略目标分解为可操作的具体的工作目标，明确各部门和各岗位责任人的主要责任，明确其业绩考评指标，从而将战略目标与员工行动密切联系起来，提升战略实现的执行力。

2. KPI指标的确立原则。KPI指标的确立应当运用SMART原则。即：

S（Specific），具体的关键绩效指标，是在进行绩效考核的过程中需要关注特定的工作指标。

M（Measurable），可衡量的关键绩效指标，绩效指标能够进行有效的量化或者行为化，在进行对这些绩效指标的验证过程中能够获得相应的数据或者信息。

A（Attainable），可获得的关键绩效指标，绩效指标是在员工能力范围内可以实现的目标，从而保障制定的目标更加科学，避免出现制定过高或者过低的情况出现。

R（Relevant），相关的关键绩效指标，在进行绩效考核时其指标具有真实性并能够通过证明或者观察获取。

T（Time – based），时效性的关键绩效指标。目标的完成应当有时限。

3. 企业构建关键绩效指标体系，一般按照以下程序进行。

（1）制定企业级关键绩效指标。企业应根据战略目标，结合价值创造模式，综合考虑内外部环境等因素，设定企业级关键绩效指标。

（2）制定所属单位（部门）级关键绩效指标。根据企业级关键绩效指标，结合所属单位（部门）关键业务流程，按照上下结合、分级编制、逐级分解的程序，在沟通反馈的基础上，设定所属单位（部门）级关键绩效指标。

（3）制定岗位（员工）级关键绩效指标。根据所属单位（部门）级关键绩效指标，结合员工岗位职责和关键工作价值贡献，设定岗位（员工）级关键绩效指标。

企业的关键绩效指标一般可分为结果类和动因类两类指标。结果类指标是反映企业绩效的价值指标，主要包括投资回报率、净资产收益率、经济增加值、息税前利润、自由现金流等综合指标；动因类指标是反映企业价值关键驱动因素的指标，主要包括资本性支出、单位生产成本、产量、销量、客户满意度、员工满意度等。

（六）MBO目标管理法

1. 目标管理法概述。目标管理法是以企业的总目标分解为与员工个人利益相关联的

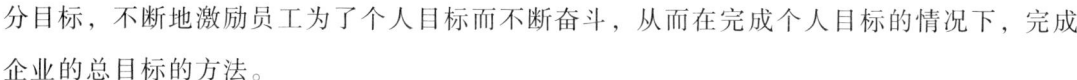

分目标，不断地激励员工为了个人目标而不断奋斗，从而在完成个人目标的情况下，完成企业的总目标的方法。

目标管理法的具体操作操作步骤为：

第一，目标制定。企业全体员工参与企业目标的制定，在确定相应的总目标后，各部门主管人员与员工共同协商来制定个人的目标，个人目标制定的原则需要与企业的总目标保持一致。

第二，实施目标。部门管理人员及员工个人在对应的目标，规定的目标完成期限及相应的绩效奖励的激励下，通过自身的努力完成相应的目标。

第三，信息反馈处理。部门负责人与员工定期对目标完成的进展情况进行检查，了解目标完成情况中存在的问题并及时提出解决方案，以促进各项目标向总目标方向发展。

第四，考评结果及奖惩。目标管理法是以结果为导向的考核方法，对员工绩效的考核，主要以员工实际的产出为基础来考评员工的劳动成果，再根据员工的劳动成果来按照制度进行相应的奖惩。

三、业财融合评价系统的特点

结合各种评价方法的需求和特点，基于业财融合的业绩评价系统包括如下几个方面的特点。

（一）评价方法的综合性

业财融合业绩评价系统基于系统数据的抓取，提供更加全面综合的评价数据，评价指标可以有较为广泛的选择，可以为企业的业绩评价提供更为精准的服务。

（二）评价指标更加完善

业财融合的评价指标可以按照不同的角度进行分类并进行资料准备，这使评价指标更加完善。

（三）强调技术运用与开发

业财融合的业绩评价系统离不开大数据、云计算等技术手段的支持。技术的运用与开发将使业财融合的业绩评价系统作用得以突显。

第二节

业财融合评价系统构成

结合业财融合本身的特点，依托于传统的各项业绩评价理论与方法，业财融合的业绩评价系统主要用战略地图与平衡计分卡相结合的评价方法。该评价系统的构建包括理念构建、指标和评价标准设计以及报告设计三个部分。

一、业财融合评价系统的理念构建

（一）指导思想

业财融合是业务部门与财务部门通过信息化技术和手段实现业务流、资金流、信息流等数据源的及时融合、共享，基于价值目标做出规划、决策、控制和评价等管理活动。其目的是保证企业价值创造过程的实现①。业财融合业绩评价过程综合运用战略管理、预算管理、运营管理等管理方法，依托于平衡计分卡理论和战略地图思想，并着重关注执行与执行后的评价分析管理，形成一个循环系统。

（二）系统框架

业财融合的业绩评价系统由战略目标比对、业绩评估分析以及业绩评估报告三个部分构成。

1. 战略目标比对。战略目标比对是指业绩评价展开前首先明确公司战略，并对依据战略分解的预算、计划等进行匹配分析，明确组织内各层级的业绩目标是否与企业整体战略目标保持一致。

2. 业绩评估分析。业绩评估分析是运用一定的业绩评价方法对企业的业绩进行分析的过程。在业财融合的前提下，业绩评估采取战略地图和平衡计分卡相结合的评价方法，通过确定相应的指标和评价标准展开评价工作，该部分是业绩评价的核心。

3. 业绩评价报告。业绩评价报告是针对业绩评价分析的结果做出的汇报。在这一阶

---

① 郭永清. 中国企业业财融合问题研究 [J]. 会计之友，2017 (15): 34 - 40.

段，更重要的是处理业绩评价过程中发现的问题，并维持良好表现的业绩。

（三）业绩评价系统的构建流程

1. 明确企业战略与业绩目标。

（1）企业战略。战略比对阶段，首先需要明确企业战略，并将其可操作化，需要将战略分解成可控并可计量的具体目标。企业应当明确战略一致性、制定战略地图、识别价值驱动因素。

企业设计战略地图，一般按照设定战略目标、确定业务改善路径、定位客户价值、确定内部业务流程优化主题、确定学习与成长主题、进行资源配置、绘制战略地图等程序进行。

战略地图与价值驱动因素都是在平衡计分卡的基础上发展出来的。平衡计分卡是衡量战略执行情况的工具，它的作用是把战略转换为一系列可衡量的标准。要把企业的战略下达分解为各级业务单元和部门战略，公司需要一套整合的流程、指引和工具。战略地图就是在组织内明确战略并沟通战略的工具，最终使战略在企业内部达成共识。它以平衡计分卡的四个层面目标为核心，通过分析这四个层面目标的相互关系而绘制企业战略因果关系图。反映出这四个层面目标之间相互关系的载体就是价值驱动因素。价值驱动因素（Value Driver）是影响战略执行和衡量为股东创造价值的可衡量的因素，即要解决"应该并擅长怎么做才能实现我们的业务目标"这个问题。

（2）预算与计划。战略方案制定后，需要进行分解后交由企业管理层进行执行，一般会形成预算与计划。业务计划是企业各部门为实现战略目标的具体行动计划和方案，预算以计划和方案作为基础进行数字化的分解。预算同时也是业绩评价的工具，在进行业绩评价时是通过预算来比较反映出实际绩效优劣的，在预算和计划阶段，业绩评价人员可以依据目标管理法将企业业绩目标进行逐级分解。如图 7-1 所示。

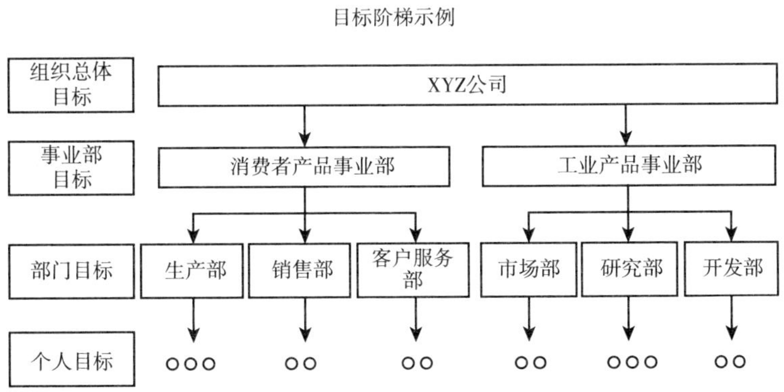

目标阶梯示例

图 7-1 目标分解阶梯图

业财融合架构

根据公司战略目标分解确定部门年度业绩目标和业务经营计划、员工年度工作目标，并签订业绩目标承诺书，将其纳入公司预算管理体系。

2. 构建业绩评价分析的指标。业绩目标的跟踪与评估需要建立规范的确认指标和业务分析维度，计算各项业绩评价指标的结果，并通过业绩报告的形式解释业绩目标达成的情况。

（1）业绩评价指标的定义。业绩评价指标是把企业的战略目标分解为可操作的工作目标的工具，是企业绩效管理的基础与核心。通过业绩评价指标的设定可以量化相关责任人的主要责任并提供考核依据。

（2）业绩评价指标的制定原则。

①从企业的战略和愿景出发。业绩评价指标来自对公司战略目标的分解，通过识别价值驱动因素将经营目标转化为一套综合的、可量化计量的指标体系，推动公司战略在各单位、各部门得以执行。同时，需要关注业绩评价指标的动态性，应当随着战略目标的调整而加以修正或调整。

②兼顾平衡性和侧重性。需要考虑是否涵盖了所有业务驱动因素及对绩效有杠杆作用的要素，从而建立一套"平衡"的指标体系。这个指标体系能达到财务与非财务、内部与外部、短期与长期的平衡。一般情况下，应参照《管理会计应用指引第101号——战略地图》和《管理会计应用指引第603号——平衡计分卡》中关于四个核心维度的核心指标加以扩展确认。

③符合SMART原则：具体、可度量、可实现、可被现实证明、有时限要求。

④根据责任中心划分反映被评价单元的可控责任。

⑤业绩评价指标要在组织结构中按管理层级逐层分解，必须为每个指标确定责任人。

⑥易于理解，避免复杂和不易达成一致的计算口径。

⑦避免高昂的数据获取和统计成本。

3. 构建业绩评价的评价标准[①]。制定完业绩评价指标后的工作就是为每个指标制定评价标准，业绩评价的标准应基于目前公司运营现状以及对未来成果预期。通过对业绩评价指标的评价，确定企业目标的完成程度。理论上看，业绩评价指标的最优值的汇总应当可以促使企业目标得以实现。

对于定量评价指标而言，制定"预期"值可参考的标准有：

（1）历史标准：来自本企业历史上的实际业绩，例如，上月、上年同期数字。

（2）计划或预测标准：来自本企业的年度业务计划、预算以及定期（月度、季度）

---

① 参照李燕翔. 企业业绩评价体系概要相关内容。

的滚动经营预测。

（3）行业标准：行业标准是进行公司业绩分析评价最广泛的方法，特别是按国家、按地区基础上所得出的行业标准，并且每年公布一次，以供比较。

4. 设计业绩评价报告。业绩评价报告是指在报告期末，通过特定的书面形式向公司管理者呈现、汇报并解读的各项业绩评价指标的完成情况。

设计业绩评价报告的原则：

（1）按照用户需求和业务板块设计不同的业绩报告；

（2）配合关键业绩指标体系，反映所有业绩指标；

（3）注重对实际与目标之间的差异分析，解释变动原因；

（4）展现形式直观、易于理解，图表相结合，辅以文字释义；

（5）运用信息技术自动获取数据和运行计算功能。

5. 业绩评价的后续跟进。根据业绩评价的结果对所有员工进行奖励绩效（例如，奖金、晋升）、惩罚（例如，末位淘汰）、员工培训、技能发展（例如，轮岗、调动部门）等。在后续跟进实施进程中需要全程动态监控，及时解决业绩评价结果实施中发生的问题，不断加以改进，促使员工个人绩效与组织绩效持续提升。

二、指标与评价标准设计

业绩评价的指标设计与评价标准设计是构建业绩评价系统的核心内容。业财融合的业绩评价通过战略地图和平衡计分卡相结合来实现相应的评价系统构建。

战略地图以企业的战略目标为起点围绕平衡计分卡的四个层面的关系来寻找实现目标的路径。其标准框架和平衡计分卡的四个层面一一对应的。

依据财政部《管理会计应用指引第101号——战略地图》的规定，企业应根据已设定的战略目标，对现有客户（服务对象）和可能的新客户以及新产品（新服务）进行深入分析，寻求业务改善和增长的最佳路径，提取业务和财务融合发展的战略主题。

（一）战略主题的确定

1. 在财务维度，战略主题一般可划分为两个层次：第一层次一般包括生产率提升和营业收入增长等；第二层次一般包括创造成本优势、提高资产利用率、增加客户机会和提高客户价值等。企业应对现有客户进行分析，从产品（服务）质量、技术领先、售后服务和稳定标准等方面确定、调整客户价值定位。

2. 在客户价值定位维度，企业一般可设置客户体验、双赢营销关系、品牌形象提升等战略主题。

3. 在内部业务流程维度，企业应根据业务提升路径和服务定位，梳理业务流程及其关键增值（提升服务形象）活动，分析行业关键成功要素和内部营运矩阵，从内部业务流程的管理流程、创新流程、客户管理流程、遵循法规流程等角度确定战略主题，并将业务战略主题进行分类归纳，制定战略方案。

4. 在学习与成长维度，企业应根据业务提升路径和服务定位，分析创新和人力资本等无形资源在价值创造中的作用，识别学习与成长维度的关键要素，并相应确立激励制度创新、信息系统创新和智力资本利用创新等战略主题，为财务、客户、内部业务流程维度的战略主题和关键业绩指标提供有力支撑。图7-2为卡普兰提出的战略地图的模板。

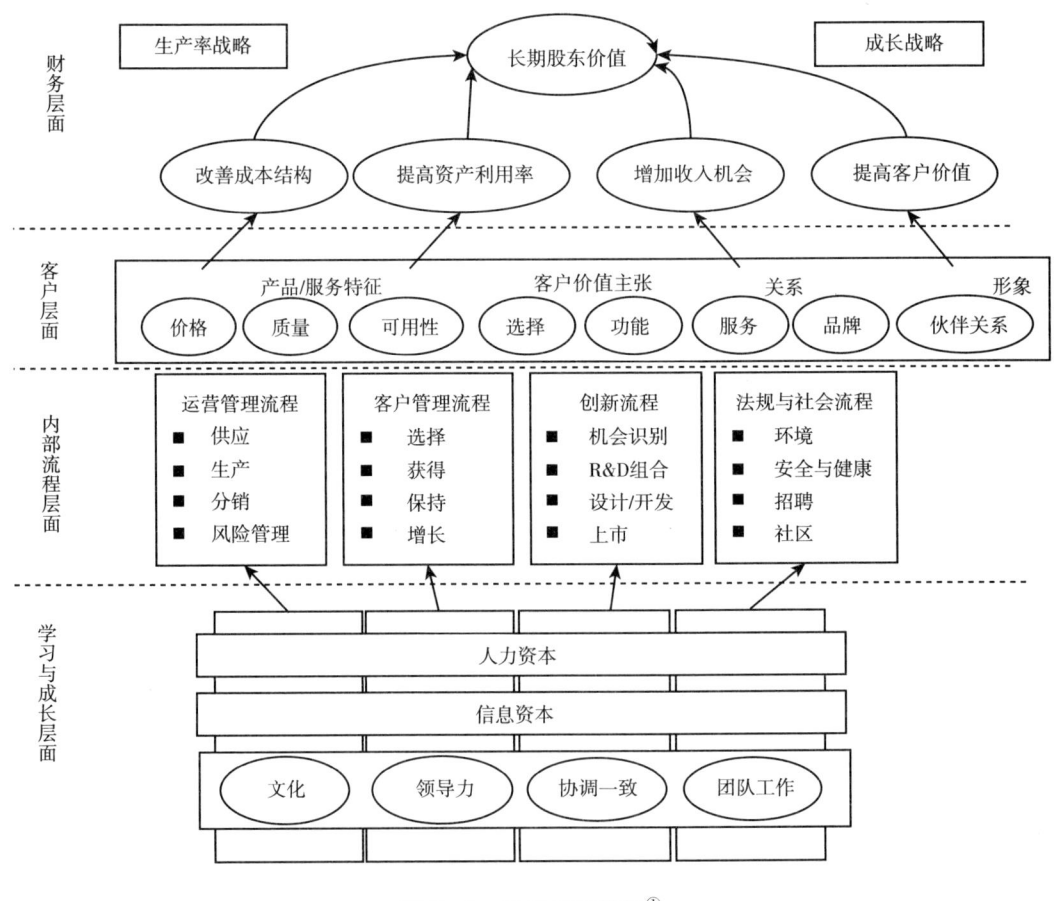

图7-2 战略地图模板[①]

---

① 罗伯特·卡普兰，大卫·诺顿. 战略地图：化无形资产为有形成果[M]. 广州：广东经济出版社，2005.

(二) 基本步骤

1. 通过企业的宏观环境分析、行业竞争分析以及对企业进行的 SWOT 分析等明确企业目前的战略定位。

2. 通过财务、客户、内部业务流程、学习与成长四个方面创建战略主题并构建战略地图。战略主题主要用于表明战略中因果关系假设，明确价值创造流程。在这一过程可以发现影响战略的核心指标，从而为确定评价标准做准备。比如客户价值流程（如图 7-3 所示），突出了通过全面解决方案和出色的服务来创造客户价值。该指标因企业不同而不同，需要结合企业实际情况予以分析。将企业的四个战略主题通过战略地图的方式，清晰明确地呈现各个战略目标间的因果关系，形成可视化的平衡计分卡框架。

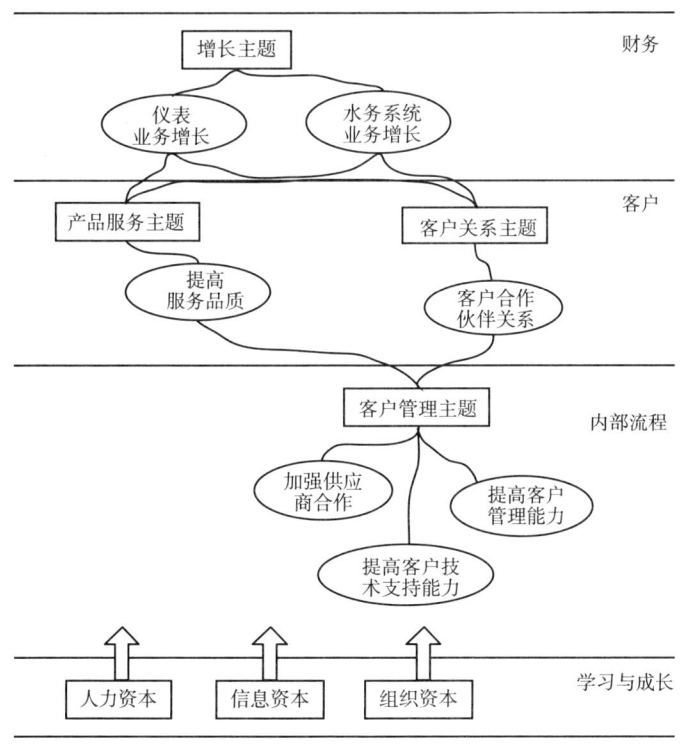

图 7-3 客户价值流程[①]

---

① 图 7-3 至图 7-7 节选自陈倩琳. 基于战略地图的平衡计分卡绩效管理体系应用研究——以 G 智能仪表企业为例 [D]. 西安外国语大学，2018.

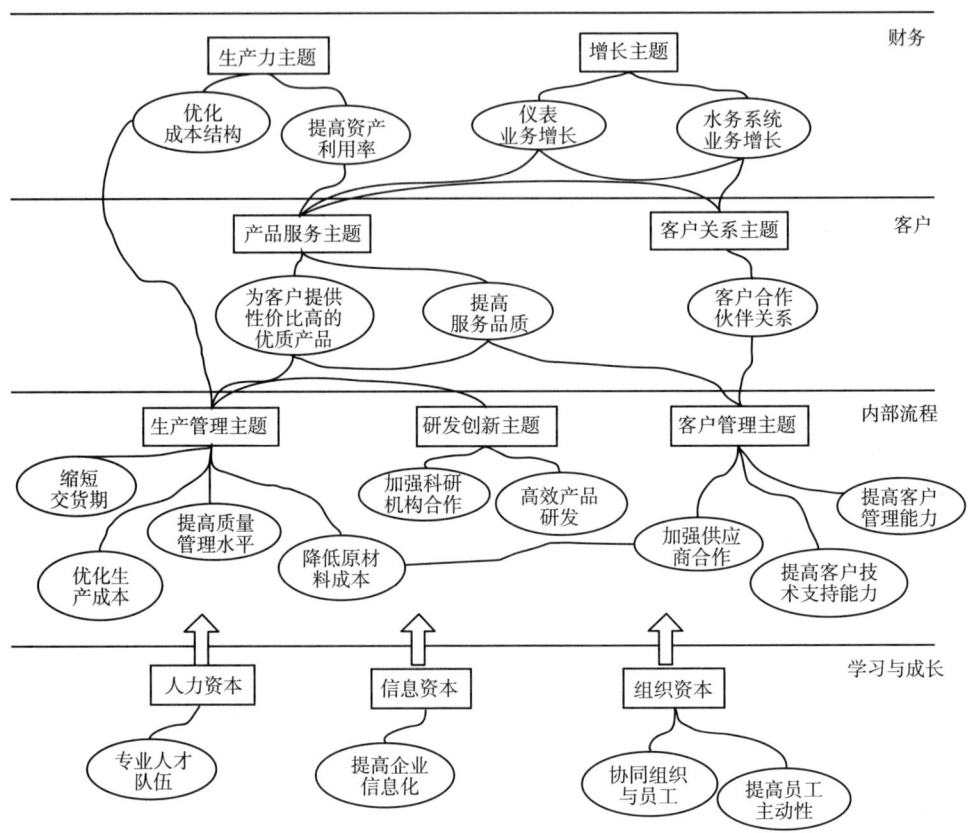

图 7-4　企业战略地图

3. 连接战略地图与平衡计分卡。基于前文对于企业战略的分析以及战略地图的制定，编制企业公司层面、部门层面、个人层面的平衡计分卡。对指标进行选取时，仍需要从平衡计分卡的四个方面进行选择。衡量指标在选取过程中，首先，需要充分反映战略目标的要求；其次，需要能够得到准确测量；最后，需要与企业特点相结合。以下为举例的公司层面、部门层面、个人层面平衡计分卡汇总而成的关键指标。如图 7-5、图 7-6、图 7-7 所示。

4. 指标权重设定。对各项指标的权重设定包括三个部分：一是四个方面各自占总体的一级指标比重；二是每个方面内部占这一方面总体的二级指标比重。三是将一级指标乘以二级指标，得出各层面指标的最终权重。

在方法选择上，可以用较为简单的估算法，也可用运筹学中的层级分析法来确定。层次分析法（AHP）最早由美国的运筹学家 Staay 在 20 世纪 70 年代提出，该方法将决策相关的元素分解为目标、准则和方案等层次，进行定量和定性的分析决策。

5. 依据各项指标数值，对企业各方面业绩情况进行分析。

BSC层面	战略主题	战略目标	公司级别衡量指标
财务	增长	F1仪表业务增长	仪表产品收入增长率
		F2水务系统业务增长	水务系统收入增长率
	生产力	F3优化成本结构	主营业务成本比重
		F4提高资产利用率	应收账款周转率
客户	产品服务	C1提供优质产品	返修退货率
		C2提高服务品质	及时交付率
			客户投诉解决速度
	客户关系	C3客户合作关系	老客户续约率
内部流程	生产管理	I1降低原材料成本	单位原材料成本下降率
		I2优化生产成本	单位产品成本下降率
		I3提高生产质量	批次合格率
		I4缩短供货周期	供货周期
	研发创新	I5高效产品研发	研发节点完成率
			新产品研发数量
		I6加强科研机构合作	合作研发项目
	客户管理	I7提高客户管理能力	重点客户比率
		I8加强供应商合作	长期供应商比例
学习与成长	人力资本	L1专业人才队伍	专业人员比率
			员工技能培训课时数
	IT资本	L2提高企业信息化	信息系统可用性
	组织资本	L3协同组织与员工	企业战略文化认知度
			员工绩效沟通计划达成率
		L4提高员工主动性	员工满意度

图7-5 公司层面的平衡计分卡指标表

层面	战略目标	公司级衡量指标	研发中心衡量指标	目标	周期
财务	F1仪表业务增长	仪表产品收入增长率	新型智能仪表销售额		年
客户	C1提代高性价比产品	产品满意度	技术支持满意度	%	年
		返修退货率	技术因素返修退货率	%	月/年
内部流程	I2优化生产成本	单位产品成本下降率	产品改良成功率	%	年
	I5高效产品研发	研发节点完成率	研发进度节点完成率	%	月/年
		新产品研发数量	新产品研发数量	项	年
	I6加强机构合作	合作研发项目	与科研机构立项数目	项	年
学习与成长	L1专业人才队伍	员工技能合格率	技术培训课时数		月
			技术考核达标率	%	年
	L2提高企业信息化	信息系统可用性	管理软件系统可用性	%	年
	L3协同组织与员工	企业战略文化认知度	战略文化培训课时	小时	月
		绩效沟通计划达成率	绩效沟通计划达成率	%	月/年
	L4提高员工主动性	员工满意度	员工满意度		年

图7-6 部门层面的平衡计分卡指标表

层面	研发中心衡量指标	工程师衡量指标	说明	周期
财务	新型智能水表销售额	NB-IoT GDZD销售额	NB-IoT GDZD销售额	年
		NB-IoT WCX销售额	NB-IoT WCX销售额	年
客户	技术支持满意度	技术支持满意度	技术支持满意度评分	月
	技术因素返修退货率	技术因素返修退货率	技术因素返修批次/总返修批次	月/年
内部流程	产品改良成功率	技术资料准确率	图纸、BOM下发时数/投产时间	月/年
		产品改良成功率	改良成功次数/总试制次数	月/年
	研发节点完成率	工艺文件完成及时率	完成份数/实际需要份数	月/年
		研发节点完成率	项目节点完成数/计划完成数	月/年
	新产品研发数量	新产品研发数量	新产品研发数量	年
学习与成长	技术培训课时数	技术培训课时数	接受技术培训课时数	月
	技术考核达标率	技术考核分数	技术考核分数	年
	企业战略文化认知度	战略文化考核分数	战略绩效文化培训的考核得分	年
	绩效沟通计划达成率	参加绩效沟通次数	参加绩效沟通次数	月
	员工建议数	员工满意度	员工满意度	年

图7-7 个人层面的平衡计分卡指标表

三、报告设计构成

业绩评价报告是对上述四个维度的分析形成汇总和结论的报告，由正文和附件构成。业绩评价报告正文应当包括评价目的、评价依据与评价方法、评价过程、评价结果以及评价结论、需要说明的重大事项等内容。业绩评价报告附件应当包括四个维度分析的指标体系构成、四个维度的分析过程、四个维度的标准依据、四个维度的计分表以及其他过程中的相关文件如问卷调查、专家咨询报告等内容。图7-8为某企业的业绩评价报告示例。在系统环境下，可以通过后台数据设计从而直接生成具体的报告，如图7-9所示。

目录	企业经营环境分析	企业运营状况分析	企业财务绩效分析
• 企业经营环境分析 • 企业总体状况评述 • 企业运营状况分析 • 企业财务绩效分析 • 重大事项说明 • 存在的问题 • 采取的措施和建议 • 经营预测分析	• 宏观环境分析 • 行业环境分析	• 采购情况分析 • 销售情况分析 • 库存情况分析 • 生产情况分析 • 成本费用分析 • 经营效益分析	• 资产负债因素分析 • 利润因素分析 • 现金流因素分析 • 综合分析

图7-8 业绩评价报告示例[①]

---

① 图7-8与图7-9源自用友新道股份有限公司相关软件平台。

第七章 业财融合评价系统

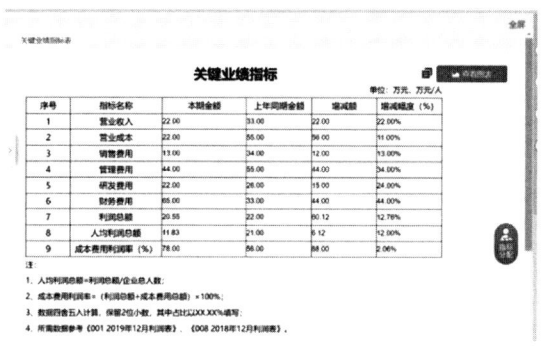
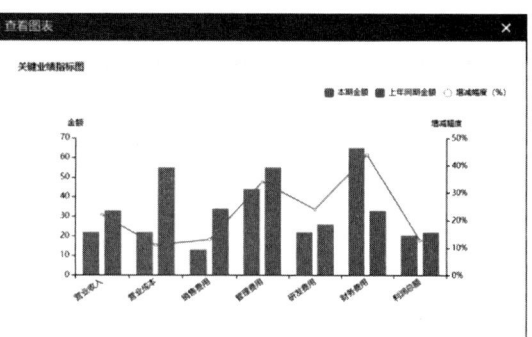

图 7-9 关键业绩指标分析（某公司）

四、业财融合评价案例分析

案例 7-1[①]

甲公司是集炼油、化工、工程建设、检维修及后勤服务为一体的大型综合炼化企业，是地处中国西部重要的炼油化工生产基地，总资产 342 亿元，年营业收入 700 亿元左右，截至 2×15 年 6 月在册员工 2.5 万人，现有 13 个业务处室，10 个直属单位和 20 个二级单位。甲公司年原油加工能力 1050 万吨，年乙烯产能 70 万吨。现有各类炼化生产装置 90 余套，能生产汽煤柴油、润滑油基础油、合成树脂、合成橡胶、炼油催化剂等多种系列石化产品。

一、甲公司平衡计分卡应用过程

（一）组织机构及方式

平衡计分卡体系搭建阶段，甲公司专门成立了由总经理任组长、主管副总经理任副组长、人事、财务、规划计划、生产运行等部门主要负责人为成员的领导小组，组建了由从事人力资源、财务管理、规划计划、生产运行等多部门业务骨干参加的研发团队。平衡计分卡试点运行和推广应用阶段，甲公司成立由总经理任主任企业领导班子成员参加的绩效管理委员会，下设主管副总经理任组长各部门主要负责人参加的绩效管理领导小组和人事处处长任主任的绩效考核办公室，各试点单位和推广应用单位按进度相应成立了单位主要负责人为组长的工作团队。

（二）资源、环境、信息化条件

1. 培训骨干。甲公司通过邀请中国人民大学、中山大学等知名专家教授进行绩效

[①] 案例选自财政部会计司编写组编著的《管理会计案例示范集》，经改编整理而得。

267

管理专题讲座、选派业务骨干参加国内外平衡计分卡业务培训,向研发团队成员配发《平衡计分卡》《战略地图》《战略性绩效管理》等相关书籍、举办公司内部专题培训班等形式,培训骨干人员800多人次,为成功开发提供了人员保证。

2. 研究方法。甲公司组织研发团队成员对关键业绩指标法、标杆管理法、经济增加值、平衡计分卡等各种绩效管理工具进行比较研究,学习借鉴国内外成功案例,重点学习研究如何运用平衡计分卡把公司的战略转化为具体的可量化的目标、指标及行动方案。

3. 开发信息系统。指标库建立、绩效合同拟定、数据采集、结果反馈与薪酬兑现等大量信息单纯依靠手工处理,工作量特别大,效率低且准确性不高,应用过程中必须开发建设信息管理系统。

(三) 应用流程

甲公司开发应用平衡计分卡主要经历了四个阶段:第一阶段(2×06年1—12月),体系搭建,以构建平衡计分卡框架体系为重点;第二阶段(2×07年1—12月),试点运行,以优化指标体系为重点;第三阶段(2×08年1—12月),推广应用,主要以完善制度、健全机制为重点;第四阶段(2×11年10月—2×13年12月),信息化建设,以规范运行提高效率为重点。主要包括以下关键环节。

1. 现状分析,方法论证。考核评价方法是否科学,决定着考核结果是否客观公正、准确可靠地反映了考核评价对象的绩效水平,考核评价标准是否量化具体,具有可操作性,直接关系着考核评价工作的科学性和有效性。甲公司通过专家访谈、发放调查问卷等形式,对原有考核体系运行的效果进行广泛调研和诊断评估,评估认为,原有考核体系对公司愿景缺乏有效的层级分解,没能很好地处理短期目标和长远目标的关系,没能对企业和员工进行全方位、全要素的评价,有一定的局限性。在具体实施过程中,存在倚重财务指标、忽视员工发展等问题。甲公司组织研发团队成员集体讨论学习各种绩效管理方法,比较论证关键业绩指标法、目标管理、标杆管理、平衡计分卡、经济增加值等系统绩效考核技术的特点和优劣势,分析借鉴国内外绩效管理的成功案例和典型经验,系统学习平衡计分卡理论,探索将企业愿景、战略转化为具体可量化的目标、指标及行动方案。

2. 诠释愿景,明晰战略。构建平衡计分卡绩效评价体系,首先必须准确把握企业的发展方向,进行战略定位。包括确定使命、愿景、核心价值观、战略目标、战略实施方案等。甲公司在综合分析内外部发展环境及优劣势的基础上,秉承"奉献能源,创造和谐"的宗旨,坚持"以人为本"的价值理念,确立了"做好做强,做大做精,建设有国际竞争力的社会主义现代化企业"的愿景，明确了通过实施技术进步、资源节约、员工发展、人员转移和企业文化建设，成为"中油排头、国内领先、世界有名"的大型、先进、高效的石化企业战略目标。

愿景和战略为企业描绘了总目标和方向，如何使其变为现实，甲公司运用平衡计分卡理论中战略地图这一动态的可视化的工具，经过企业管理层和专业研发团队认真分析，将企业战略目标和经营目标，经过系统梳理，从平衡计分卡财务、客户、内部业务流程、学习与成长四个维度连接为一条因果关系链，使员工、信息、企业文化、领导力等无形资产与运营、客户、创新、法规与社会等价值创造流程联系起来，与战略保持协调一致。绘制形成了甲公司战略地图（见附图7-1）。

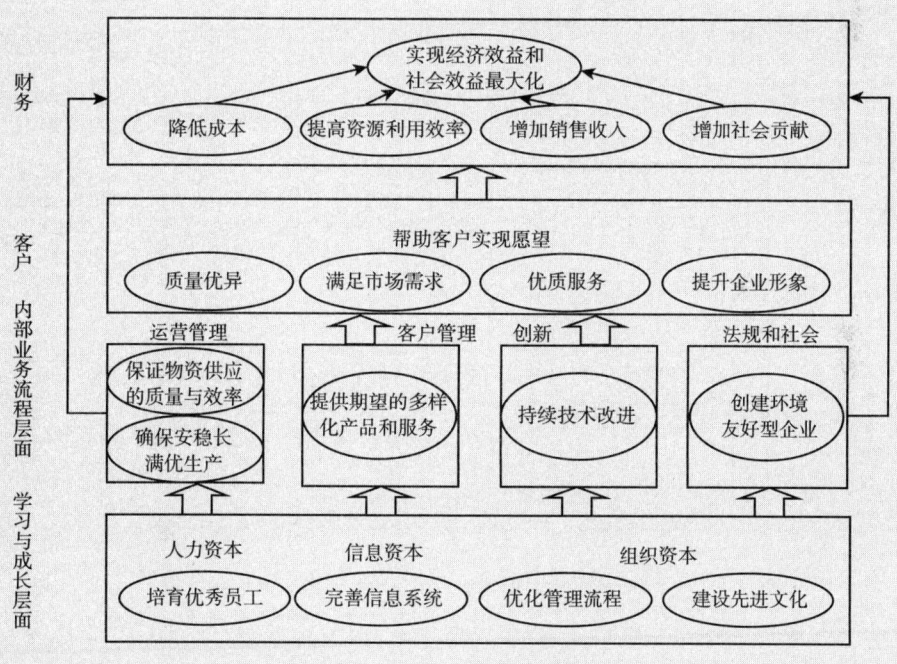

附图7-1 甲公司战略地图

3. 分解目标，搭建体系。为了使各级管理人员的目光聚集于公司的战略目标上，使广大员工的力量凝聚于实现公司战略的行动上，战略地图绘制完成之后，甲公司从企业众多的管理流程中选择出对战略执行的少数关键内部流程，形成对愿景实现战略目标达成起决定作用的五大战略主题，即：保证物资供应的质量和效率、确保安稳长满优生产、提供期望的多样化产品和服务、持续技术改进和创建环境友好型企业。（见附图7-2，"确保安稳长满优生产"战略主题目标分解、指标设置图，其他战略主题指标设置图略），在此基础上甲公司根据各级管理人员的职责分工和责任大小，自上而下构建公司、分厂、车间和员工的逐级考核体系，形成连接公司、分厂、车间及员工的平衡计分卡，把公司的战略目标与指标最终转化为个人的行动，把生产经营的压力和动力传递到各层级员工身上，建立健全目标层层分解，责任层层落实，压力层层传递的责任机制，从而通过个人绩效的实现，确保组织绩效的实现最终达到公司整体战略目标的实现。具体按三个层次进行平衡计分卡开发设计。

战略主题		平衡计分卡		
		目标	指标	目标值
财务维度	提高资源利用效率／降低生产成本	提高投资资本回报率／降低生产成本／提高资源利用效率	利润总额／化工现金加工费／炼油现金加工费	11.04亿元／1428元/吨／131元/吨
客户维度	满足市场需求／质量优异	满足市场需求／质量优异	产销率／化工产品优级产品率／高标号汽油比例	100%／80%／60%
内部业务流程维度	确保安稳长满优生产／战略工作组群／生产人员的知识和技能	确保安稳长满优生产	排产计划完成率／综合达标率／非计划停工次数	100%／95%／<10起/年
学习与成长维度	战略IT系统／完善信息指挥系统／相关组织与战略的协调一致性	培训必要的专业知识和技能／完善信息系统／相关组织与战略的协调一致性	任职规范符合率／培训计划完成率／信息资本准备度／组织资本准备度	95%／98%／80%／80%

附图 7-2 "确保安稳长满优生产"战略主体目标分解、指标设置

（1）公司级平衡计分卡开发。一是采用头脑风暴法，从四个层面罗列衡量战略地图当中各具体目标的考核指标，然后筛选并控制在 25 个以内；二是由专业部门遵循 SMART 原则。对初选指标进行确认；三是依据管理层各成员的业务分工，拟定各业务分管领导平衡计分卡，指标控制在 12 个以内；四是组织专家采用德尔菲法、层次分析法等对考核指标进行权重分配，权重分配过程中，遵循战略导向、价值贡献的原则，依据受约人对指标的控制力强弱以及承担责任大小确定平衡计分卡指标权重。一般情况下，单个指标权重最高不超过 30%，最低不低于 5%（下同）；五是经管理层集体讨论，形成公司级平衡计分卡及管理层成员平衡计分卡（见附表 7-1）。

第七章　业财融合评价系统

附表 7-1　　　××年度甲公司××副总经理平衡计分卡

指标类别	指标名称	权重	单位	目标值
财务维度	平均固定资产回报率	5%	%	炼油：43.79　化工：24.82
	利润总额	20%	万元	炼油：195500　化工：204000 股权投资收益：4069
内部业务流程维度	综合达标率	15%	%	炼油：95　化工：95
	成本费用	10%	元/吨 万元	炼油现金加工费：131 元/吨 化工现金加工费：化工类 1428 元/吨 化工销售与管理费：81500 万元
	生产性燃动消耗指标完成率	5%	%	蒸汽 1030 万吨/年；自产电 16000 万度/年；自产水 355 万吨/年
	主要产品产量完成率	10%	%	加工原油 1000 万吨/年；汽煤柴 677 万吨/年；化工商品 233 万吨/年
	产品质量计量抽查合格率	5%	%	100
	员工伤亡事故千人死亡率	10%	‰	0.04
	工艺因素装置非计划停车	10%	次/年	9
学习与成长维度	廉政建设和队伍稳定	5%	分数	党风廉政建设未达到要求的，视情节扣权重分的 20%—100%；发生重大舆情事件和突发事件舆情责任的，视情节扣权重分的 10%—50%
	员工总量控制	5%	人	合同化用工：上市 12920，未上市 14825 市场化劳务用工：上市 785，未上市 4716

（2）部门和二级单位平衡计分卡开发。一是向各部门和二级单位下发公司总体目标及平衡计分卡，经过相关性判别分解形成部门和二级单位生产经营目标和平衡计分卡；二是召集各部门和二级单位负责人进行指标提炼；三是结合部门职责和重点工作补充完善指标，进行指标核定，考核指标控制在 15 个以内，经公司绩效管理委员会审定，形成部门和二级单位平衡计分卡（见附表 7-2）。

附表 7-2　　　××年度甲公司炼油厂厂长、党委书记平衡计分卡

指标类别	指标名称	权重	单位	目标值
财务维度	炼油板块利润	15%	万元	195500
	各装置现金单位加工费	10%	元/吨	三套常减压 19.43、重油催化 69.95、连续重整 242.22
客户维度	内部客户投诉次数	5%	次	0
	产品用户投诉次数	5%	次	0

续表

指标类别	指标名称	权重	单位	目标值
内部业务流程维度	炼油可比综合商品收率	10%	%	94.38
	轻油收率	9%	%	84/80.5
	炼油综合能耗	10%	千克标油/吨	56.50
	原油加工量	6%	万吨/年	1000
	吨油耗新水	5%	吨/吨	0.50
	装置操作平稳率	10%	%	99.90
	污水中控合格率	5%	%	97.00
学习与成长维度	培训综合实施率	5%	%	95
	企业文化认知践行度	5%	%	85

（3）员工个人岗位绩效卡开发。一是开展培训得到员工的理解和支持；二是充分沟通征求员工对所在岗位考评的建议；三是由考核者和被考核者共同参与进行目标分解和指标设计，考核指标控制在10个以内；四是对计分方法进行验证，确保科学合理和可操作（见附表7-3）。

附表7-3　　××年度甲公司炼油厂润滑油精制联合车间工艺组长岗位绩效卡

指标名称	权重	单位	目标值
现金单位加工费	10%	元/吨	完成车间所属3套装置的加工费指标
能耗物耗控制	20%	千克标油/吨；千克/吨	完成车间所属3套装置的能耗、物耗指标
生产控制	15%	100%	加工损失率：不大于0.05%；普通油收率：完成车间所属3套装置指标
中控馏出口合格率	10%	100%	不小于98%
排产计划执行率	10%	100%	不小于100%
技术更新项目完成率	10%	100%	100%
污染物排放合格率	15%	100%	污水排放合格率：不小于96%；废气排放合格率：不小于96%
QHSE体系运行	5%		符合QHSE体系标准
员工培养计划完成率	5%	100%	100%

4.完善制度，规范运行。公司成功搭建完成分层级的平衡计分卡之后，在实施过程中，为了确保平衡计分卡管理工具与企业各项专业管理内容和管理手段协调统一、配套制定了《年度组织绩效评价办法》《员工绩效管理制度》《单项绩效考核评价办法》等一整套制度体系。

（1）甲公司组织绩效评价体系分综合绩效评价和单项绩效评价两个方面，其中综合绩效评价由平衡计分卡（占100%的权重）、专业管理考核和否决考核（不占权重，直接加扣分）三部分构成。平衡计分卡将公司整体战略目标从财务、客户、内部运营、学习与成长四个层面层层分解到各单位直至员工个人；专业管理考核是将支撑战略目标实现的安全环保、合规经营、风险管控、廉政建设等管理制度和政策要求，细化为专业管理考核条款，作为平衡计分卡考核体系的重要组成部分进行量化考核直接加扣分；否决考核是对发生安全环保事故、出现重大违纪违规事项或出现内控体系重大不符合项的单位，根据事故等级和违规情节否决相关单位和部门10%—100%的综合绩效评价得分，并追究当事人和管理者的责任。

单项绩效评价是为了激励公司关键性和挑战性工作，根据公司发展战略和年度工作重点，设立安全环保无事故、装置长周期运行、新产品开发、技术创新、人力资源优化等重点项目考核办法，是对综合绩效评价的有效补充。

（2）甲公司员工绩效评价根据职级或岗位不同分为管理人员、专业技术人员和技能操作人员三大类，建立了以业绩、态度和能力为内容与薪酬待遇和个人发展相挂钩的员工绩效评价体系。中层管理人员正职与所在部门（分厂）平衡计分卡一致、基层管理人员正职与所在科室（车间）级平衡计分卡一致，其他员工平衡计分卡（或岗位绩效卡）以分解所在单位或上级平衡计分卡及聚焦本岗位关键职责确定。

（3）平衡计分卡考核结果与绩效奖金直接挂钩。为了确保组织绩效和员工绩效相统一，各级组织的绩效完成情况决定所在单位全员的绩效奖金；为了增强考核结果的可比性，根据风险责任和贡献大小，设置了体现单位风险责任大小的经营管理难度系数（1—1.5）、体现岗位职责和劳动贡献大小的岗序系数（1—4.5）。具体计算公式如下：

单位绩效奖金总额 = 奖金基数 × 在岗人数 × 单位综合绩效得分 × 员工平均岗序系数 × 单位经营管理难度系数

员工个人绩效奖金 = 所在单位奖金基数 × 个人岗序系数 × 个人当期绩效得分。其中：

①单位综合绩效得分 = 平衡计分卡得分 + 专业管理得分 − 否决分

②员工当期个人绩效得分 = $\sum$（平衡计分卡单项指标得分 × 单项指标权重）

（4）能力素质评价。能力素质评价是对员工履行岗位职责、实现业绩目标应具备的能力素质的综合评价。在衡量平衡计分卡人力资本准备度及对员工态度和能力等行为绩效量化考核过程中，为实现对员工绩效的全方位、全要素考核，甲公司积极构建能力素质模型，开展能力素质评价。具体对中层管理人员和科级管理人员能力素质评价按《甲公司领导班子和领导人员综合考核评价办法》执行，专业技术人员能力素质评价按甲公司专业技术人员综合考核办法的相关要求执行，技能操作人员主要选择敬业负责、专业技能、执行能力、团队合作和学习能力等素质要素进行分级评价。员工能力素质评价结果主要与员工岗位晋升、能力培训和职业发展相挂钩。

5. 开发系统，提高效率。为提高绩效评价的运行效率，自2×11年起，历时三年，甲公司经过业务梳理、功能定位、技术支持等几个阶段的调研分析及可行性论证，自主设计开发建立了绩效管理信息系统。业务梳理阶段深入公司所属各单位进行需求调研，了解各单位绩效评价及结果运用的具体步骤，从上到下按层级梳理出公司对分厂、分厂对车间、车间对班组、班组对员工的绩效评价与奖金分配等23项业务流程；功能定位阶段针对业务流程需要，开发了系统管理、基础数据管理、组织绩效管理、组织奖金分配管理、员工绩效管理和员工奖金发放管理六大功能模块，具体包括平衡计分卡指标库建立、指标筛选、目标值确定、合同签订、考核实施、考核得分统计和奖金分配等140项子功能和125个数据库表；技术支持阶段重点从信息集成和信息共享的角度出发，从系统设计之初就考虑绩效管理系统与HR、ERP等现行管理信息系统高效链接，减少数据维护量，增强拓展性，做到系统接口多样、界面清晰友好、数据采集灵活、指标完成情况跟踪预警和业务流程自动控制。经过开发设计、试点应用和推广实施，现行绩效管理系统有效地增强了绩效计划的科学性、绩效实施的可控性、数据传递的及时性和考核结果的准确性。

二、取得成效

平衡计分卡应用以来，甲公司取得了突破性经营业绩。

（一）盈利能力和关键技术经济指标不断提升

2×09年炼油和化工利润在集团公司炼化板块双双排名第一；2×13年乙烯综合能耗在国资委组织的石油石化行业中央企业能效对标活动中，荣获30万—60万吨/年规模乙烯装置能耗最优值；2×14年500万吨/年常减压、120万吨/年延迟焦化、20万吨/年高压聚乙烯、11万吨/年聚丙烯装置能耗排名集团公司炼化企业第一。

（二）公司顾客满意度和新产品市场占有率稳步提升

主导产品顾客满意度水平由2×09年的91.03%上升到目前的92.88%，顾客忠诚度由2×09年的91.06%上升到目前的95.3%，化工产品专用料由2×09年的28.3%提高到目前的60%。

(三) 员工满意度和队伍整体素质大幅提高

员工流失率由2×09年的0.85%下降到目前的0.4%以下,一线技能人员高级工比例由2×09年的36%提高到目前的58%,在全国行业和集团公司各类技能大赛中获得8金、11银、12铜,8个团体前三名的好成绩。

(四) 科技创新成果显著

研发的环保型充油丁苯橡胶等占领国内高端市场,新型催化剂打入国际市场。

本章参考文献

[1] 财政部会计司:《管理会计应用指引第600号——绩效管理》[S]. 财会 [2017] 24号,2017.

[2] 财政部:《财政部企业经济效益评价指标体系(试行)》[S]. 财工字 [1995] 7号,1995.

[3] 张先治、陈友邦.《财务分析》[M]. 大连:东北财经大学出版社,2017:305-309.

[4] 财政部会计司:《管理会计应用指引第602号——经济增加值法》[S]. 财会 [2017] 24号,2017.

[5] 财政部会计司:《管理会计应用指引第603号——平衡计分卡》[S]. 财会 [2017] 24号,2017.

[6] 财政部会计司:《管理会计应用指引第101号——战略地图》[S]. 财会 [2017] 24号,2017.

[7] 财政部会计司:《管理会计应用指引第601号——关键绩效指标法》[S]. 财会 [2017] 24号,2017.

[8] 郭永清. 中国企业业财融合问题研究 [J]. 会计之友,2017 (15):34-40.

[9] 罗伯特·卡普兰,大卫·诺顿. 战略地图:化无形资产为有形成果 [M]. 广州:广东经济出版社,2005.

[10] 财政部会计司编写组. 管理会计案例示范集 [M]. 北京:经济科学出版社,2019.

主要参考书目

[1] 西凤茹,王谦编著.初级会计学[M].北京:冶金工业出版社,2007.

[2] 雷振华,贺益生主编.成本会计学[M].上海:上海交通大学出版社,2016.

[3] 赵保卿.内部会计控制制度设计[M].上海:复旦大学出版社,2005.

[4] (日)本间峰一,(日)北岛贵三夫,(日)叶恒二著;陈梦阳译.图解生产实务 生产计划[M].北京:东方出版社,2012.

[5] 于玉林主编.会计大百科辞典[M].上海:上海财经大学出版社,2010.

[6] 夏志坚编著.生产计划与物料采购[M].广州:广东经济出版社,2004.

[7] 李恒兴,鲍钰主编.采购控制[M].北京:北京理工大学出版社,2018.

[8] 孙茂竹,王艳茹编著.成本业财融合[M].沈阳:东北财经大学出版社,2011.

[9] 吴勇主编;许国银副主编.知行经管系列 采购控制[M].南京:东南大学出版社,2016.

[10] (美)安东尼·A.阿特金森等.业财融合 会计学系列[M].北京:清华大学出版社,2011.

[11] 欧阳振安,严石林主编.仓储管理[M].北京:对外经济贸易大学出版社,2010.

[12] 吴新燕,王常伟主编.仓储管理实务[M].南京:东南大学出版社,2016.

[13] 赵有青,王春喜编著.现代企业设备管理[M].北京:中国轻工业出版社,2011.

[14] 谢合明主编.生产过程管理[M].重庆:重庆大学出版社,2004.

[15] 王淑君编著.生产过程质量控制[M].北京:中国标准出版社,1997.

[16] 朱光明,吴梅生主编.产品成本核算[M].北京:中国经济出版社,2013.

[17] 刘洋,曲远洋主编.业财融合[M].上海:上海财经大学出版社,2017.

[18] 乐艳芬.《成本会计》[M].北京:清华大学出版社,2005.

[19] 李长福,宋贤慧,刘晔主编.成本会计[M].北京:北京航空航天大学出版

社，2008．

［20］朱小平，卢春泉主编．最新会计大全［M］．北京：中国大地出版社，1993．

［21］金萍主编．业财融合学［M］．昆明：云南大学出版社，2015．

［22］刘志远主编．业财融合学［M］．上海：立信会计出版社，2004．

［23］易仁萍主编．企业财务分析方法［M］．北京：经济管理出版社，1999．

［24］孙茂竹，支晓强，戴璐．管理会计学（第8版）［M］．北京：中国人民大学出版社，2018．

［25］曹慧民．管理会计（新编）（第三版）［M］．上海：立信出版社，2013．

［26］赵贺春，于国旺，洪峰．管理会计［M］．北京：清华大学出版社，2017．

［27］刘志远．管理会计［M］．北京：北京大学出版社，2007．

［28］于永梅，孙俊尧．管理会计［M］．北京：中国铁道出版社，2015．

［29］马元驹，李百兴．管理会计学模拟实验教程（第三版）［M］．北京：人民大学出版社，2016．

［30］袁建国，周丽媛．财务管理（第三版）［M］．大连：东北财经大学出版社，2008．

［31］王吉凤，程腊梅，王忠．财务管理［M］．北京：清华大学出版社，2016．

［32］王积田，温薇．财务管理［M］．北京：人民邮电出版社，2012．

后　　记

　　时代不同，业财融合就有那个时代独具的特点和内容；企业资源禀赋不同，业财融合的功能、方法就不同；不同岗位的人，有不同的业财融合内容，其融合的重点也不同；从事业务的人以业为主、财为辅，从事财务的人以财为主、业为辅。在智能时代，业财跨界融合已成为企业管理升级的趋势、改革的目标和发展的方向，业财交叉融合工作得到了越来越多企业的重视和应用。经过多年的努力和辛勤工作，本着立足时代、面向未来、促进新商科发展的宗旨，就我国财经人才培养的目标、培养规格、课程设置、师资队伍建设等进行深入的分析、思考、研究，在全面探索相关专业和学科建设的基础上，承担起系列教材建设的任务。

　　本教材将业财融合的架构分为六大系统，分别是组织系统、方法系统、决策系统、控制系统、评价系统和报告系统。该架构分析业财融合的形成与发展，系统打造业财融合基本架构，组织系统包括战略层、经营层和业务层，方法系统包括战略管理方法、预算管理方法、成本管理方法、营运管理方法、投融资管理方法以及绩效管理方法等，决策系统包括经营预测、经营决策和投资决策等，控制系统包括生产控制系统和销售控制系统，报告系统包括战略层报告、经营层报告和业务层报告，评价系统包括公司层面评价、部门层面评价和个人层面评价。在内容上，阐述业财融合组织机构设置、业财融合师工作岗位和能力框架，介绍业财融合的战略管理、预算管理、成本管理、营运管理、风险管理等方法，以及经营预测、决策与长期投资决策，重点讲解业财融合的生产系统与销售系统，构建KIP绩效考核（即关键指标法）、平衡计分卡、MBO目标管理法、360度绩效考核等业财融合评价系统，以及按照报告内容、报告功能、责任中心、责任主体、管理层级和报告对象等划分的业财融合报告系统。

　　教材编写组组建以主编人员为主导、具有丰富教学经验的学习型、创新型教材编写团队，编写紧密结合实践，注重理论知识在业财实务工作中的具体应用。教材最鲜明的特点是时代适应性，思路清晰，有前瞻性，再加上编者队伍阵容庞大、教材建设基础好。教材定位于帮助业财融合人员学习和掌握业财融合工作基本范畴和内容，突出针对性、实用性

后 记

和前瞻性；该教材遵循企业价值管理理念，依据经营业务运作规律，运用智能化工具和平台，协同业务与财务的功能与方法，实现整体数据信息从业务到财务、内部到外部、静态到动态及时共享。突出业财融合的基本知识、基本业务、基本技能，以培养业财融合人员这三个方面的能力提升。教材内容精心选材、反复推敲，确保理论、政策、业务上的严谨、权威、准确，表述语言简练、深入浅出，注意归纳提炼，选用最新数据资料。通过知识模块、结语等方式，梳理了知识脉络，为学习中加深理解、拓展阅读提供便利。

本教材由南京财经大学胡晓明、南京审计大学章之旺担任主编，三江学院张静、南京财经大学张小燕、三江学院戴雪艳担任副主编，第一章由胡晓明编著，第二、第四章由胡晓明、张小燕编著，第三章由张静编著，第五章由章之旺编著，第六、第七章由戴雪艳编著。在教材编写过程中何晋芳、杨静、方兵妹、张元凤、沈胤鸿、徐畅等参与收集和整理了大量相关资料。

主编：胡晓明　章之旺

2021 年 1 月